普通高等教育"十二五"规划教材
普通高等教育智能建筑规划教材

建筑电气照明技术与应用

主　编　魏立明
副主编　王琼泽　于秋红
参　编　孙雪景　姚小春　贾　雪
　　　　戚美月　孙广维　陈伟利
　　　　陈渐春　李　晨

机械工业出版社

本书以相应国家标准、规程、规范为依据，以有关专业书籍为借鉴，以大量内部资料为参考，结合编者自身的工程实践和教学经验，集体编写而成。全书共分七章。第1章介绍照明的基本知识、光物理特性的常用度量和人类通过光产生的视觉效果。第2章介绍照明光源与常用灯具的选择与使用。第3章通过利用系数法、单位功率法和逐点计算法讲解照明计算。第4章介绍照明设计的基本要求、目的和步骤，通过各种场所灯具的选择，对照明质量及节能效果进行剖析。第5章对照明电气设计进行详细的介绍，通过工程实例对照明设计的要求、任务、方式及供电方式进行讲解，并对照明线路计算及导体、开关的选择进行讲解。第6章介绍照明施工图设计，对施工图方案设计、初步设计，施工图设计的任务要求等进行讲解，并通过工程实例，结合技术理论进行讲解。第7章对照明节能进行介绍。

本书适合高等院校电气工程及其自动化和建筑电气与智能化、自动化以及相关专业用作教材，也可供有关工程技术人员参考。

（索取教师课件：jinacmp@ 163. com）

图书在版编目（CIP）数据

建筑电气照明技术与应用/魏立明主编. —北京：
机械工业出版社，2015.7（2024.8 重印）
普通高等教育"十二五"规划教材 普通高等教育智
能建筑规划教材
ISBN 978-7-111-50167-1

Ⅰ.①建… Ⅱ.①魏… Ⅲ.①房屋建筑设备-电气照
明-建筑安装工程-高等学校-教材 Ⅳ.①TU113.8

中国版本图书馆 CIP 数据核字（2015）第 094049 号

机械工业出版社（北京市百万庄大街22 号 邮政编码100037）
策划编辑：贡克勤 责任编辑：贡克勤 吉 玲
版式设计：赵颖喆 责任校对：程俊巧
封面设计：张 静 责任印制：张 博
北京雁林吉兆印刷有限公司印刷
2024 年 8 月第 1 版·第 4 次印刷
184mm×260mm·10. 25 印张·250 千字
标准书号：ISBN 978-7-111-50167-1
定价：32. 00 元

电话服务　　　　　　　　网络服务
客服电话：010-88361066　机　工　官　网：www.cmpbook.com
　　　　　010-88379833　机　工　官　博：weibo. com/cmp1952
　　　　　010-68326294　金　书　网：www.golden-book.com
封底无防伪标均为盗版　机工教育服务网：www. cmpedu. com

序

  20 世纪，电子技术、计算机网络技术、自动控制技术和系统工程技术获得了空前的高速发展，并渗透到各个领域，深刻地影响着人类的生产方式和生活方式，给人类带来了前所未有的方便和利益。建筑领域也未能例外，智能化建筑便是在这一背景下走进了人们的生活。智能化建筑充分应用各种电子技术、计算机网络技术、自动控制技术、系统工程技术，并加以研发和整合成智能装备，为人们提供安全、便捷、舒适的工作条件和生活环境，并日益成为主导现代建筑的主流。近年来，人们不难发现，凡是按现代化、信息化运作的机构与行业，如政府、金融、商业、医疗、文教、体育、交通枢纽、法院、工厂等，他们所建造的新建筑物，都已具有不同程度的智能化。

  智能化建筑市场的拓展为建筑电气工程的发展提供了宽广的天地。特别是建筑电气工程中的弱电系统，更是借助电子技术、计算机网络技术、自动控制技术和系统工程技术在智能建筑中的综合利用，使其获得了日新月异的发展。智能化建筑也为其设备制造、工程设计、工程施工、物业管理等行业创造了巨大的市场，促进了社会对智能建筑技术专业人才需求的急速增加。令人高兴的是众多院校顺应时代发展的要求，调整教学计划、更新课程内容，致力于培养建筑电气与智能建筑应用方向的人才，以适应国民经济高速发展的需要。这正是这套建筑电气与智能建筑系列教材的出版背景。

  我欣喜地发现，参加这套建筑电气与智能建筑系列教材编撰工作的有近 20 个姐妹学校，不论是主编者或是主审者，都是这个领域有突出成就的专家。因此，我深信这套系列教材将会反映各姐妹学校在为国民经济服务方面的最新研究成果。系列教材的出版还说明一个问题，时代需要协作精神，时代需要集体智慧。我借此机会感谢所有作者，是你们的辛劳为读者提供了一套好的教材。

吴邦迪

写于同济园

2002 年 9 月 28 日

前　言

　　建筑电气照明与人类的生产、工作和生活有着十分密切的关系，随着我国建筑业、装饰业的蓬勃发展，人们对照明光源、照明设备的更新以及照明环境的要求越来越高。为了满足高等院校电气工程及其自动化、建筑电气与智能化、工业自动化专业教学的需要，我们在多年教学及工程实践的基础上编写了本教材。

　　根据应用型院校的培养目标，本书编写的指导思想是着重于建筑电气照明技术的基本概念和应用；在编写过程中，以完整地介绍建筑电气照明工程技术所需的知识和能力为主线，在简明地介绍了建筑照明技术的基本概念和基本计算方法的同时，还介绍了照明施工图和照明电气安装的内容；教材简明扼要，突出应用，删除了烦琐的理论推导和计算过程；并根据建筑电气照明的现状及发展趋势添加了新的知识，如装饰照明、绿色照明和现代照明技术及其控制等；内容通俗易懂、图文并茂；为便于教学和学生自学，部分章节习题用于学习和总结复习。全书共七章，介绍了光、视觉、颜色等照明的基本知识，照明光源与常用灯具，详细讲解了照明计算，包括光照计算、光照设计及照明质量等，还详细讲解了照明电气设计和照明施工图设计的相关内容，并结合工程实例系统地介绍了照明设计的基本流程；最后介绍了照明节能方面的知识。全书采用国际照明委员会（CHE）、国际电工委员会（IEC）以及最新的照明设计国家标准，适合高等院校电气工程及其自动化和建筑电气与智能化、自动化以及相关专业用作教材，也可供有关工程技术人员参考。

　　本书由吉林建筑大学魏立明教授统稿。第1、3、4章由吉林建筑大学王琼泽、姚小春编写，第2、7章由吉林建筑大学城建学院于秋红、孙雪景编写，第5、6章由吉林建筑大学魏立明、陈渐春编写，插图和工程实例图由吉林建筑大学贾雪、陈伟利、李晨、孙广维和长春建筑学院戚美月绘制。同时，本书受到机械工业出版社贡克勤编辑大力指导，在此表示感谢。本书受吉林省教育厅"十二五"科学技术研究项目（吉教科合字［2014］第224号）资助。

　　由于编写水平有限，加之时间仓促，书中的不妥和谬误之处难免，恳请专家和读者批评指正，以便不断修正。

编　者

目　录

第1章 照明的基本知识

电气照明是建筑物的重要组成部分。照明设计的优劣除了影响建筑物的功能外,还影响建筑艺术的效果。因此,必须熟悉照明系统的基本概念和掌握基本的照明技术。

室内照明系统由照明装置及其电气部分组成。照明装置主要是灯具,其电气部分包括照明开关、照明线路及照明配电等。

1.1 光

1. 光的本质

光是一种辐射能量,是电磁波谱的一部分。光具有波粒二象性。

2. 光的几种阐述理论

微粒论(牛顿):发光体以微粒形式发射辐射能,微粒沿直线断续射出,微粒作用在视网膜上,刺激视神经产生光感觉。微粒论解释了光的吸收散射光电效应。

波动论(惠更斯):光由发光材料分子振动产生,振动通过"以太"传播,振动作用在视网膜上,刺激视神经产生光感觉。波动论解释了光的干涉、衍射和偏振。

电磁波(麦克斯韦):发光体以辐射能形式发射光,辐射能以电磁波形式传播,电磁波作用在视网膜上,刺激视神经产生光感觉。电磁波解释了光在真空中的传播。

量子论(普朗克):能量以不连续的光子发射和吸收,光子的能量 $q = h\gamma$(h 为普朗克常量,γ 为频率);光子作用在视网膜上,刺激视神经产生光感觉。量子论是现代形式微粒论。

统一论:每一运动质量元伴随着波动,波动论或微粒论不能同时确定全部性质。

目前,科学界常用电磁波理论和量子论阐述光的本质。

1.1.1 光和光谱

光一般是指能引起视觉的电磁波,这部分的波长范围约在红光的 $0.78\mu m$ 到紫光的 $0.38\mu m$ 之间。光的电磁波谱如图 1-1 所示。

图 1-1 所示光的电磁波谱描述了光的波动性。波长在 $0.78\mu m$ 以上到 $1000\mu m$ 左右的电磁波称"红外线",在 $0.38\mu m$ 以下称"紫外线"。红外线和紫外线不能引起视觉,但因为光学仪器或摄影可以察觉和发现发出这种光线的物体,所以在光学上,光也包括红外线和紫外线。可见光、红外线和紫外线三者依据波长或频率排列,形成光谱。

不同波长的可见光,引起人眼不同的颜色感觉,将可见光波长 380~780nm 依次展开,可分别呈现为紫、靛、蓝、绿、黄、橙、红。可见光颜色的波长范围见表 1-1。

各种颜色之间是连续变化的。发光物体的颜色,由它所发的光内所含波长而定。单一波长的光,表现为一种颜色,称为单色光;多种波长的光组合在一起,在人眼中引起色光复合而成的复色光的感觉;全部可见光混合在一起,就形成了白光。非发光物体的颜色,主要取决于它对外来照射光的吸收（光的粒子性）和反射（光的波动性）情况，因此它的颜色与照射光有关。通常所谓物体的颜色，是指它们在太阳光照射下所显示的颜色。

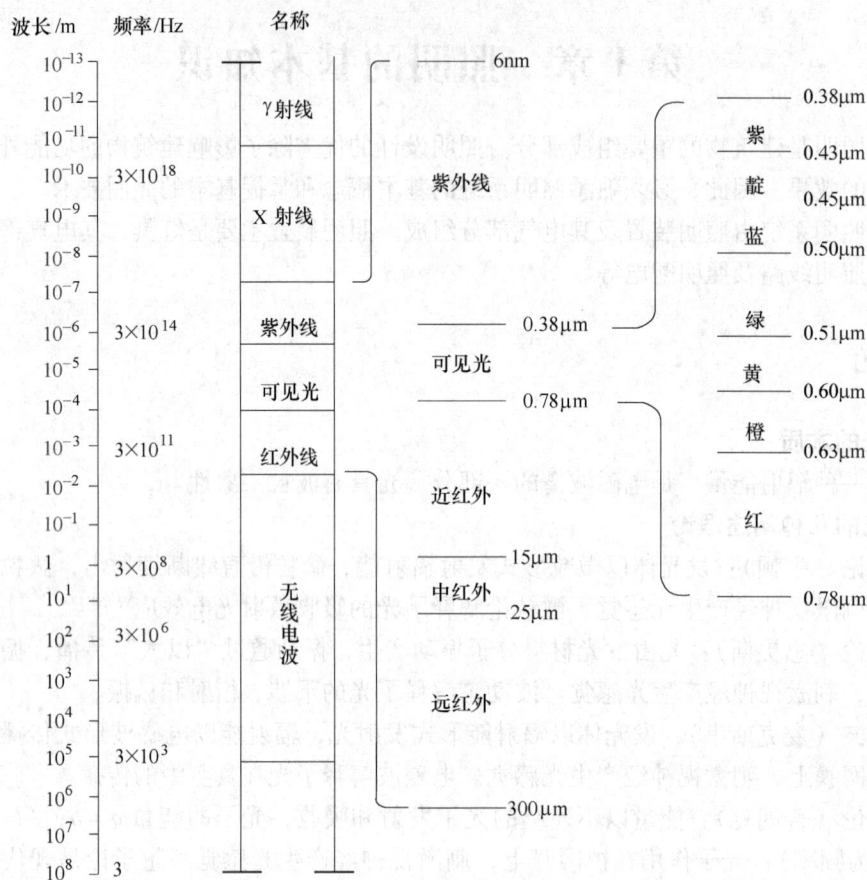

图 1-1　光的电磁波谱

表 1-1　可见光颜色的波长范围

颜色	波长范围/nm	颜色	波长范围/nm
紫	380～455	黄	577～597
蓝、靛	455～492	橙	597～622
绿	492～577	红	622～780

在太阳辐射的电磁波中，大于可见光波长的部分被大气层中的水蒸气和二氧化碳强烈吸收，小于可见光波长的部分被大气层中的臭氧吸收，到达地面的太阳光，其波长正好与可见光相同。

1.1.2　常用的光度量

无论是建筑照明中的人工照明，还是自然采光，采用的度量单位通常是以现行的标准作为计数单元，而这些标准的制定通常由国际照明委员会（CIE）通过和确定。

我国有关建筑照明的标准，是在广泛的调查研究基础上，认真总结了国内工业与民用建筑照明设计的实践经验，参考了有关国际标准和国外先进标准，最终由住房和城乡建设部会同各部门确定的。本书中所涉及的各种技术术语与标准，均依据相关的国际与国内标准，如 GB 50034—2013《建筑照明设计标准》等。

1. 光通量

光源以辐射形式发射、传播出去并能使标准光度观察者产生光感的能量，称为光通量。即能使人的眼睛有光明感觉的光源辐射的部分能量与时间的比值。光通量用符号 Φ 表示，单位是流明，符号为 lm。流明是国际单位制单位，1lm 等于一个具有均匀分布 1cd（坎德拉）发光强度的点光源在 1sr（球面度）立体角内发射的光通量。光通量的公式为

$$\Phi = K_m \int_0^\infty \frac{\mathrm{d}\Phi_e(\lambda)}{\mathrm{d}\lambda} V(\lambda) \mathrm{d}\lambda \tag{1-1}$$

式中　$\mathrm{d}\Phi_e(\lambda)/\mathrm{d}\lambda$——辐射通量的光谱分布；

　　　$V(\lambda)$——明视觉条件下的光谱光效率；

　　　K_m——最大光谱光效能；

　　　λ——波长。

光通量是光源的一个基本参数，是说明光源发光能力的基本量。例如 220V/40W 普通白炽灯的光通量为 350lm，而 220V/40W 荧光灯的光通量大于 2000lm，是白炽灯的几倍。简单说，光源光通量越大，人们对周围环境的感觉越亮。

2. 发光强度

一个光源在给定方向上立体角元内发射的光通量 $\mathrm{d}\Phi$ 与该立体角元 $\mathrm{d}\Omega$ 的商，称为光源在这一方向上的发光强度，以 I 表示，单位为坎德拉，符号为 cd。坎德拉是国际单位制单位，它的定义是一光源在给定方向上的发光强度，该光源发出频率为 540×10^{12} Hz 的单色辐射，且在此方向上的辐射强度为（1/683W）/sr。发光强度的计算公式为

$$I = \frac{\mathrm{d}\Phi}{\mathrm{d}\Omega} \tag{1-2}$$

式中　I——发光强度，单位为坎德拉，符号 cd，1cd = 1lm/1sr；

　　　$\mathrm{d}\Omega$——球面上某一面积元对球心形成的立体角元，单位为球面度，符号 sr。对于整个球体而言，它的球面度 $\Omega = 4\pi$sr。

工程上，光源或光源加灯具的发光强度常见于各种配光曲线图，这些配光曲线图表示了空间各个方向上光强的分布情况。

3. 照度

表面上一点的照度等于入射到该表面包含这点的面元上的光通量与面元的面积的商。照度以 E 表示，单位是勒克斯，符号为 lx。勒克斯也是国际单位制单位，1lm 光通量均匀分布在 1m² 面积上所产生的照度为 1lx，即 1lx = 1lm/m²。计算公式为

$$E = \frac{\mathrm{d}\Phi}{\mathrm{d}A} \tag{1-3}$$

式中　E——照度，单位为勒克斯，符号 lx；

　　　Φ——光通量，单位为流明，符号 lm；

　　　A——面积，单位为平方米，符号 m²。

照度是工程设计中的常见量，说明了被照面或工作面上被照射的程度，即单位面积上的光通量的大小。对照度的感性认识见表 1-2 所列照度对比。在照明工程的设计中，常常要根据技术参数中的光通量，以及国家标准给定的各种照度标准值进行各种灯具样式、位置、数量的选择。

表 1-2　照度对比

各种情况照度对比	照度 lx	各种情况照度对比	照度 lx
夏季阴天中午室外	8000 ~ 20000	距 40W 白炽灯 1m 处	30
晴天中午阳光下室外	80000 ~ 120000		

4. 亮度

表面上一点在给定方向上的亮度，是包含这点的面元在该方向的发光强度 $\mathrm{d}I$ 与面元在垂直于给定方向上的正投影面积 $\mathrm{d}A\cos\theta$ 之商。亮度以 L 表示，单位是坎德拉每平方米，符号为 $\mathrm{cd/m}^2$。亮度定义如图 1-2 所示。计算公式为

$$L = \frac{\mathrm{d}I}{\mathrm{d}A\cos\theta} \tag{1-4}$$

式中　L——亮度，单位为坎德拉每平方米，符号 $\mathrm{cd/m}^2$；

　　　I——发光强度，单位为坎德拉，符号 cd；

　　　A——发光面积，单位为平方米，符号 m^2；

　　　θ——表面法线与给定方向之间的夹角，单位为度，符号（°）。

对于均匀漫反射表面，其表面亮度 L 与表面照度 E 有以下关系：

$$L = \frac{\rho E}{\pi} \tag{1-5}$$

对于均匀漫透射表面，其表面亮度与表面照度则有以下关系：

$$L = \frac{\tau E}{\pi} \tag{1-6}$$

式中　L——表面亮度，单位为 $\mathrm{cd/m}^2$；

　　　ρ——表面反射比；

　　　τ——表面透射比；

　　　E——表面照度，单位为 lx；

　　　π——常数，$\pi = 3.1416$。

图 1-2　亮度定义

一个物体的亮暗程度不能用照度来描述，因为被照物体表面的照度，不能直接表达人眼的视觉感觉，只有眼睛的视网膜上形成的照度，才能使人感觉出物体的亮度。也就是说，只有发光面积上直接射入人眼的光强部分才能反映物体的明亮程度，即只有被照物体经过对光的折射、反射、透射等作用后，进入人眼部分的照度，才能令人感觉出物体的明亮程度。目前有些国家将亮度作为照明设计的内容之一。

以上介绍了常用的光度单位，它们从不同的侧面表达了物体的光学特征。光通量是针对光源而言，是表征发光体辐射光能的多少，不同的发光体具有不同的能量；发光强度也是针

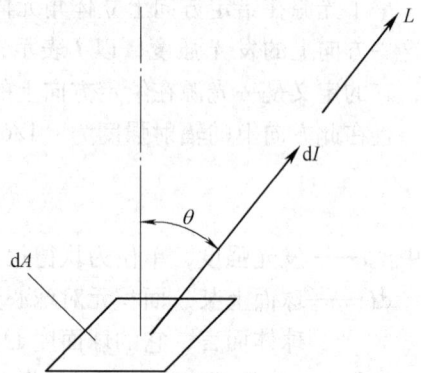

对光源而言，表明光通量在空间的分布状况，工程上用配光曲线图加以描述；照度是针对被照物而言，表示被照面接收光通量的面密度，用来鉴定被照面的照明情况；亮度则表示发光体在视线方向上单位面积的发光强度，它表明物体的明亮程度。

1.1.3　光的辐射

1. 光谱光（视）效率

光谱光（视）效率是指标准光度观察者对不同波长单色辐射的相对灵敏度，是用来评价人眼对不同波长光的灵敏度的一项指标。人眼对不同波长的可见光有不同的光感受，这种光感受主要表现在明暗、色彩方面，光谱光（视）效率则是针对标准光度观察者对光的明暗感受和颜色感受而建立的指标，下面的框图表示了这个过程。

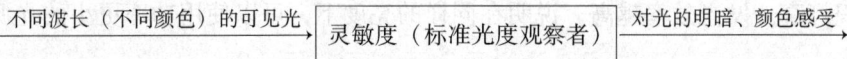

不同波长（不同颜色）的可见光 ⟶ 灵敏度（标准光度观察者）⟶ 对光的明暗、颜色感受

通常把这种对光的明暗、颜色的感受分为两种情况：一种是在明视觉条件下（白天或亮度为几坎德拉每平方米以上的地方）；另一种是在暗视觉条件下（黄昏或亮度小于 10^{-3} cd/m^2 的地方）。国际照明委员会提出了 CIE 光度标准观察者光谱光（视）效率曲线图，如图 1-3 所示。图中，虚线为暗视觉曲线，实线为明视觉曲线。在明视觉条件下，人眼对波长555nm 的黄绿色最敏感，其相对光谱光（视）效率为 1，波长偏离 555nm 越远，人眼感光的灵敏度就越低，相对光谱光（视）效率也逐渐变小。在暗视觉条件下，人眼对波长为510nm 的绿色光最敏感。

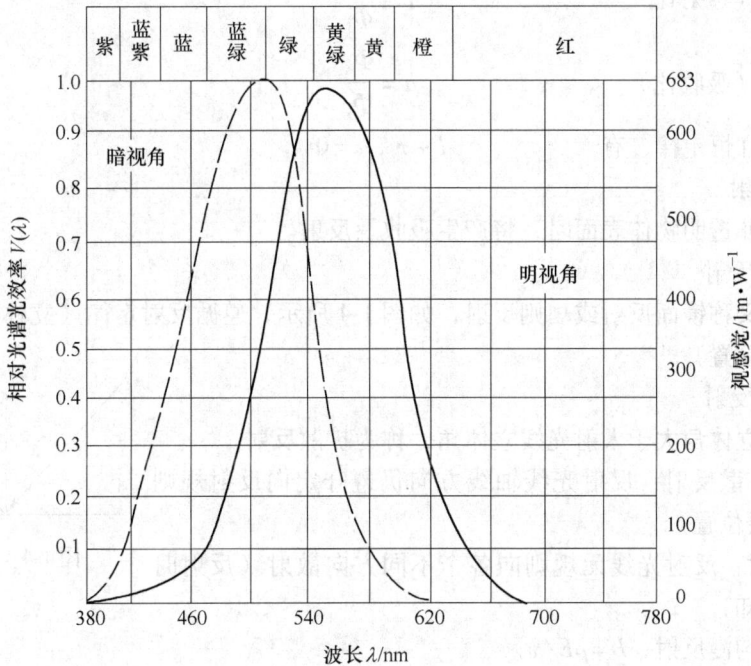

图 1-3　CIE 光度标准观察者光谱光（视）效率曲线图

光谱光（视）效率也可以用公式描述，如式（1-7），任一波长可见光的光谱光效能 $K(\lambda)$ 与最大光谱光效能 K_m 之比，称为该波长的光谱光（视）效率 $V(\lambda)$

$$V(\lambda) = \frac{K(\lambda)}{K_{\mathrm{m}}} \tag{1-7}$$

式中　$K(\lambda)$——任一波长可见光所引起视觉能力的量称为光谱光效能，单位为 lm/W；

　　　　K_{m}——最大光谱光效能，单位为 lm/W。在单色辐射时，明视觉条件下的 K_{m} 值为 683lm/W（$\lambda = 555$nm 时），如图 1-3 所示。

2. 发光效率

　　光源的发光效率通常简称为光效，或光谱光效能，即前面讨论光谱光（视）效率和光通量两个参数中出现的光谱光效能 $K(\lambda)$ 和最大光谱光效能 K_{m}。若针对照明灯而言，发光效率是指光源发出的总光通量与灯具消耗电功率的比值，也就是单位功率的光通量。例如，一般白炽灯的发光效率为 7.1～17lm/W，荧光灯的发光效率为 25～67lm/W，荧光灯的发光效率比白炽灯高。发光效率越高，说明在同样的亮度下，可以使用功率更小的光源，即可以节约电能。

1.1.4　材料的光学性质

1. 反射比、透射比和吸收比

光沿直线传播，遇到物体时会产生反射、透射、吸收现象。

反射系数（反射比）　　　　$l = \dfrac{\Phi_{\mathrm{p}}}{\Phi_{\mathrm{i}}}$

透射系数（透射比）　　　　$\tau = \dfrac{\Phi_{\tau}}{\Phi_{\mathrm{i}}}$

吸收系数（吸收比）　　　　$a = \dfrac{\Phi_{\mathrm{a}}}{\Phi_{\mathrm{i}}}$

根据能量守恒定律，有　　　　$l + \tau + a = 0$

2. 光的反射

当光遇到非透明物体表面时，将产生吸收及反射。

（1）定向反射

定向反射又称镜面反射或规则反射，如图 1-4 所示，遵循反射定律（立体角不变，通过反射可知光源位置）。

（2）扩散反射

反射光线立体角大于入射光线立体角，称为扩散反射。

1）定向扩散反射：反射光线轴线方向仍遵守定向反射规则（可知光源大概位置）。

2）漫反射：反射光线无规则向各个不同方向散射（反射时光源位置不可知）。

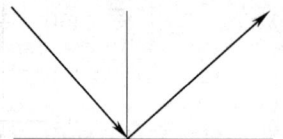

图 1-4　定向反射

特例：均匀漫反射，$L = \rho E / \pi$。

（3）混合反射

多数材料表面常兼有多种反射特性，称为混合反射。

3. 光的折射与透射

（1）光的折射

光的折射，如图1-5所示，遵循折射定律

$$n_1 \sin i = n_2 \sin \gamma$$

$$n_1 = c/v_1 \quad n_2 = c/v_2$$

（2）全反射

1）光由光密介质射向光疏介质时，入射角 i 小于折射角 γ。

2）入射角增大到一定值时，光线将从分界面反部反射回原介质，此时入射角称为临界入射角。

3）$n_1 \sin t = n_2 \sin 90°$，$n_1 \sin i = n_2$，$i = \arcsin n_2/n_1$。

（3）光的透射

光投射到物体表面，并从这种物质穿透的现象。

1）定向透射：透射光按几何光学定律进行透射。

2）散透射：透射方向光强较大，其他方向光强小。

3）漫透射：透射光散向各个方向，亮度在各方向上均相同。

4）混合透射：介于上述三种透射之间的情况。

4. 材料的光谱特征

不同材料有不同的光谱特性，材料表面对不同频率的光反射性能不同。

光谱反射系数　　　　　　$\rho_\lambda = \Phi_{\lambda\rho}/\Phi_{\lambda i}$

光谱透射系数　　　　　　$\tau_\lambda = \Phi_{\lambda\nu}/\Phi_{\lambda i}$

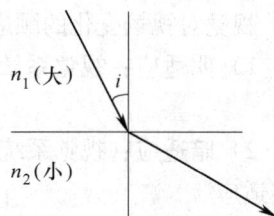

图1-5 光的折射

1.2 光与视觉

1.2.1 视觉产生过程

视觉产生过程如下：

光→人眼→成像系统→调节系统→视网膜→吸收能量→生物脉冲→大脑

头部不动，眼睛可见范围称为视场（视野），单眼的综合视场水平方向为180°，垂直方向为130°，水平面上方为60°，水平面下方为70°。

1.2.2 视觉特性

（1）暗视觉、明视觉和中介视觉

1）暗视觉：视场亮度在 $10^{-6} \sim 10^{-2} \mathrm{cd/m^2}$ 时，只有杆体细胞工作，锥体细胞不工作。

2）明视觉：视场亮度超过 $10 \mathrm{cd/m^2}$ 时，锥体细胞的工作起主要作用。

3）中介视觉：视场亮度在 $10^{-2} \sim 10 \mathrm{cd/m^2}$ 时，锥体细胞和杆体细胞同时工作。

（2）光谱灵敏度

1）杆体（柱状）细胞最大灵敏度在波长507nm处（蓝绿）。

2）锥体（锥状）细胞最大灵敏度在波长555nm处（黄绿）。

暗视觉中，各种颜色的物体给人以蓝、灰色感。

（3）视觉阈限

能引起光感觉的最低亮度和为视觉阈限。人眼视觉阈限亮度为 $10^{-6}\mathrm{cd/m^2}$（长时间、大目标），可忍受上限为 10^6cd/m^2。

绝对感受性：视觉阈限的倒数。

（4）视觉适应

视觉对视场变化的顺应性称为适应。

1）明适应：视觉系统适应于几坎德拉每平方米亮度变化过程及终极状态称为"明适应"。

2）暗适应：视觉系统适应低于百分之几坎德拉每平方米亮度变化过程及终极状态称为"暗适应"。

（5）后像

视觉不会瞬间产生，也不会瞬间消失。

1）高亮度的闪光后，留有一连串的影像，称为后像。

2）临界融合频率：使后像与闪烁融合、闪烁消失的频率。

（6）眩光

视场中亮度分布或亮度范围的不适宜，或存在极端的对比，以致引起人眼的不舒适感，或者降低细部观察能力，称为眩光。

1）眩光的分类：根据形成方式分类，有直接眩光、反射眩光。根据造成后果分类，有失能眩光、不舒适眩光。不舒适眩光不一定降低对象可见度；失能眩光不一定不舒适。

2）眩光产生的原因：亮度过大、光源过多、对比过强、光源距视线过近。

3）眩光的危害：易疲劳、降低工作效率、降低照明效果。

1.3　光与颜色

物体的颜色，主要取决于该物体反射光的波长。

1.3.1　颜色的形成

美国光学学会关于颜色定义如下：颜色是除了空间的和时间的不均匀性以外的光的一种特性，即光的辐射能刺激视网膜而引起观察者通过视觉而获得的景象。我国国家标准中，颜色的定义如下：色是光作用于人眼引起除形象以外的视觉特性。根据这一定义，色是一种物理刺激作用于人眼的视觉特性，而人的视觉特性是受大脑支配的，也是一种心理反应。所以，色彩感觉不仅与物体本来的颜色特性有关，而且还受时间、空间、外表状态以及该物体的周围环境的影响，同时还受每个人的经历、记忆力、看法和视觉灵敏度等因素的影响。

1.3.2　色彩的基本特性

有彩色系的颜色具有三个基本特性：色相、纯度（也称彩度、饱和度）、明度。在色彩学上也称为色彩的三大要素或色彩的三属性。

1. 色相（色调或色别）

色相是有彩色的最大特征。所谓色相是指能够比较确切地表示某种颜色色别的名称，如玫瑰红、橘黄、柠檬黄、钴蓝、群青、翠绿等。从光学物理上讲，各种色相是由射入人眼的光线的光谱成分决定的。例如，用白光——由红（700nm）、蓝（546.1nm）、绿（435.8nm）

三原色光组成——照射某一物体表面，若该物体表面将绿光和蓝光吸收，将红光反射，则这一物体表面将呈现红色。

2. 纯度（彩度、饱和度）

色彩的纯度是指色彩的纯净程度，它表示颜色中所含有色成分的比例。所含有色成分的比例越大，则色彩的纯度越高，含有色成分的比例越小，则色彩的纯度也越低。可见光谱的各种单色光是最纯的颜色，为极限纯度。当一种颜色掺入黑、白或其他彩色时，纯度就产生变化。掺入的色彩达到很大的比例时，在眼睛看来，原来的颜色将失去本来的光彩，而变成混合色。

3. 明度

明度是指色彩的明亮程度，是由于各种有色物体反射光量的区别而产生颜色的明暗强弱。色彩的明度有两种情况：一是同一色相不同明度，如同一颜色在强光照射下显得明亮，弱光照射下显得较灰暗模糊，同一颜色加黑或加白掺和以后也能产生各种不同的明暗层次；二是各种颜色的不同明度，如每一种纯色都有与其相应的明度，黄色明度最高，蓝紫色明度最低，红、绿色为中间明度。色彩的明度变化往往会影响到纯度，如红色加入黑色以后明度降低了，同时纯度也降低了，红色加白色则明度提高了，纯度却降低了。

有彩色的色相、纯度和明度三特征是不可分割的，应用时必须同时考虑这三个因素。

1.3.3　表色系统

1. 色彩的种类

丰富多样的颜色可以分成两个大类，即无彩色系和有彩色系。

1）无彩色系：无彩色系是指白色、黑色和由白色黑色调和形成的各种深浅不同的灰色。无彩色系按照一定的变化规律，由白色逐渐变到浅灰、中灰、深灰到黑色，色度学上称此为黑白系列。纯白是理想的完全反射的物体，纯黑是理想的完全吸收的物体，在现实生活中并不存在纯白与纯黑的物体。无彩色系的颜色只有一种基本性质—明度。它们不具备色相和纯度的性质，也就是说它们的色相与纯度在理论上都等于零。色彩的明度可用黑白度来表示，越接近白色，明度越高；越接近黑色，明度越低。

2）有彩色系：彩色是指红、橙、黄、绿、青、蓝、紫等颜色。不同明度和纯度的红、橙、黄、绿、青、蓝、紫色调都属于有彩色系。

2. 颜色的混合定律

人的视觉只能分辨颜色的三种变化：明度、色调、彩度。

由三原色（长波红色、中波绿色、短波蓝色）相混合，可得任意一种颜色（只适用于光原色的混合）

混合定律如下：

1）补色律：若两种色光混合后呈现白色或灰色，则称二者颜色互补。

2）中间色律：两非互补色光混合得中间色。

3）替代律：产生相同色觉的光，即使其光谱成分不同，但在颜色混合中具有相同效果。

4）亮度叠加定律：在色光混合时，混合光的亮度等于组成混合光的各原色光的亮度之和。

1.3.4 颜色显色

1. 光源色温

不同的光源，由于发光物质不同，其光谱能量分布也不相同。一定的光谱能量分布表现为一定的光色，对光源的光色变化，用色温来描述。

如果一个物体能够在任何温度下全部吸收任何波长的辐射，那么这个物体就称为绝对黑体。绝对黑体的吸收本领是一切物体中最大的，加热时它辐射本领也最大。

色温是以温度的数值来表示光源颜色的特征。色温用热力学温度"K"表示，热力学温度的数值等于摄氏温度的数值加273。例如，温度为2000K的光源发出的光呈橙色，3000K左右呈橙白色，4500～7000K近似白色。

在人工光源中，只有白炽灯灯丝通电加热的情况与黑体加热的情况相似，白炽灯以外的其他人工光源的光色，其色度不一定准确地与黑体加热时的色度相同。因此，只能用光源的色度与最相接近黑体的色度的色温来确定光源的色温，这样确定的色温叫相对色温。

表1-3、表1-4列出了一些常见光源的色温，表1-3为天然光源色温，表1-4为常见人工光源色温。例如表1-3中，全阴天室外光具有的色温为6500K，就是说黑体加热到6500K时发出的光的颜色与全阴天室外光的颜色相同。

表1-3　天然光源色温

光源	色温/K	光源	色温/K
晴天室外光	13000	全阴天室外光	6500
白天直射白光	5550	45°斜射白光	4800
昼光色	6500	月光	4100

表1-4　常见人工光源色温

光源	色温/K	光源	色温/K
蜡烛	1900～1950	高压钠灯	2000
白炽灯（40W）	2700	荧光灯	3000～7500
碳弧灯	3700～3800	氙灯	5600
炭精灯	5500～6500		

既然光源有颜色，就会带给人们冷暖感觉，这种感觉可由光源的色温高低确定。通常色温小于3300K时产生温暖感，大于5000K时产生冷感，3300～5000K时产生爽快感。因此，在照明设计安装时，可根据不同的使用场合，采用具有不同色温的光源，使人们身在其中时获得最佳舒适感。

2. 光源的显色性

人们发现在不同的灯光下，物体的颜色会发生不同的变化，或在某些光源下观察到的颜色与白光下看到的颜色是不同的，这就涉及了光源的显色性问题。

同一个颜色样品在不同的光源下可能使人眼产生不同的色彩感觉，而在白光下物体显现的颜色是最准确的，因此，可以将白光作为标准的参照光源。将人工待测光源的颜色与参照光源下的颜色相比较，显示同色能力的强弱定义为该人工光源的显色性，用符号 R_a 表示。

显色性指数最高为 100。显色性指数的高低表示物体在待测光源下变色和失真的程度。光源的显色性由光源的光谱能量分布决定。白光、白炽灯具有连续光谱，连续光谱的光源均有较好的显色性。白炽灯光谱能量分布如图 1-6a 所示。

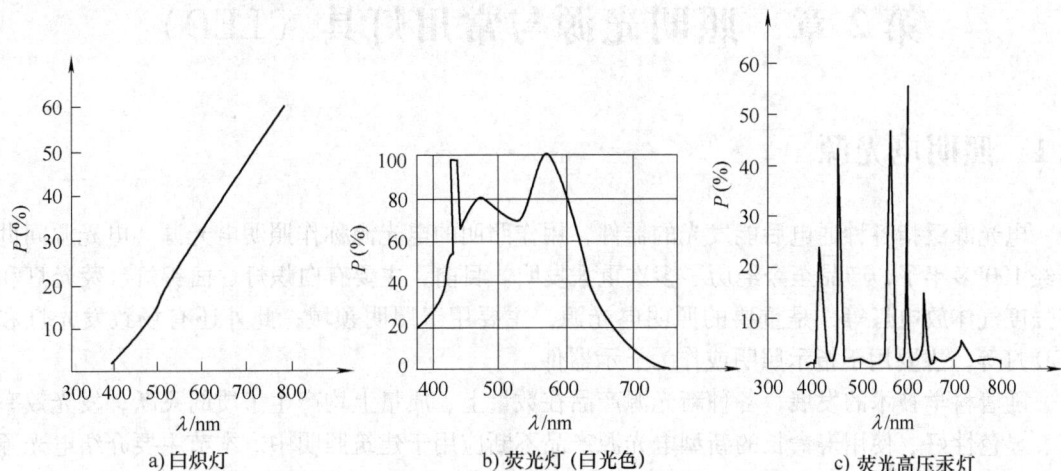

a) 白炽灯　　　　　　　　b) 荧光灯 (白光色)　　　　　　c) 荧光高压汞灯

图 1-6　不同光源的光谱能量分布

通过对新光源的研究发现，除连续光谱的光源具有较好的显色性外，由几个特定波长色光组成的混合光源也有很好的显色效果。例如，450nm 的蓝光、540nm 的绿光、610nm 的橘红光以适当比例混合所产生的白光（荧光灯（白色光）的光谱能量分布如图 1-6b 所示，虽然为高度不连续光谱，但却具有良好的显色性，用这样的白光去照明各色物体，都能得到很好的显色效果。光源的显色性一般以显色性指数 R_a 值区分，R_a 值为 80~100 时，显色优良；R_a 值为 50~79 表示显色一般；R_a 值为 50 以下则说明显色性较差。

光源显色性和色温是光源的两个重要的颜色指标，色温是衡量光源色的指标，而显色性是衡量光源视觉质量的指标。

思考题与习题

1. 光的本质是什么？人眼可见光的波长范围是多少？
2. 说明以下常用照明术语的定义及其单位：（1）光通量；（2）发光强度；（3）照度；（4）亮度。
3. 调研各种幕墙材料的反射比与透射比，并写出报告。
4. 视觉是如何产生的？
5. 什么是暗视觉、明视觉和中间视觉？
6. 什么是视觉阈限？
7. 说明彩色的三个特性。
8. 什么是显色性？

第 2 章　照明光源与常用灯具（LED）

2.1　照明电光源

电光源泛指各种通电后能发光的器件，用作照明的电光源称作照明电光源。电光源问世已经 100 多年了，产品至今经历了多次重大发明。目前，主要有白炽灯、卤钨灯、荧光灯和高强度气体放电灯等，是重要的照明电光源，主要用于照明领域；此外还有场致发光灯和 LED 灯等，主要用于指示照明或作为显示器件。

随着科学技术的发展，各种新光源产品在数量上、质量上均产生了质的飞跃，发光效率高、显色性好、使用寿命长的新型电光源产品不断应用于建筑照明中。本节主要介绍电光源的种类、性能指标以及各种常用照明电光源的结构特点、光电参数及特性。

2.1.1　电光源的分类

根据发光原理，电光源可分为热辐射发光光源、气体放电发光光源和其他发光光源。电光源的分类如图 2-1 所示。

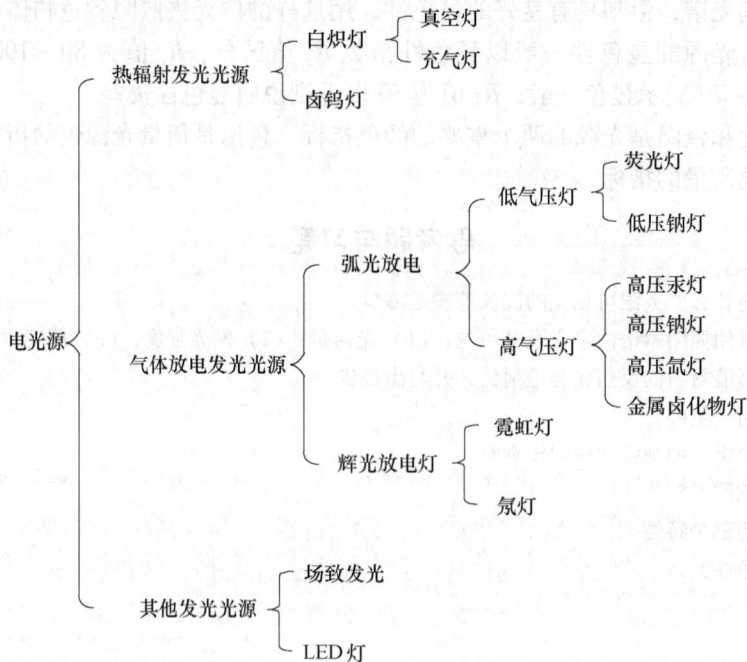

图 2-1　电光源的分类

1. 热辐射发光光源

热辐射发光光源是以热辐射作为光辐射的电光源，是利用灯丝通过电流时被加热而发光的一种光源。包括白炽灯和卤钨灯，它们都是以钨丝作为辐射体，通电后达到白炽程度，产生光辐射。

2. 气体放电发光光源

气体放电发光光源是利用电流通过气体（或蒸气）而发光的光源，它们主要是以原子辐射形式产生光辐射。例如通过灯管中的汞蒸气放电，辐射出肉眼看不到的波长以 254nm 为主的紫外线，照射到管内壁的荧光物质上，然后转换为某个波长段的可见光。

气体放电光源按放电的形式又可分为弧光放电灯和辉光放电灯。常用的弧光放电灯有荧光灯、钠灯、氙灯、汞灯和金属卤化物灯；辉光放电灯有霓虹灯、氖灯。气体放电光源工作时需要很高的电压，具有发光效率高、表面亮度低、亮度分布均匀、热辐射小、寿命长等优点，目前已经成为市场销售量最大的光源之一。

3. 其他发光光源

场致发光灯（屏）和发光二极管（LED）属常见的其他发光光源。场致发光灯（屏）是利用场致发光现象制成的发光灯（屏），主要用于指示照明、广告等。发光二极管是一种能将电能转化为可见光的半导体，它不同于白炽灯钨丝发光与节能灯荧光粉发光，是采用电场发光的原理，使足够多的带电子和价带空穴在电场作用下复合产生光子而发光。发光二极管具有寿命长、光效高、无辐射与低功耗的明显特点。发光二极管的光谱几乎全部集中于可见光频段，发光效率可以达到 80% ~ 90%，成为国家倡导的绿色光源，将大面积取代现有的白炽灯与节能灯而占领整个市场，发展前景广阔。

2.1.2　照明电光源的主要性能指标

照明电光源是照明灯具的核心部分，光源的种类不同，其主要性能也不相同。了解电光源的种类及相应的性能指标是合理选用电光源必不可少的基础知识。电光源的性能指标通常是指用参数来表示光源的光电特性，这些参数由制造厂商提供给用户，作为选用光源的依据。

1. 光源的额定电压

光源的额定电压是指光源及其附件所组成的回路所需电源电压的额定值。说明光源只有在额定电压下工作，才能获得各种规定的特性，并具有最好的效果。因此，在进行照明电气设计时，保证供电电源的质量很重要。

2. 光源的额定功率

光源的额定功率是指光源自身在工作时所消耗的功率，也是指所设计的光源在额定电压下工作时输出的功率。

3. 光通量输出

光通量输出是指灯泡在工作时光源所辐射出的光通量，是光源的重要性能指标。通常以额定光通量来表征光源的发光能力，光源在额定电压下工作时的光通量输出即为额定光通量。

光源输出的光通量与很多因素有关，但是在正常使用下，光通量输出主要与点燃时间有关，点燃时间越长光通量输出越低。大部分光源在点燃初期（100h 以内）光通量的衰减比较多，随着点燃时间的增加（100h以后），光通量的衰减速度相对减慢，因此光源额定光通量的定义方式有两种：一种是指光源的初始光通量，即新光源刚开始点燃时的光通量输出，一般用于在整个使用过程中光通量衰减不大的光源，如卤钨灯；另一种是指光源在点燃了100h后的光通量输出，一般用于光通量衰减较大的光源，如白炽灯和荧光灯。

4. 光源的发光效率

光源的发光效率是指发光体（灯泡）消耗单位电功率所发出的光通量，也就是灯泡的光通量输出与它取用的电功率之比，简称为光效，单位是lm/W。发光效率是表征光源经济效果的参数之一。

5. 光源的寿命

寿命通常用点燃的小时数表示，是光源的重要性能指标。光源从第一次点燃起，一直到损坏熄灭为止，累计点燃的小时数称为光源的全寿命。由于电光源的全寿命有很大的离散性，因此常用平均寿命和有效寿命来定义光源的寿命。

1）平均寿命：取一组光源作试样，从一同点燃起到50%的光源试样损坏为止的累计点燃时间的平均值就是该组光源的平均寿命。通常情况下，光通量衰减比较小的光源常用平均寿命作为其寿命指标，产品样本上给出的就是平均寿命，如卤钨灯。

2）有效寿命：有些光源的光通量在其全寿命中衰减非常显著，当光源的光通量衰减到一定程度时，虽然光源还未损坏，但它的光效已经明显下降，继续使用极不经济。因此这类光源通常用有效寿命作为其寿命指标，如荧光灯。光源从点燃起一直到光通量衰减为额定值的某一百分比（一般取70%~80%）所累计点燃小时数叫做光源的有效寿命。

6. 光源的光色

光源的光色包括色表和显色性，是光源的重要性能指标。光源的色表取决于光源的色温（或相关色温），国际照明委员会将色温分为三类，暖色调光源、中间色调光源以及冷色调光源；光源的显色性取决于光源的光谱功率分布，用显色指数来表示，显色指数越大，光源的显色性就越好。

7. 光源的启燃与再启燃时间

1）启燃时间：光源的启燃时间是指光源接通电源到光源的光通量输出达到额定值所需要的时间。热辐射光源的启燃时间一般不足1s，可认为是瞬时启燃的；气体放电光源的启燃时间从几秒钟到几分钟不等，主要取决于放电光源的种类。

2）再启燃时间：光源的再启燃时间是指将正常工作着的光源熄灭后再点燃所需要的时间。大部分高压气体放电灯的再启燃时间比启燃时间更长，这主要是因为这类灯必须冷却到一定的温度后才能再次正常启燃。

启燃与再启燃时间影响着光源的应用范围。例如，启燃和再启燃时间长的光源不宜用于频繁开关光源的场所，应急照明用的光源通常应该选用瞬时启燃或启燃时间较短的光源。

8. 光源的闪烁与频闪效应

1）闪烁：用交流电点燃电光源时，在每半个周期内，光源的光通量会随着电流的增减发生周期性的明暗变化，这种现象称为闪烁。闪烁的频率较高，通常与交流电流频率成倍数关系。一般情况下，由交流电引起的光源闪烁肉眼是不易觉察到的。

2）频闪效应：频闪效应是指在以一定频率变化的光线照射下，观察到的物体运动呈现静止或不同于实际运动状态的现象。具有频闪效应的光源照射周期性运动的物体时会使视觉分辨能力降低，严重时可能会诱发各种事故，因此，具有明显闪烁和频闪效应的光源的使用范围将受到限制。

2.1.3　电光源的命名方法

我国的国家标准 GB 2274—2013 中规定了各种电光源的命名方法。

白炽光源的型号命名一般包括三个部分：

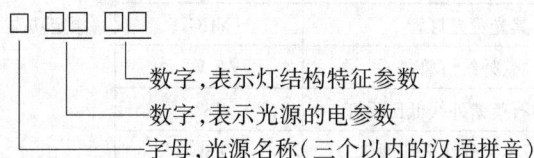

$$\square\ \square\square\ \square\square$$

数字，表示灯结构特征参数
数字，表示光源的电参数
字母，光源名称（三个以内的汉语拼音）

自左至右，第一部分为字母，由表征光源名称特征的汉语拼音首字母组成；第二部分和第三部分一般为数字组成，主要表征光源的电参数。有些名称、参数相同，但结构形式不同的灯，则需要增加第四部分和第五部分，由表示灯结构特征的 1~2 个词头的汉语拼音字母或有关数字组成。第四和第五部分是补充部分，在生产和流通领域中使用时可灵活取舍。例如 PZ220 100 E27，PZ 表示普通照明，220 表示额定工作电压为 220V，100 表示额定功率为100W，E 表示螺口式灯头（B 表示插口），27 表示灯头直径为 27mm。

气体放电光源的型号命名一般由三部分组成：

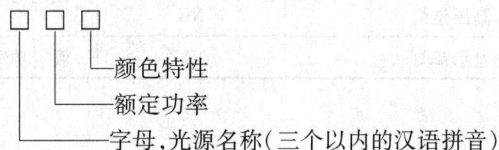

$$\square\ \square\ \square$$

颜色特性
额定功率
字母，光源名称（三个以内的汉语拼音）

第一部分为字母，由表示光源名称的三个以内的汉语拼音字母组成；第二部分表示额定功率；第三部分表示颜色特性。例如 YH40RR，YH 表示环形荧光灯管，40 表示额定功率为40W，RR 表示日光色。

照明设计中常用白炽光源和气体放电光源的型号命名见表 2-1 和表 2-2。

表 2-1　常用白炽光源型号命名

电光源名称	型号的组成			电光源名称	型号的组成		
	第一部分	第二部分	第三部分		第一部分	第二部分	第三部分
普通照明灯	PZ			跑道灯	PD		
反射型普通照明灯	PZF			聚光灯	JG		
装饰灯	ZS			摄影灯	SY		
局部照明灯	JZ	额定电压（V）	额定功率（W）	幻灯灯	HD	额定电压（V）	额定功率（W）
铁路信号灯	TX			无影灯	WY		
船用照明灯	CY			小型指示灯	XZ		
船用指示灯	CZ			水下灯	SX		
飞机灯	FJ			管形照明卤钨灯	lZG		

表 2-2　常用气体放电光源型号命名

电光源名称		型号的组成		
		第一部分	第二部分	第三部分
低压汞灯	直管形荧光灯	YZ	额定功率（W）	RR 日光色 RL 冷光色 RN 暖光色
	U 形荧光灯	YU		
	环形荧光灯	YH		
	自镇流荧光灯管	YZZ		
	黑光荧光灯管	YHG		不同结构形式的顺序号
	紫外线灯管	ZW		
	直管形石英紫外线低压汞灯	ZSZ		
	U 形石英紫外线低压汞灯	ZSU		
	白炽荧光灯	ZY		
低压汞灯	高压汞灯	GC	额定功率（W）	
	荧光高压汞灯	GGY		
	自镇流荧光高压汞灯	GYZ		
	反射型高压汞灯	GGF		
	反射荧光高压汞灯	GYF		
钠灯	低压钠灯	ND	额定功率（W）	
	高压钠灯	NG		
金属卤化物灯	管形镝灯	DDC	额定功率（W）	

2.1.4　白炽灯

白炽灯是最早出现的热辐射光源，发明于 19 世纪 60 年代，被称作第一代电光源。经历了 100 多年的发展历程，随着科学技术的不断进步，虽然相继出现了多种性能优良的其他电光源，但由于白炽灯具有结构简单、成本低廉、使用方便、显色性能好、点燃迅速、容易调光等优点，仍广泛应用在工业与民用建筑照明工程中。

1. 白炽灯的工作原理与分类

白炽灯是依靠电流通过钨丝时产生大量的热，使钨丝温度升高到白炽程度而发光的一种热辐射光源。随着工作时间的延长，钨丝会逐渐蒸发变细，细到一定程度就会熔断。把大功率白炽灯的玻璃壳抽成真空后，再充入惰性气体可以防止钨丝氧化，降低钨丝的蒸发速度，延长白炽灯的使用寿命。

按照白炽灯的用途和使用场合可分为普通白炽灯、装饰灯、舞台灯、照相灯、信号灯、指示灯；按照定向发光性能可分为聚光灯、反射灯；按照玻璃壳特性可分为磨砂灯、涂白灯、乳白灯、彩色灯；按照是否充入气体可分为真空灯、充气灯；按照使用电压高低可分为市电灯、低压灯（额定电压为 12 ~ 36V 或 1.5 ~ 8V）、经济灯等。

2. 白炽灯的结构

白炽灯一般由灯头、玻璃泡壳、支架、钨丝及惰性气体等构成。普通白炽灯的结构如图 2-2 所示，几种白炽灯灯头的外形如图 2-3 所示。

灯丝（钨丝）是白炽灯的发光体，是白炽灯的关键组成部分。灯丝的形状和尺寸对灯的寿命、光效和光利用率都有直接的影响。一般都将普通白炽灯丝烧制成单螺旋、双螺旋甚至三螺旋的形状，以减少灯丝的长度，尽可能地减少热损耗，提高白炽灯的光效。

普通白炽灯的玻璃泡壳用一般玻璃制造，根据不同的用途做成各种不同的形状。大部分普通白炽灯的玻璃泡壳是透明的，但有时采用磨砂玻璃或乳白玻璃，以降低光源表面的亮度，还有些白炽灯做成反射型的，即在玻璃泡壳的上半部分（靠灯头部分）蒸镀一层反光铝膜。

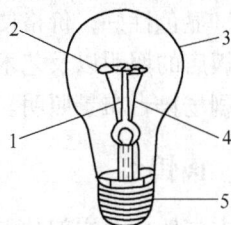

图 2-2　普通白炽灯的结构
1—支架　2—灯丝　3—玻璃泡壳
4—引线　5—灯头

普通白炽灯的灯头的作用是固定白炽灯和接通电源，同样是白炽灯的重要组成部分。按其形式和用途可分为螺口灯头、插（卡）式灯头、聚焦灯头及各种特种灯头，常用的灯头是螺口和插口两种形式。螺口灯头接触面积大，适用于功率较大的白炽灯；插口灯头接触面积小，适用于功率较小的白炽灯。

　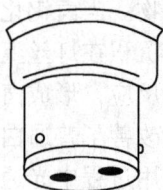　　

螺口灯头　　　　　插口灯头　　　　　聚焦灯头　　　　　特种灯头

图 2-3　几种白炽灯灯头的外形

3. 白炽灯的光电参数及其特性

白炽灯的光电参数及其特性主要取决于白炽灯的结构。

1）额定电压：普通照明型和反射型白炽灯的额定电压一般为 220V 和 110V；安全照明型白炽灯的额定电压大多为 36V、12V 和 6V。

2）额定功率：普通照明型白炽灯的额定功率一般在 15～1000W 之间；局部照明型白炽灯的额定功率一般较小，多为 10～100W；反射型白炽灯的额定功率一般为几十至几百瓦。

3）光通量：白炽灯的额定光通量通常是指点燃 100h 以后的光通量输出。根据不同的功率，白炽灯输出的光通量一般在几十到 1100lm 之间。

4）发光效率：白炽灯仅有小部分能量产生可见光，其总功率的 75% 以上都以红外线的方式辐射掉（产生热能），因此普通白炽灯的光效较低，大约为 10～15lm/W。

5）寿命：白炽灯的使用寿命较短，平均寿命一般为 1000h。在额定状态下工作时，钨丝会蒸发而使灯丝变细，最终导致断丝，这是影响白炽灯使用寿命的主要原因。

6）启燃时间：钨丝通电加热的过程非常迅速，大多数白炽光源加热到输出 90% 光通量所需要的时间只有 0.07～0.38s，启燃和再启燃能够瞬时完成。

7）色温和显色指数：白炽灯的色温主要取决于它的工作温度。理论上钨丝加热后可以发出色温为 3500K 的光，但普通白炽灯在实际使用时能达到的色温大多为 2400～2900K，因此白炽灯属于低色温、暖色调的光源。

白炽灯的显色性主要取决于它的光谱能量分布。白炽灯属于热辐射光源，具有与黑体一样的连续光谱，因此显色性很好，显色指数 R_a 平均可达 95 ~ 99。

白炽灯具有高度的集光性，便于控光，适合频繁开关，点燃或熄灭对灯的性能、寿命影响较小，显色性好，价格便宜，使用极其方便；缺点是光效较低。白炽灯主要适用于家庭、旅馆和饭店的照明以及艺术照明、信号照明、投光照明等。白炽灯还有良好的调光性能，常被作为剧场舞台布景照明。

2.1.5　卤钨灯

填充气体内含有部分卤族元素或卤化物的充气白炽灯称为卤钨灯。卤钨灯也是一种热发光源，性能比普通钨丝白炽灯泡有了很大改进。

1. 卤钨灯的发光原理与分类

卤钨灯也属于热辐射光源，工作原理与普通白炽灯基本相同，是在白炽灯的基础上改进而成，属于卤钨循环白炽灯。充入卤素物质的灯泡通电工作时，从灯丝蒸发出来的钨蒸气，在泡壁区域内与卤素反应形成挥发性的卤钨化合物。当卤钨化合物扩散到较热的灯丝周围区域时又重新分解成卤素和钨，释放出来的钨又会沉积在灯丝上，分解后的卤素继续扩散到温度较低的泡壁区域与钨化合，参加下一轮的循环反应，形成卤钨循环。卤钨循环有效地抑制了钨的蒸发，延长了卤钨灯的使用寿命，有效地改善了普通白炽灯的黑化现象，同时还进一步提高了灯丝温度，获得较高的光效，减小了使用过程中光通量的衰减。

按照充入白炽灯内卤素的不同，卤钨灯可分为碘钨灯和溴钨灯；按照白炽灯外壳材料的不同可分为硬质玻璃卤钨灯和石英玻璃卤钨灯；按照工作电压的高低可分为市电型卤钨灯和低电压型卤钨灯（6V/12V/24V）；按照灯头结构的不同可分为双端和单端卤钨灯；按照色温的高低可分为高色温（3000K 以上）、中色温（2800 ~ 3000K）和低色温（2800K 以下）卤钨灯；按照应用领域可分为室内照明、泛光照明、舞台照明、放映、幻灯、投影，以及电影、电视、新闻摄影卤钨灯；按照外形可分为管形卤钨灯和柱形卤钨灯。

2. 卤钨灯的结构

（1）管形卤钨灯

一般情况下，较大功率的卤钨灯（多为 500W 以上）制成管状，管形卤钨灯的外形如图 2-4 所示。卤钨灯由钨丝、充入卤素的玻璃泡和灯头等构成。玻壳制成管状，沿灯管轴线安装单螺旋或双螺旋钨丝。灯管的直径为 8 ~ 10mm，长度为 80 ~ 330mm，功率一般为 100 ~ 2000W，色温为 2700 ~ 3200K，光效为 15 ~ 22lm/W，寿命一般为 1500h。管形卤钨灯常用于体育场馆、建筑工地广场、厂房车间、大型会场和歌舞厅的照明。

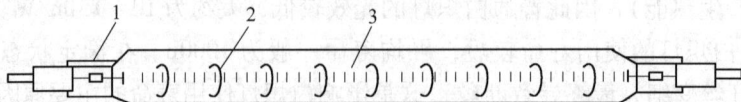

图 2-4　管形卤钨灯的外形

1—钼箔　2—支架　3—灯丝

（2）柱形卤钨灯

柱形卤钨灯的外形如图 2-5 所示。这类柱形卤钨灯的功率一般有 75W、100W、150W 和

250W 等规格，玻璃外壳有磨砂和透明两类，灯头采用 E27 型。与管形卤钨灯相比，柱形卤钨灯具有体积小、定向性好、装饰性强、安装简便等优点，广泛应用于仪器、电影、电视、摄影、柜台、舞台及歌舞厅等商业及艺术装饰照明。近年，柱形卤钨灯开始进入家庭住宅照明领域，常见于新型的台灯、落地灯、小型射灯和聚光卤钨灯等。

3. 卤钨灯的特点及使用

卤钨灯与白炽灯相比具有体积小、输出功率大、光通量稳定、光色好、光效高和寿命长等特点，特别是其发光效率比普通白炽灯高出许多倍。卤钨灯由于卤钨循环利用，加上灯管内被充入较高压力的惰性气体而较好地抑制了钨的蒸发，有效避免了玻壳黑化，使得卤钨灯在整个寿命期间能始终保持光通量基本不变。与普通白炽灯相比，卤钨灯的光色更白一些、色调更冷一些，且显色性更好一些。卤钨灯的缺点是对电压波动比较敏感，耐振性较差。

管形卤钨灯在使用过程中需要注意以下问题：

1）管形卤钨灯工作时要水平安装，倾角范围为 ±4°，否则卤化物会向一端集中，破坏卤钨循环，寿命大大缩短。

2）管形卤钨灯正常工作时管壁温度高达 600℃ 以上，因此附近不准放易燃物，而且灯脚引入线应该使用耐高温的导线。

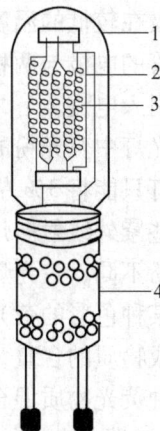

图 2-5　柱形卤钨灯的外形
1—石英玻璃罩　2—金属支架
3—排丝状灯丝　4—散热罩

3）卤钨灯的引线封口处是全灯最薄弱的环节，使用时要特别小心，避免弯折、扭曲或过大的压力，否则极易造成玻管爆裂漏气或引线在根部折断而使整支灯报废。

4）卤钨灯灯丝细长且脆，使用时应避免振动和撞击，也不宜作为移动照明灯具。

2.1.6　荧光灯

荧光灯是出现于 20 世纪 30 年代的一种新型光源（通常称其为第二代电光源），俗称日光灯。它的发光原理与白炽灯完全不同，是一种低气压汞蒸气弧光放电灯，它的玻璃管内壁上涂有荧光材料，把放电过程中产生的紫外线辐射转化为可见光。荧光灯最突出的优点是发光效率高（约为白炽灯光效的 4 倍）、使用寿命长（约为白炽灯寿命的 2～3 倍）和光色好。所以，从产生至今，荧光灯已成为最主要的人造光源。

1. 荧光灯的结构及型号

（1）双端荧光灯

1）双端荧光灯的结构：双端荧光灯由灯管和电极组成，如图 2-6 所示。

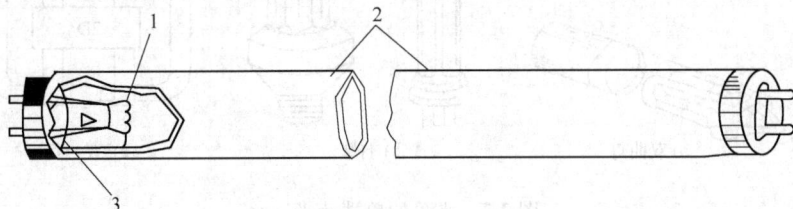

图 2-6　双端荧光灯的结构
1—电极　2—玻璃管（内表面涂荧光粉）　3—汞

　　灯管由玻璃制成，内壁涂有荧光粉，两端装有钨丝电极，灯管抽成真空后封装气压很低的汞蒸气和惰性气体（如氩、氖、氪等），用以减少电极的蒸发和帮助灯管启燃。

　　在交流电源下，灯管两端的电极交替起阴极（供给电子）和阳极（吸收电子）的作用。阴极通常用钨丝绕成螺旋形状，上面涂有以钡、锶、钙等金属为主的氧化物，这些金属氧化物使阴极在较低的温度下就能产生热电子发射。

　　灯管的电极与两根引入线焊接并固定于玻璃芯柱上，与灯的两根灯脚连接，灯脚与灯座连接以引入电流。

　　荧光灯中荧光粉的作用是把它所吸收的紫外辐射转换成可见光。在最佳辐射条件下，普通荧光灯只能将 3% 左右的输入功率通过放电直接转变为可见光，63% 以上转变为紫外辐射。这些紫外线射向灯管内壁的荧光粉时，将发生光致发光，产生可见光辐射。管内壁所涂的荧光粉不同，荧光灯的光色（色温）和显色指数就不同。若单独使用一种荧光物质，可以制造某种色彩的荧光灯，比如蓝、绿、黄、白、淡红和金白等彩色的荧光灯。改变有些荧光粉构成物质的含量，便可得到一系列的光色，比如日光色、冷白色、白色、暖白色等。如果把几种荧光物质混合使用，还可得到其他的光色，比如三基色荧光灯等。

　　2）双端荧光灯的型号编写规则如下：

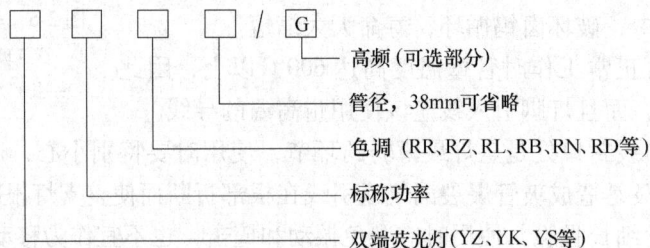

高频（可选部分）

管径，38mm可省略

色调（RR、RZ、RL、RB、RN、RD等）

标称功率

双端荧光灯（YZ、YK、YS等）

　　其中，RR 表示日光色（6500K）；RZ 表示中性白色（5000K）；RL 表示冷白色（4000K）；RB 表示白色（3500K）；RN 表示暖白色（3000K）；RD 表示白炽灯色（2700K）；YZ 表示普通直管灯；YK 表示快速启动型；YS 表示瞬时启动型；G 表示高频荧光灯。

　　例如，YZ36RR26 表示管径为 26mm，功率为 36W，日光色普通直管形荧光灯；YK20RN32 表示管径为 32mm，功率为 20W，暖白色快速启动荧光灯。

　　（2）单端荧光灯

　　1）单端荧光灯的结构：根据单端荧光灯的放电管数量及形状分为单管、双管、四管、多管、方形、环形等类型。常见的单端荧光灯如图 2-7 所示。

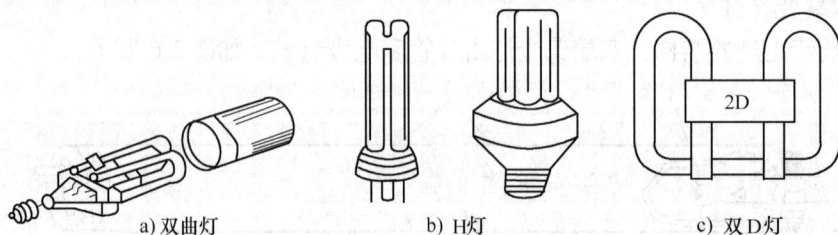

a) 双曲灯　　　　　　b) H灯　　　　　　c) 双D灯

图 2-7　常见的单端荧光灯

　　2）单端荧光灯的型号编写规则。

①U 形和双 D 形荧光灯的型号编写规则如下：

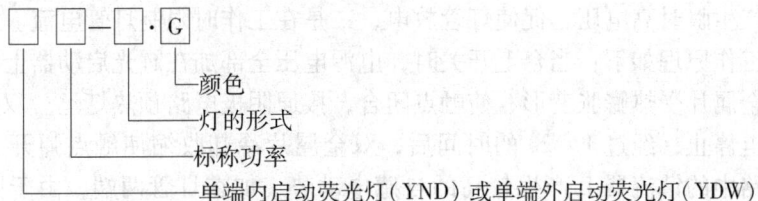

```
□□—□·G
```
　　颜色
　　灯的形式
　　标称功率
　　单端内启动荧光灯（YND）或单端外启动荧光灯（YDW）

例如，YDN9—2U·RR 表示 9W 的双 U 形日光色单端内启动荧光灯。YDW16—2D·RN 表示 16W 的双 D 形暖白色单端外启动荧光灯。

②环形荧光灯的型号编写规则如下：

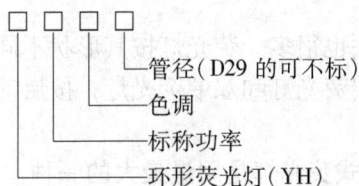

```
□ □ □ □
```
　　管径（D29 的可不标）
　　色调
　　标称功率
　　环形荧光灯（YH）

例如，YH32RR 表示管径为 29mm 的 32W 日光色环形荧光灯。YH55RZ16 表示管径为 16mm 的 55W 中性白色环形荧光灯。

2. 荧光灯的工作原理

荧光灯的工作电路由灯管、镇流器和辉光启动器组成。荧光灯的工作电路如图 2-8 所示，L 表示镇流器。

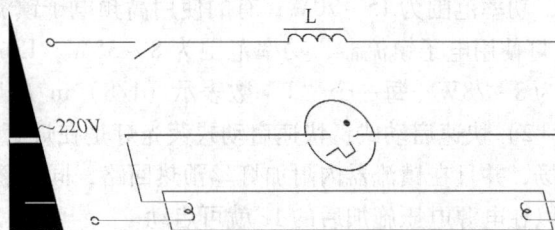

辉光启动器外形和构造如图 2-9 所示。辉光启动器是一个充有氖气的玻璃泡，里面装有一个固定的静触片和用双

图 2-8　荧光灯的工作电路

金属片制成的 U 形动触片，它的作用是使电路接通和自动断开。辉光启动器的外壳是铝质圆筒，起保护作用。辉光启动器电路如图 2-10 所示。在氖气管旁有一只纸质电容器与触片并联，防止辉光启动器两触片断开时产生的火花将触片烧坏。

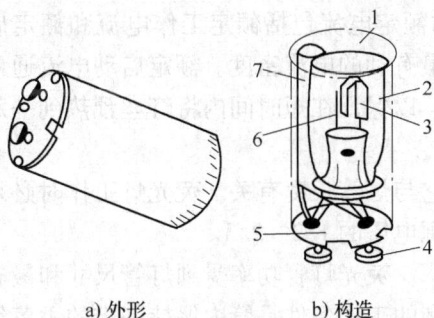

a) 外形　　b) 构造

图 2-9　辉光启动器

1—铝壳　2—玻璃泡　3—双金属片　4—插头

5—胶木底座　6—静触片　7—电容器

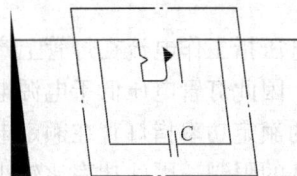

图 2-10　辉光启动器电路

镇流器是一只绕在硅钢片铁心上的电感线圈，它具有两个作用：一是在启动时由于辉光启动器的配合产生瞬时高电压，促使灯管放电；二是在工作时限制灯管电流。

荧光灯的工作原理如下：当合上开关时，电源电压全部加在辉光启动器上，产生辉光放电而发热，双金属片受热膨胀变形，使触点闭合，接通阴极电路预热灯丝。双金属片触点闭合后，辉光放电停止，经过 1 ~ 2s 的时间后，双金属片冷却收缩使触点弹开分离，这一瞬间，串联在电路中的镇流器 L 产生较高的自感电动势，加在灯管两端，由于阴极被预热后已经发射了大量的电子，使管内气体和汞蒸气电离而导电。汞蒸气放电时产生的紫外线激发灯管内壁的荧光物质发出可见光。灯管启燃后，电源电压分布在镇流器和灯管上，灯管两端的电压降远远低于电源电压，导致辉光启动器上的电压达不到启辉电压从而不再启辉。镇流器在灯管预热时和启燃后，均起着限制和在一定程度上稳定预热及工作电流的作用。

3. 荧光灯的分类

荧光灯种类很多，分类方法也很多。荧光灯按其形状不同可分为直管形荧光灯和紧凑型荧光灯；按电源加电端分为单端荧光灯和双端荧光灯；按启动方式分为预热启动、快速启动和瞬时启动等类型。

1）预热启动式：预热启动式荧光灯是用量最大的一种。这类荧光灯在工作时，需要有镇流器、辉光启动器等附件组成的工作电路。预热启动式荧光灯有 T12、T8、T5 和 T4 等几种。管径为 38mm 的 T12 灯功率范围为 20 ~ 125W。管径为 25mm 的 T8 灯有的使用电感镇流器，功率范围为 15 ~ 70W；有的使用高频电子镇流器，功率范围为 16 ~ 50W。15mm 管径的 T5 灯使用电子镇流器，功率范围为 8 ~ 35W。13mm 管径的 T4 灯使用电子镇流器，功率范围为 8 ~ 28W。每一个"T"数表示（1/8）in（1in = 25.4mm），即 3.175mm。

2）快速启动式：快速启动式荧光灯是在灯管的内壁涂敷透明的导电薄膜，提高了极间电场，并且在镇流器内附加灯丝预热回路，同时将镇流器的工作电压设计得比启动电压高，所以在电源电压施加后的 1s 就可启动。

3）瞬时启动式：这种荧光灯采用漏磁变压器产生的高压瞬时启动灯管，不需要预热。为使荧光灯能正常工作，选用与灯管配套的镇流器是非常重要的。镇流器要消耗一定的功率，如果采用电感镇流器，其损耗不大于 9W；如果采用节能电感式镇流器，其损耗不大于 5.5W；如果采用电子式镇流器，其损耗不大于 4W。

4. 荧光灯的参数

1）额定电流、灯管电压和灯管功率：荧光灯的额定电流包括额定工作电流和额定启动电流。额定工作电流取决于灯管功率、灯管结构和最有利的电流密度。额定启动电流通常比灯管额定工作电流大，作用是在启动时将灯丝预热，以保证在短时间内将灯丝预热到一定的温度。

灯管电压指工作电流在灯管上产生的电压降，它与灯管长度有关。荧光灯工作时必须串入镇流器，因此灯管电压低于电源电压，一般为电源电压的 1/2 ~ 2/3。

灯管的额定功率指灯管在额定电流下消耗的功率。荧光灯管功率受到灯管尺寸和最有利的电流密度的限制，因此功率比较小。荧光灯最有利的工作条件是管内保持一定的汞蒸气压力，管壁温度不超过 40℃。

2）颜色特性：荧光灯的颜色特性与采用的荧光粉性质有关，卤磷酸钙荧光粉和三基色荧光粉的配方不同，其光谱能量分布不同，因而得到的光色、色温和显色指数也不相同，其中最典型的是三种标准的白色，即暖白色（3000K）、冷白色（4000K）和日光色（6500K），无论哪种荧光粉都可以调配出这三种标准的白色。

3）光通量与发光效率：荧光灯在使用过程中光通量会有明显的衰减，点燃 100h 后光通量输出比初始光通量输出下降 2% ~ 4%，此后光通量下降比较缓慢。所以荧光灯的额定光通量通常是指点燃了 100h 时的光通量输出值，对照明要求很高的场所有时甚至取点燃了 2000h 后的光通量输出作为计算依据。荧光灯光通量衰减的主要原因包括：由于荧光粉的老化而影响光致发光的效率；由于管内残留不纯气体的作用使荧光粉黑化；由于电极电子物质的贱射使管端黑化；灯管老化使其透光比下降等。

荧光灯的光效很高，一般为 27 ~ 82lm/W。荧光灯的光效主要取决于使用的荧光粉的成分，一般情况下，三基色荧光粉的转换效率最高，因此三基色荧光灯的光效最高，比普通荧光灯高出 20% 左右。

4）寿命：荧光灯的寿命一般是指有效寿命。国产普通荧光灯的寿命约为 3000 ~ 5000h。

荧光灯的寿命受影响荧光灯光通量输出的一系列因素的间接影响，其中阴极电子发射物质的飞溅程度是主要因素。实验表明，荧光灯启动时阴极上的电子发射物质飞溅最为剧烈，因此频繁开关荧光灯会大大增加电子发射物质的消耗，从而降低其使用的寿命。例如每半小时开关一次，则荧光灯的寿命将下降一半，因此，频繁开关照明灯的场所不适宜选用荧光灯。

5）电压特性：荧光灯的灯管电流、灯管电功率和光通量基本上与电源电压成正比，灯管电压和光效与电源电压近似成反比。当电源电压变化时，灯管的性能会受到不同程度的影响，荧光灯光电参数随电源电压的变化如图 2-11 所示，其中备受关注的是对灯管寿命的影响。若电源电压过高，灯管工作电流增大，电极温度升高，电子发射物质的消耗增大，促使灯管两端早期发黑，寿命缩短；若电源电压降低，电极温度降低，灯管不易启动，即便启动了，较小的工作电流不足以维持正常的工作温度，致使电子发射物质溅射加剧，同样会降低寿命。因此，为了保证荧光灯具有正常的工作特性和使用寿命，要求电源电压的偏移范围必须在额定值的 ±10% 以内。

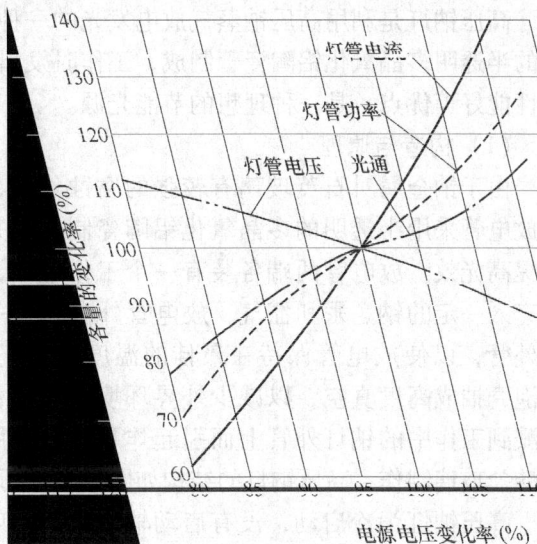

图 2-11　荧光灯光电参数随电源电压的变化

6）闪烁与频闪效应：荧光灯工作时，其光通量将以 2 倍的电源频率闪烁。由于荧光粉的余辉作用，肉眼一般感觉不宜察觉闪烁的存在，但当使用荧光灯照射快速运动的物体时，往往会降低视觉分辨能力，即产生频闪效应。例如用荧光灯照射快速运动的物体时，只能看到模糊的影像；用荧光灯照射快速转动的物体时，若该物体的转动频率是交流电频率的整数倍，转动的物体看上去好像转动变慢或不动了。在这两种情况下，都容易造成事故。所以，荧光灯不适宜用于有车床等旋转机械的场所照明。

消除频闪效应的方法通常有以下几种：双管、三管荧光灯可采用分相供电；单管荧光灯可采用移相电路；也可采用电子镇流器使荧光灯工作在高频状态，或采用直流供电的荧光灯管。

5. 荧光灯的特点及应用

荧光灯具有发光效率高、显色性较好、寿命长、眩光影响小、光谱接近日光等特点，广泛用于家庭、学校、研究所、工厂、商店、办公室、控制室、设计室、医院、图书馆等场所的照明。环形荧光灯具有光源集中、照度均匀及造型美观等优点，可用于民用建筑的家居照明。紧凑型节能荧光灯采用三基色荧光粉，集中了白炽灯和荧光灯的优点，具有光效高、耗能低、寿命长、显色性好、使用方便等特点，与各种类型的灯具配套，可制成造型新颖别致的台灯、壁灯、吊灯、吸顶灯和装饰灯，适用于家庭、宾馆、办公室等照明。

荧光灯的缺点是功率因数低，发光效率与电源电压、频率及环境温度有关，有频闪效应，附件多，噪声大，不宜频繁开关。

2.1.7　钠灯

钠灯是利用钠蒸气放电发光的光源，按钠蒸气工作压力的高低分为高压钠灯和低压钠灯两大类。低压钠灯发出的是单色黄光，各种有色物体进入低压钠灯照明的灯光下都会变色，照到人的脸上便会变成灰黄色。高压钠灯的光色比低压钠灯好，观看各种有色物体的颜色比较自然。

1. 高压钠灯

高压钠灯是利用高压钠蒸气放电发光的一种高强度气体放电光源，其放电管采用抗钠腐蚀的半透明多晶氧化铝陶瓷管制成，工作时发出金白色光。它具有发光效率高、寿命长、透雾性能好等优点，是一种理想的节能光源。

（1）构造与原理

由于钠金属对石英玻璃有较强的腐蚀作用，因此高压钠灯放电管采用半透明的多晶氧化铝陶瓷制作，并且管径较小以提高光效。放电管两端各装有一个工作电极，管内抽真空后充入一定的钠、汞和氙气，放电管外套装有一个透明的玻璃外管，以使放电管保持在最佳的温度（250～300℃）下，外泡壳抽成高度真空，以减少外界环境的影响；为防止雨滴飞溅到工作中的钠灯外管上而引起炸裂，外管用耐热冲击的硼酸盐玻璃制作，高压钠灯的结构如图2-12所示。

高压钠灯为冷启动，没有启动辅助电极，启燃时两工作电极之间要有1000～2500V的高压脉冲，因此必须附设启燃触发装置。启燃触发装置可以装在高压钠灯的放电管和外管之间，也可以外接触发器。

当高压钠灯接通电源时，启动电源通过双金属片及其触电和加热电阻。电阻发热使双金属片触点断开，在断电的一瞬间，镇流器（外接的）产生很高的脉冲电压，使其放电管击穿放电，开始放电时是通过氙气和汞进行的，所以起燃初

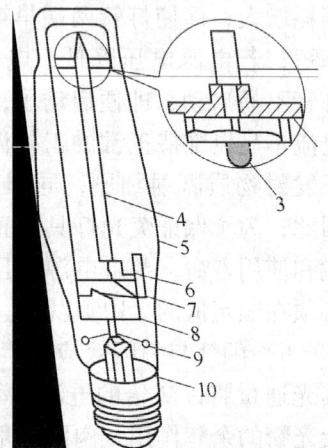

图2-12　高压钠灯的结构

1—金属排气管　2—银帽　3—电极
4—放电管　5—玻璃外壳　6—脚
7—双金属片　8—金属支架　9—钡
消气剂　10—焊锡

始，灯光为很暗的红白辉光。随着放电管内温度的上升，从氙气和汞放电向高压钠蒸气放电过渡，经过 5min 左右趋于稳定，稳定工作时光色为金白色。启动后，靠灯泡放电的热量使双金属片触头保持断开状态。

高压钠灯的启燃时间一般为 4～8min，灯熄灭后不能立即再点燃，大约需要 10～20min 让双金属片冷却使其触电闭合后，才能再启动。

（2）基本性能

由于在高压钠灯发出的光中 589nm 及其附近的谱线比较强烈，因此光色呈黄色，色温只有 2000～2100K，显色性较差，一般显色指数仅为 20～25。但该谱线的光具有高的光谱光效率（集中在人眼感觉较灵敏的范围内），因此它的光效很高，光效高达 60～130lm/W。此外，高压钠灯还具有体积小、亮度高、紫外线辐射量少、透雾性好、寿命长等优点，很适合交通照明。

针对高压钠灯显色性较差这一主要缺点，在普通高压钠灯的基础上，只要适当提高管内高压，就可以提高灯的显色性能，但光效会有所下降。例如改显型高压钠灯，其显色指数可提高到 60 左右，色温也提高到了 2300～2500K，光效与普通型相比则约下降 25%；高显型高压钠灯的色温可上升到 2500～3000K，一般显色指数可达到 80 左右，其光效将进一步下降。改显型和高显型高压钠灯可用于商业、体育场馆、娱乐场所等需要高显色性和高照度的场所的照明。

（3）电源电压变化的影响

高压钠灯各参数与电压的关系如图 2-13 所示。

高压钠灯的灯管工作电压随电源电压的变化而发生较大变化；电源电压偏移对高压钠灯的光输出影响也较为显著，大约为电压变化率的 2 倍；若电压突然降落 5% 以上，灯管可能自熄，为保证高压钠灯能稳定工作，对它的镇流器有特殊的要求，从而使灯管电压保持在稳定的工作范围内。

2. 低压钠灯

（1）结构

低压钠灯是一种低气压钠蒸气放电灯，其放电特性与低压汞蒸气放电十分相似。低压钠灯主要由放电管、外管和灯头组成。因为钠的熔点比汞高，对钠电弧放电管的要

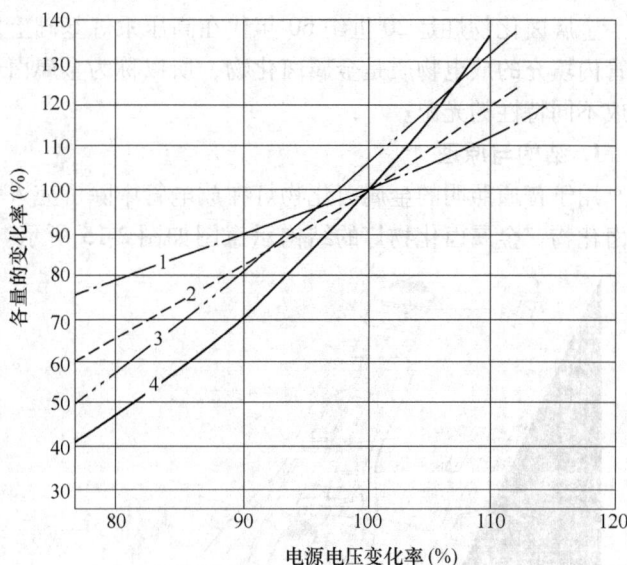

图 2-13　高压钠灯各参数与电压的关系
1—灯管电流　2—灯管电压　3—功率　4—总光通量

求一是要耐高温，二是表面不会受钠金属和钠蒸气腐蚀，所以低压钠灯的放电管多由抗钠腐蚀的玻璃管制成，管径为 16mm 左右，为避免灯管太长，常常制成 U 形，封装在一个管状的外玻璃壳中；管内充入钠和氖氩混合气体，在 U 形管的外侧每隔一定长度吹制有一个存放钠球的凸出的小窝；放电管的每一端都封接有一个钨丝电极。套在放电管外的是外管，外管

通常由普通玻璃制成，管内抽成真空，管内壁涂有氧化铟等透明物质，能将红外线反射回放电管，使放电管温度保持在270℃左右。低压钠灯的构造简图如图2-14所示。

（2）特点

低压钠灯的辐射原理是低压钠蒸气中的钠原子辐射，产生的是波长为589nm的单色光，因此光色呈黄色，显色性能差。但由于低压钠灯发出的光集中在光谱光效率高的范围，其波长与人眼感受最敏感的

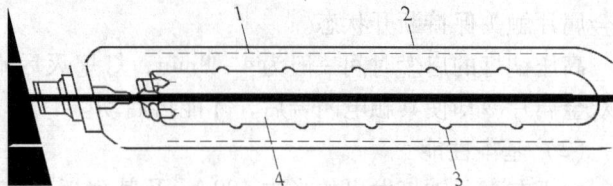

图2-14　低压钠灯的构造简图
1—氧化铟膜　2—抽真空的外玻壳　3—储钠小凸窝　4—放电管

波长为555nm的光最接近，因而发光效率高，在实验室条件下可达到400lm/W，成品一般在150lm/W以上，是照明光源中发光效率最高的一种光源。

低压钠灯可以用开路电压较高的漏磁变压器直接启燃，冷态启燃时间约为8～10min；正常工作的低压钠灯电源中断6～15ms不致熄灭；再启燃时间不足1min。低压钠灯的寿命约为2000～5000h，点燃次数对灯寿命影响很大，并要求水平点燃，否则也会影响寿命。

由于低压钠灯的显色性差，一般不宜作为室内照明光源；但可利用其光色柔和，炫光小，透雾能力极强等特点，作为铁路、高架路、隧道等要求能见度高而对显色性要求不高的场所的照明光源。

2.1.8　金属卤化物灯

金属卤化物灯是20世纪60年代在高压汞灯基础上发展起来的一种新型光源，由于其放电管内填充的放电物质是金属卤化物，所以称为金属卤化物灯。充入不同的金属卤化物，可制成不同特性的光源。

1. 结构与原理

用于普通照明的金属卤化物灯在放电管中除了充入汞和氩气外，还填充了各种不同的金属卤化物。金属卤化物灯的结构示意图如图2-15所示。金属卤化物灯主要靠其金属原子的

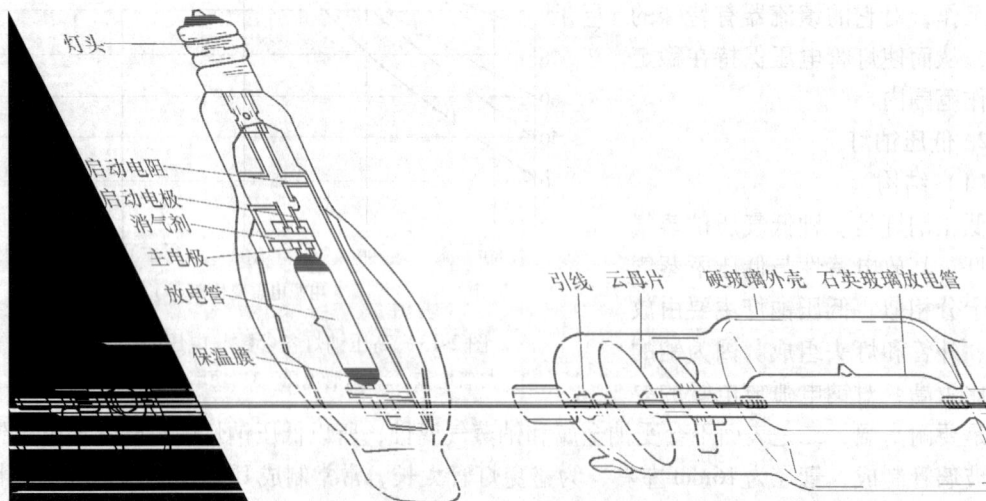

图2-15　金属卤化物灯的结构示意图

辐射发光，再加上金属卤化物的循环作用，获得了更高的光效，同时还改善了光源的光色和显色性能。

金属卤化物灯启动点燃后，灯光放电开始在惰性气体中进行，灯只发出暗淡的光，随着放电继续进行，放电管产生的热量逐渐加热玻壳，使玻壳温度慢慢升高，汞和金属卤化物随玻壳温度的上升而迅速蒸发，并扩散到电弧中参与放电，当金属卤化物分子扩散到高温中心后分解成金属原子和卤素原子，金属原子在放电中受激发而发出该金属的特征光谱。

2. 主要种类和基本参数

目前用于照明的金属卤化物灯主要有三类，充入钠、铊、铟碘化物的钠铊铟灯，充入镝、铊、铟碘化物的镝灯和充入钪、钠碘化物的钪钠灯。

（1）钠铊铟灯

钠铊铟灯在点燃时，是由钠、铊、铟三种金属原子发出线状光谱叠加而成，其谱线是589～589.6nm 和 535nm，都位于光谱光效率的最大值的附近，所以灯的光效很高，可达到80lm/W，色温约为 5500K，平均显色指数为 60～70。

钠铊铟灯的缺点是光效和光色的一致性差，即同型号同功率的灯，其光色和光效可能有较大的差别；此外，在高温工作状态下，钠会对石英管壁产生腐蚀和渗透，使灯内的钠慢慢减少，使光效和光色产生变化。

（2）镝灯

镝是稀土类金属，充入金属卤化物灯内能在可见光区域发出大量密集光谱谱线，由于其谱线间隙很小，可以认为是连续的，光谱与太阳相近，所以镝灯可以得到类似日光的光色，显色性很好，显色指数可达 90，光效达 75lm/W 以上。

（3）钪钠灯

钪钠灯在点燃时，钠发出强谱线，而钪发出许多连续的弱谱线，因而钪钠灯的光效也较高，可达 80lm/W，其显色性较好，显色指数为 60～70。

总之，金属卤化物灯的主要特点是光效高、光色好、显色指数高、体积小，适用于各种场所的一般照明、特种照明和装饰照明。但由于金属卤化物灯目前仍存在启动设备复杂、寿命较短、不适宜频繁启动和价格昂贵等不足之处，因此现在金属卤化物灯主要应用于机场、体育场的探照灯，公园、庭院照明，电影、电视拍摄光源和歌舞厅装饰照明等。近年来金属卤化物灯开始向小体积和低功率光源发展，使之从大量用于室外照明逐步进入室内照明及家庭照明的领域。

3. 工作特性

（1）启燃和再启燃

金属卤化物灯有一个较长的启动过程。由于金属卤化物比汞难蒸发，因此金属卤化物灯的启燃和再启燃时间较长，从启动到光电参数基本稳定一般需要 4min 左右，而达到完全的稳定则一般需要 15min 的时间；在关闭或熄灭后，需等待约 10min 左右才能再次启动。

（2）电源电压变化的影响

电源电压发生变化时，灯的参数会发生较大的变化，400W 钠铊铟灯参数随电源电压变化的曲线如图 2-16 所示。

电源电压变化还将影响灯的光效和光色，如钠铊铟灯在电源电压变化 10% 时，色温将降低 500K 或升高 1000K；电源电压突降还可能导致灯的自熄，所以要求电源电压变化不超

过额定值的 ±5%。

4. 灯的点燃位置

金属卤化物灯的点燃位置变化，会引起灯的电压、光效和光色的变化。产品说明书上都注明灯的点燃位置，在使用过程中，应尽量保证按指定位置点灯，以获得最佳特性。

2.1.9 其他照明光源

场致发光灯和半导体灯是根据电致发光原理制造的电光源。其优点是耗电省、响应快、便于控制，近年越来越多地用于室内或室外的广告牌或指示牌，组成色彩瑰丽而千变万化的文字或图案，取得了良好的视觉效果。但与其他光源相比，由于其表面较暗，所以不适宜用于一般照明的场合。

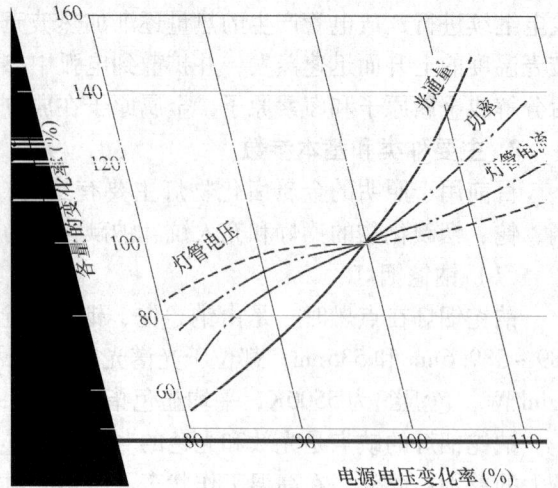

图 2-16　400W 钠铊铟灯参数随电源电压变化的曲线

1. 场致发光灯（屏）

场致发光灯通常都组合成平板状，所以又称其为场致发光屏（EL）。场致发光屏通常由玻璃板、透明导电膜、荧光粉层、高介电常数反射层、铝箔和最底层的玻璃板叠合而成。场致发光屏与电极之间距离仅几十微米，因而在市电下，也能达到足够高的电场强度，在这样强的电场作用下，自由电子被加速到具有很高的能量，从而激发荧光粉使之发光。

场致发光屏的实际光效不到 15lm/W，寿命超过 5000h，耗电少，发光条件要求不高，并且可以通过电极的分割使光源分开，做成图案与文字。因此，场致发光屏被用在建筑物中作指示照明或飞机、轮船仪表的夜间显示。

2. 半导体灯

半导体灯又称发光二极管（LED），主要由电极、PN 结芯片和封装树脂组成。发光二极管的结构如图 2-17 所示。其发光原理是：对二极管 PN 结加正向电压时，N 区的电子越过 PN 结向 P 区注入，与 P 区的空穴复合，从而将能量以光子的形式放出。半导体 PN 结的电致发光原理决定了发光二极管不可能产生具有连续谱线的白光，同样单只发光二极管也不可能产生两种以上的高亮度单色光，因而半导体光源要产生白光只能先产生蓝光，再借助于荧光物质间接产生宽带光谱，合成白光。

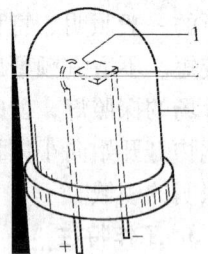

图 2-17　发光二极
管的结构
1—电极　2—PN 结芯片
3—封装树脂

半导体灯具有体积小、重量轻、耗电省、寿命长、亮度高、响应快等优点，因而是电子计算机、数字仪表理想的显示器件。几十年来，人们一直致力于研究和开发新的发光二极管，想替代寿命不长、发光效率低、视角狭窄、颜色简单的旧发光二极管，而且其产品质量也很难稳定。直到近几年，随着新型半导体材料的开发和加工封装工艺技术水平的提高，才相继制造出了高亮度的红、黄、绿发光二极管，以及极为重要的高亮度的蓝色发光二极管，为制造白光二极管奠定了基础。1996 年诞生了白光二极管，后来又开发了由许多个发光二极管组合成的发光二极管灯具。目前，发光二极管较多地用于交通信号灯、标示灯（诱导灯）和景观照明灯。

交通信号灯主要有红、黄、绿三种规格。在发光二极管交通信号灯中，即使损坏了某一个发光二极管，也仅仅降低了一点灯的亮度，不会造成整灯不亮，使交通失控。11W 的发光二极管交通信号灯相当于 150W 普通白炽灯，还具有寿命长、维护费用少等优点，目前我国一些大城市都已采用发光二极管交通信号灯。

标示灯（诱导灯）主要有透射型和直接型两种形式。透射型是将传统"灯箱"型标示灯内的白炽灯或荧光灯用发光二极管代替，可作为建筑物出口标志和疏散诱导。直接型是直接用发光二极管组合成标示文字或图案。

景观照明灯是用发光二极管做成的地埋灯、墙灯、草坪灯等各种类型的灯具，利用不同颜色的发光二极管组合，在控制器制下形成可变色的灯光，既可照明又可美化环境，且具有寿命长、节电的优点。目前在室内外环境照明中都有采用。

2.1.10 照明电光源的性能比较与选用

1. 电光源性能比较

目前，在照明领域里还没有制造出一种在光效、光色、显色性、寿命和性能价格比等方面都十全十美的电光源，其中 LED 灯是性能最优的照明装置，它已经在国内照明工程领域得到广泛的应用。它们的特性不同且各有优缺点，因此在进行照明设计时应当仔细对比分析，按照实际情况择优选用。

各种常用照明电光源的主要性能见表 2-3。从表中可以看出，光效较高的光源有高压钠灯、金属卤化物灯和荧光灯等；显色性较好的光源有白炽灯、卤钨灯、荧光灯、金属卤化物灯等；寿命较长的光源有荧光高压汞灯和高压钠灯；能瞬时启动与再启动的光源是白炽灯、卤钨灯等。输出光通量随电压波动变化最大的是高压钠灯，最小是荧光灯。维持气体放电灯正常工作不至于自熄尤为重要，从实验得知，荧光灯当电压降至 160V、HID 氙气灯电压降至 190V 将会自熄。

表 2-3 各种常用照明电光源的主要性能

光源种类	普通照明白炽灯	卤钨灯		荧光灯		高压汞灯	高压钠灯	金属卤化物灯
		管形、单端	低压	直管型	紧凑型			
额定功率范围/W	10～1500	60～5000	20～75	4～200	5～55	50～1000	35～1000	35～3500
光效/(lm·W⁻¹)①	7.5～25	14～30		60～100	44～87	32～55	64～140	52～130
平均寿命/h	1000～2000	1500～2000		8000～15000	5000～10000	10000～2000	12000～24000	3000～10000
亮度/(cd·m⁻²)②	大			小	小	较大	较大	大
显色指数 R_a	95～99	95～99	95～99	70～95	>80	30～60	23～85	60～90
相关色温/K	2400～2900	2800～3300	2800～3300	2500～6500	2500～6500	5500	1900～2800	3000～6500
启动稳定时间	瞬时			1～4s	10s③ 快速④	4～8min		4～10min

（续）

光源种类	普通照明白炽灯	卤钨灯		荧光灯		高压汞灯	高压钠灯	金属卤化物灯
		管形、单端	低压	直管型	紧凑型			
再启动时间	瞬时			1~4s	10s③ 快速④	5~10min	10~15min	10~15min
闪烁	不明显			普通管明显 高频管不明显		明显		
电压变化对光通输出的影响	大			较大		较大	大	较大
环境温度变化对光通输出的影响	小			大		较小		
耐振性能	较差			较好		好	较好	好

① 光效为不含镇流器损耗时的数据。
② 指发光体的平均亮度。
③ 电感式镇流器。
④ 电子式镇流器。

2. 电光源的选用

电光源的选用首先要满足照明设施的使用要求（照度、显色性、色温、启动、再启动时间等），其次要按环境条件选用，最后综合考虑初期投资与年运行费用。

（1）按使用要求选择

不同的场所，对照明设施的使用要求也不同。

1）对显色性要求较高的场所应选用平均显色指数 $R_a \geq 80$ 的光源，如美术馆、商店、化学分析实验室、印染车间等。

2）色温的选用主要根据使用场所的需要：办公室、阅览室宜选用高色温光源，使办公、阅读更有效率感；休息的场所宜选用低色温光源，给人以温馨、放松的感觉；转播彩色电视的体育运动场所除满足照度要求外，对光源的色温也有所要求。

3）频繁开关的场所，宜采用白炽灯。

4）需要调光的场所，宜采用白炽灯、卤钨灯；当配有调光镇流器时，也可以选用荧光灯。

5）要求瞬时点亮的照明装置，如各种场所的事故照明，不能采用启动时间和再启动时间都较长的 HID 氙气灯。

6）美术馆展品照明，不宜采用紫外线辐射量多的光源。

7）要求防射频干扰的场所，对气体放电灯的使用要特别谨慎。

（2）按环境要求选择

环境条件常常限制了某些光源的使用。

1）低温场所，不宜选择配用电感镇流器的预热式荧光灯管，以免启动困难。

2）在空调的房间内，不宜选用发热量大的白炽灯、卤钨灯等。

3）电源电压波动急剧的场所，不宜采用容易自熄的发光二极管灯。

　　4）机床设备旁的局部照明，不宜选用气体放电灯，以免产生频闪效应。

　　5）有振动的场所，不宜采用卤钨灯（灯丝细长而脆）等。

　　（3）按投资与年运行费用选择

　　1）光源对初期投资的影响：光源的发光效率对于照明设施的灯具数量、电气设备、材料及安装等费用均有直接影响。

　　2）光源对运行费用的影响：年运行费用包括年电力费、年耗用灯泡费、照明装置的维护费（如清扫及更换白炽灯费用等）以及折旧费，其中电费和维护费占较大比重。通常照明装置的运行费用往往超过初期投资。

　　综上所述，选用高光效的光源，可以减少初期投资和年运行费用；选用长寿命光源，可减少维护工作，使运行费用降低，特别对高大厂房、装有复杂的生产设备的厂房、照明维护工作困难的场所来说，这一点显得更加重要。

　　各种场所对灯性能的要求及推荐的灯（CIE—1983）见表 2-4，供参考。

表 2-4　各种场所对灯性能的要求及推荐的灯（CIE—1983）

使用场所		要求的灯性能[1]			推荐的灯[5]：优先选用☆，可用○											
		光输出[2]	显色性能[3]	色温[4]	白炽灯		荧光灯				汞灯	金属卤化物灯		高压钠灯		
					I	H	S	H.C	3	C	F	S	H.C	S	I.C	H.C
工业建筑	高顶棚	高	Ⅲ/Ⅳ	1/2		○	○					○	○			
	低顶棚	中	Ⅲ/Ⅱ	1/2			☆					○	○			
办公室、学校		中	Ⅲ/Ⅱ/Ⅰ_B	1/2			☆		☆	○		○	○			
商店	一般照明	高/中	Ⅱ/Ⅰ_B	1/2	○	○	○	☆	☆	○			☆		☆	
	陈列照明	中/小	Ⅰ_B/Ⅰ_A	1/2	☆	☆		○							☆	
饭店与旅店		中/小	Ⅰ_B/Ⅰ_A	1/2	☆	☆	○	○					○		☆	
博物馆		中/小	Ⅰ_A/Ⅰ_B	1/2	○	○		○								
医院	诊断	中/小	Ⅰ_B/Ⅰ_A	1/2	☆	○		○								
	一般	中/小	Ⅱ/Ⅰ_B	1/2	○	○	○		☆							
住宅		小	Ⅱ/Ⅰ_B/Ⅰ_A	1/2	☆	○	○			○						
体育馆[6]		中	Ⅱ/Ⅲ	1/2	○	○						☆	☆	○	☆	

① 各种使用场所都需要高光效的灯，不但灯的光效要高，而且照明总效率也要高；同时应满足显色性的要求，并适合特定应用场合的其他要求。

② 光输出值高低按以下分类：高输出值时大于10000lm；中输出值时为3000～10000lm；小输出值时小于3000lm。

③ 显色指数的分级如下：Ⅰ_A 级时，$R_a \geqslant 90$；Ⅰ_B 级时，$90 > R_a \geqslant 80$；Ⅱ 级时，$80 > R_a \geqslant 60$；Ⅲ 级时，$60 > R_a \geqslant 40$；Ⅳ 级时，$R_a < 40$。

④ 色温分类如下：1 类小于3300K；2 类为3300～5300K；3 类大于5300K。

⑤ 各种灯的符号：白炽灯（Ⅰ—钨丝白炽灯、H—卤钨灯），荧光灯（S—标准型荧光灯、H.C—高显色性荧光灯、3—三基色窄带光谱荧光灯、C—紧凑型荧光灯），汞灯（F—荧光高压汞灯），高压钠灯（S—标准型、I.C—改显色性、H.C—高显色型）。

⑥ 需要电视转播的体育照明，应满足电视演播照明的要求。

2.2　照明灯具

照明器俗称照明灯具。根据国际照明委员会（CIE）的定义，照明灯具是透光、分配和改变光源光分布的器具，包括除光源外所有用于固定和保护光源所需的全部零、部件以及与电源连接所必需的线路附件。照明灯具对节约能源、保护环境和提高照明质量具有重要的作用。

2.2.1　灯具的作用

灯具的作用如下：

1）控光：利用灯具，如反射罩、透光棱镜、格栅或散光罩等，将光源所发出的光重新分配，照射到被照面上，满足各种照明场所的光分布，起到照明的控光作用。

2）保护光源：使光源免受机械损伤，或与外界隔开免受污染；将灯具中光源产生的热量尽快散发出去，避免灯具内部温度过高，使光源和导线过早老化和损坏。

3）安全：照明灯具本身是一个电气设备，需要有相应的电气安全措施；同时，要求在结构上具有足够的机械强度，有抗风、雨等的性能。

4）美化环境：灯具分功能性照明器具和装饰性照明器。功能性主要考虑保护光源、提高光效、降低眩光，而装饰性则要达到美化环境和装饰的效果。所以，要考虑灯具的造型和光线的色泽。

2.2.2　灯具的光学特性

灯具的光学特性主要有三项：发光强度的空间分布、灯具效率和灯具的保护角。

1. 发光强度的空间分布

灯具可以使电光源的光强在空间各个方向上重新分配，灯具不同光强分布也不同，通常将空间各方向上光强的分配称为配光，用来表示这种配光的曲线又称为灯具配光曲线。由于各种灯具引发的空间光强分布不同，因此其配光曲线也是不同的。利用灯具的配光曲线可以进行照度、亮度、利用系数、眩光等照明计算。配光曲线常用极坐标法、直角坐标法和等光强曲线图三种方法表示。

（1）极坐标配光曲线

首先，以极坐标原点为光中心，以极坐标的角度表示灯具的垂直角 θ，以极坐标矢量的长度表示光强大小，以一定比例的光强值为半径作一系列同心圆表示等光强线，然后，通过光中心作该灯具在一个垂直平面内不同方向上（不同垂直角 θ）的光强有向线段，只要把这些有向线段末端连接在一起，就可得到一条曲线，这就是该灯具在一个垂直平面内的极坐标配光曲线。旋转轴对称灯具的配光曲线如图 2-18 所示。室内照明灯具一般采用极坐标配光曲线来表示其光强的空间分布。

为了便于对各种照明灯具的光分布特性进行比较，统一规定以光通量为 1000lm 的假想光源来提供光强分布数据。因此，实际发光强度应当是该灯具测光参数提供的光强值乘以光源实际光通量与 1000 之比。计算公式如下：

$$I = \frac{\Phi I_\Phi}{1000} \tag{2-1}$$

式中　I_Φ——光源光通量为 1000 时 θ 方向的光强，单位为 cd，光源为 1000lm 配光曲线上的数值；

　　I——灯具在 d 方向上的实际光强，单位为 cd；

　　Φ——光源的实际光通量，单位为 lm。

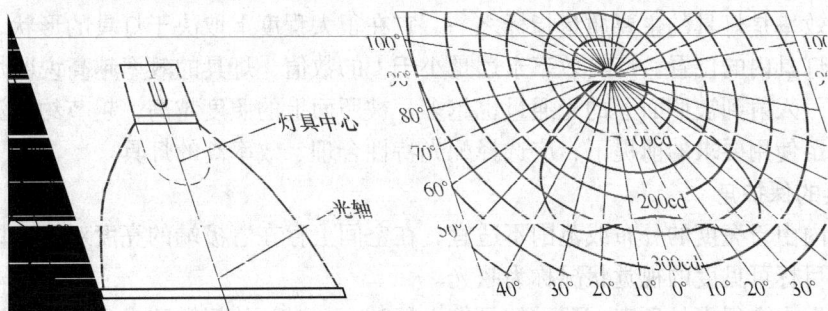

图 2-18　旋转轴对称灯具的配光曲线

（2）直角坐标配光曲线

对于某些光束集中于狭小的立体角内的灯具（如聚光型投光灯），当用极坐标表示其光强读数极其困难时，可用直角坐标配光曲线表示，这时直角坐标的纵轴表示光强（I_θ），横轴表示光束的投射角（垂直角）θ。用这种方法绘制的曲线称为直角坐标配光曲线，如图 2-19 所示。

（3）等光强曲线图

为了正确表示发光体空间的光分布，假想发光体放在一球体内并发光射向球体表面，将球体表面上光强相同的各点连接起来即形成封闭的等光强曲线图。等光强曲线图可以表示该发光体光强在空间各方向的分布情况，如图 2-20 所示。

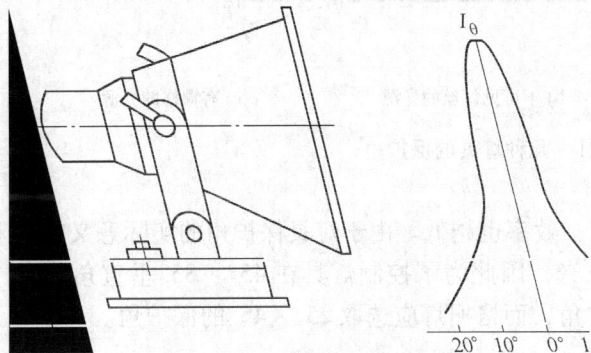

图 2-19　直角坐标配光曲线

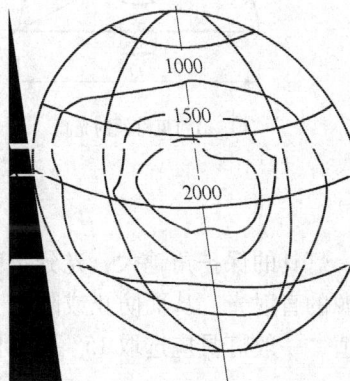

图 2-20　等光强曲线图

2. 灯具的效率

照明灯具的效率是指在规定条件下，灯具发出的光通量与灯具内所有光源发出的总光通量之比。其定义式如下：

$$\eta = \frac{\Phi_2}{\Phi_1} \times 100\% \tag{2-2}$$

式中　　η——照明灯具的效率；

　　　　Φ_2——灯具发出的光通量，单位为 lm；

　　　　Φ_1——光源发出的总光通量，单位为 lm。

灯具的效率是灯具的主要质量指标之一，它在很大程度上取决于灯具的形状、所用的材料和光源在灯具内的位置。灯具效率永远是小于 1 的数值，灯具的效率越高说明灯具发出的光通量越多，入射到被照面上的光通量也越多，被照面上的照度越高，越节约能源。实际应用中，在满足使用要求的前提下，应选择配光特性合理、效率高的灯具。

3. 灯具的保护角

在视野内由于亮度的分布或范围不适宜，在空间上存在着极端的亮度对比，以致引起不舒适和降低目标可见度的视觉状况称为眩光。

眩光对视力有很大的危害，严重的可使人晕眩。长时间的轻微眩光，也会使视力逐渐降低。当被视物体与背景亮度对比超过 1:100 时，就容易引起眩光。眩光可由光源的高亮度直接照射到眼睛而造成，也可由镜面的强烈反射所造成。限制眩光的方法一般是使灯具有一定的保护角（又称遮光角），或者改变安装位置和悬挂高度，或者限制灯具的表面亮度。

一般灯具的保护角是指光源发光体最边缘的一点和灯具出光口的连线与水平线之间的夹角，用符号 γ 表示。格栅灯具保护角的计算方法与一般灯具不同，它是指一格片的上沿与相邻格片下沿的连线和水平线之间的夹角。几种灯具的保护角如图 2-21 所示。

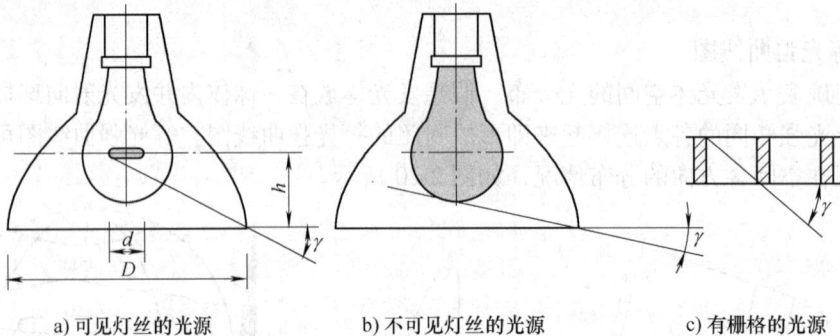

a) 可见灯丝的光源　　　　　　　　b) 不可见灯丝的光源　　　　　　　　c) 有栅格的光源

图 2-21　几种灯具的保护角

灯具的保护角越大，光分布就越窄，效率也越低。由于灯具保护角的实际意义在于限制光源的直射光，从而防止或限制直接眩光，因此为了控制灯具在 45°～85°垂直角范围内亮度值，一般灯具应选取 15°～30°的保护角，而格栅灯应选取 25°～45°的保护角。

2.2.3　灯具的分类

照明工程中所用灯具的种类很多，分类方法也有多种。照明灯具通常是以灯具的光通量在空间上下部分的分配比例进行分类，或者按灯具的结构特点分类，或者按灯具的安装方式分类。

1. 按光通量在空间的分配比例分类

以照明灯具光通量在上下空间的分配比例进行分类，可分为直接型、半直接型、漫射型、半间接型和间接型 5 种，见表 2-5。

表 2-5 按光通量在空间上下部分的分配比例分类

类 型		直接型	半直接型	漫射型	半间接型	间接型
配光曲线						
光通量分布	上半球	0%～10%	10%～40%	40%～60%	60%～90%	90%～100%
	下半球	100%～90%	90%～60%	60%～40%	40%～10%	10%～0%
灯罩材料		不透光材料	半透光材料	漫射透光材料	半透光材料	不透光材料

1）直接型灯具：灯具由反射性能良好的非透明材料制成，如搪瓷、抛光铝或铝合金板和镀银镜面等，下方敞口，光线通过灯罩的内壁反射和折射，将 90% 以上的光通量向下直射，工作面上可以获得充分的照度。直接型灯具的用途最广泛，它的大部分光通量向下照射，灯具的光通量利用率最高。这种灯具特点是光线集中，方向性很强，其适用于工作环境照明，并且应当优先采用。由于这种灯具的上下部分光通量分配比例较为悬殊，而且光线比较集中，因此容易产生对比眩光和较重阴影。

2）半直接型灯具：灯具由半透明材料制成，下方敞口灯具或简式荧光灯多属于这类灯具。半直接型灯具也有较高的光通量利用率，它能将较多的光线照射到工作面上，又能发出少量的光线照射顶棚，减小了灯具与顶棚间的强烈对比，使室内环境亮度更舒适，常用于办公室、书房等场所。

3）漫射型灯具：灯具用漫透射材料（乳白玻璃或透明塑料等）制成封闭式的灯罩，将光线均匀地投向四面八方，对工作面而言，光通量利用率较低。这类灯具造型美观，光线柔和均匀，适用于起居室、会议室和厅堂照明。

4）半间接型灯具：灯具上半部分用透光材料制成或采用敞口结构，下半部分用漫透射材料制成。由于上射光通量分布比例超过 60%，因而增加了室内的间接光，光线更加柔和均匀，但在使用过程中灯具的上半部容易积尘会影响灯具的效率。

5）间接型灯具：灯具上半部分用透光材料，下半部分用不透光材料，有 90% 以上的光通量照射到顶棚，使顶棚成为二次光源。二次光源再反射到工作面上，使室内光线扩散性极好，能很大限度地减少阴影和眩光，光线极其均匀柔和，但光通量损失较大，不经济，常用于起居室和卧室等一些需要装饰环境的场所。

2. 按灯具的结构分类

按灯具的结构分类可以分为以下几种：

1）开启型：无灯罩，光源与外界空间直接接触。

2）闭合型：具有闭合的透光罩，但内外空气仍能自由流通，不防尘。

3）封闭型：透光罩结合处作一般封闭，与外界隔绝比较可靠，但内外空气仍可有限流通。

4）密闭型：透光罩结合处严密封闭，与外界隔绝相当可靠，内外空气不能流通，具有防水、防尘功能。

5）防爆型：透光罩结合处严密封闭，灯具外壳均能承受要求的压力，能安全使用在有爆炸危险性介质的场所。

6）隔爆型：灯具结构特别坚实，即使发生爆炸也不会破裂，适用于有可能发生爆炸的场所。

7）防振型：这种灯具采取了防振措施，可安装在有振动的设备上，如桥式起重机、锻锤，或有振动的车间、码头等场所。

8）防腐型：灯具外壳采用耐腐蚀材料，密封性好，适用于具有腐蚀性气体的场合。

3. 按安装方式分类

1）吸顶灯：吸顶灯是直接安装在顶棚上的灯具，常用于大厅、门厅、走廊、场所、楼梯及办公室、会议室等场所。

2）镶嵌灯：灯具可嵌入顶棚内，近年来被广泛用于走廊、会议室、商店、计算机房、办公室、酒吧、舞厅、剧院、酒店客房、餐厅等有装饰吊顶的场所。

3）壁灯：安装在墙壁上的灯具，主要作为室内装饰，兼做辅助性照明，广泛应用于酒店、餐厅、歌舞厅、卡拉 OK 包房和居民住宅等场所。

4）吊灯：通常是用软线、链条或钢管等将灯具从顶棚吊下。一般的吊灯用于装饰性要求不高的场所；比较高档的装饰多采用花吊灯，这种灯具艺装饰为主，花样品种十分繁多，广泛用于酒店、餐厅、会议厅和居民住宅等场所。

5）嵌墙型灯具：将灯具嵌入墙体上，多用于应急疏散指示照明或酒店等场合作为脚灯。

6）移动式灯具：如台灯、落地灯、床头灯、轨道灯等。这种灯具可以自由移动以获得局部高照度，同时作为装饰，可以改变室内气氛，广泛用于工厂车间、办公室、展览室、商店橱窗、酒店和居民住宅等场所。

4. 按防触电保护分类

为了保证电气安全，灯具的所有带电部分（包括导线、接头、灯座等）必须采用绝缘材料等加以隔离，以适应不同的使用方法和使用环境，这种保护人身安全的措施称为防触电保护。我国国家标准将其分为 0、Ⅰ、Ⅱ 和Ⅲ四类，每一类灯具的主要性能及其应用情况见表 2-6。

表 2-6　按防触电保护分类灯具的主要性能及其应用情况

照明器等级	灯具主要性能	应用说明
0 类	依赖基本绝缘防止触电，一旦绝缘失效，靠周围环境提供保护，否则，易触及部分和外壳会带电	安全程度不高，适用于安全程度好的场合，如空气干燥、尘埃少、木地板等条件下的吊灯、吸顶灯等
Ⅰ 类	除基本绝缘外，易触及的部分及外壳有接地装置，一旦基本绝缘失效时，不致有危险	用于金属外壳的灯具，如投光灯、路灯、庭院灯等

（续）

照明器等级	灯具主要性能	应用说明
Ⅱ类	采用双重绝缘或加强绝缘作为安全防护，无保护导线（地线）	绝缘性好，安全程度高，适用于环境差、人经常触摸的灯具，如台灯、手提灯等
Ⅲ类	采用特低安全电压（交流有效值不超过 50V），灯内不会产生高于此值的电压	安全程度最高，可用于恶劣环境，如机床工作灯、儿童用灯等

2.2.4　灯具的选择

照明设计中，应选择既满足使用功能和照明质量的要求，同时又便于安装维护，并且长期运行费用低的灯具。基于这些要求，应优先采用高效节能电光源和高效灯具，具体应考虑如下原则：

1. 按配光曲线选择

在选择灯具时，应根据环境条件和使用特点，合理地选定灯具的光强分布、效率、遮光角、类型、造型尺寸等，同时还应考虑照明灯具的装饰效果和经济性。

1）在各种办公室和公共建筑物中，房间的墙壁和顶棚均要求有一定的亮度，要求房间各面有较高的反射比，并需要有一部分光直接射到顶棚和墙上，此时可采用上射光通量不小于15%的半直接型灯具，从而获得舒适的视觉条件与良好的艺术效果；有吊顶的大型办公室或大厅，可以采用嵌入式格栅荧光灯具；为了节能，在有空调的房间内还可选用空调灯具。

2）工业厂房应采用效率较高的开启式直接型灯具。在高大的厂房内（6m 以上），宜采用配光较窄的灯具，但对有垂直照度要求的场所则不宜采用，而应考虑有一部分光能照射到墙上和设备的垂直面上；厂房不高或要求减少阴影时，可采用中照型、广照型等配光的灯具，使工作点能受到来自各个方向的光线的照射。

3）教室照明为了限制眩光，应采用表面亮度低，保护角符合规定的灯具，如带有格栅或漫射罩的灯具，或者是采用蝙蝠翼配光的灯具，使视线方向的反射光通量减少到最低限度，可以显著地减弱光幕反射。当要求垂直照度时，可选用不对称配光的灯具，也可采用指向型灯具（聚光灯，射灯等）。

4）大面积的室外场所，宜采用高杆灯或其他高光强灯具。近距离的投光灯宜采用较宽配光灯具，远距离投光灯宜采用窄配光灯具。

2. 按环境条件选择

按环境条件选择灯具时，应特别注意有火灾或爆炸危险、灰尘、潮湿、振动和化学腐蚀等特殊的环境条件，灯具的外壳防护等级应确保灯具能在特殊环境条件下安全工作。

1）在正常环境中，宜选用开启型灯具。

2）在潮湿场所，宜选用密闭型防水防尘灯或带防水灯头的开启型灯具。

3）在有腐蚀性气体或水蒸气的场所，应当选用耐腐蚀性材料制作的密闭型灯具。

4）在有爆炸和火灾危险的场所，应按危险的等级选择相应的照明灯具；含有大量粉尘但非爆炸和火灾危险的场所，应采用防尘照明灯具。

5）在高温场所，宜采用带散热构造和措施的灯具，或带散热孔的开启型灯具。

6）有较大振动和摆动的场所，宜选用有防振措施的灯具，并在灯具上加保护网，以防止白炽灯掉落。

7）有洁净要求的场所，应安装不易积尘和易于擦拭的洁净灯具，以有利于保持场所的洁净度，并减少维护的工作量和费用。

8）在博物馆的展室或陈列柜等需防止紫外线作用的场所，需采用能隔紫外线的灯具和无紫光源，且宜采用人离可自动关灯或降低照度的控制。

3. 按灯具的效率和经济性选择

选择灯具时，在保证满足使用功能和照明质量的前提下，应重点考虑灯具的效率和经济性，并进行初始投资费、年运行费和维修费的综合计算。其中初始投资费包括灯具费、安装费等；年运行费包括每年的电费和管理费；维修费包括灯具检修和更换费用等。

4. 灯具外形应与建筑物风格相协调

建筑物按建筑艺术风格可分为古典式、现代式、中式和欧式等。若建筑物为现代式建筑风格，应采用流线型，具有现代艺术的造型灯具。

建筑物的结构形式又有直线形、曲线形、圆形等。应根据建筑结构的特征合理地选择和布置灯具，例如在直线形结构的建筑物内，宜采用直管荧光灯组成的直线光带或矩形布置，突出建筑物的直线形结构特征。

建筑物按功能又分为民用建筑物、工业建筑物和其他用途建筑物等。在民用建筑物照明中，可采用照明与装饰相结合的照明方式，而在工业建筑物照明中，则以功能性照明为主。

思考题与习题

1. 常用的照明电光源分为哪几类？每类各有哪几种灯？
2. 常用的电光源有哪些光电参数？它们如何反映光源的特性？
3. 简述荧光灯的发光原理。它的发光颜色由什么决定？说明荧光灯的各种分类。
4. 简述金属卤化物灯的特点。
5. 选用电光源时，应遵循哪些原则？
6. 灯具有哪些作用？它有哪些光学特性？
7. 什么是灯具的保护角？其作用是什么？
8. 什么是灯具的效率？如何提高灯具的效率？
9. 灯具按其结构不同分为哪几类？如何选用？
10. 选择灯具应主要考虑哪些因素？

第3章 照明计算

照度计算的方法通常有利用系数法、单位功率法和逐点计算法三种。利用系数法、单位功率法主要用来计算工作面上的平均照度，逐点计算法主要用来计算工作面任意点的照度。这几种计算方法都只能做到基本准确，计算结果的误差范围在 $-10\% \sim +20\%$。

3.1 平均照度计算

3.1.1 基本计算公式

平均照度基本计算公式如下：

$$E_{av} = \frac{\Phi NUK}{A}$$

式中　E_{av}——工作面上的平均照度，单位为 lx；

　　　Φ——光源光通量，单位为 lm；

　　　N——光源数量；

　　　U——利用系数；

　　　K——灯具的维护系数；

　　　A——被照面面积，单位为 m^2。

3.1.2 利用系数法

1. 利用系数法求平均照度计算方法

利用系数法是计算工作面上平均照度常用的一种计算方法，它是根据光源的光通量、房间的几何形状、灯具的数量和类型确定工作面平均照度的计算方法，又称流明计算法。

2. 利用系数的有关概念

在照明工程中，将房间分为三个空间：顶棚空间、室空间、地板空间。

室内空间的划分如图 3-1 所示。将一矩形房间从空间高度 h 上分成三部分：灯具出光口平面到顶棚之间的空间叫顶棚空

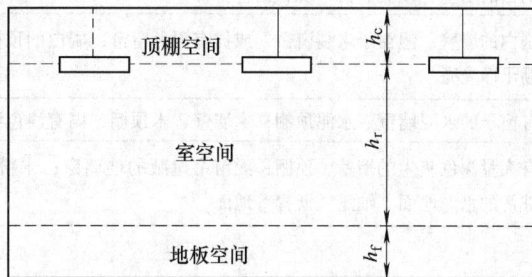

图 3-1　室内空间的划分

间 h_c；工作面到地面之间的空间叫地板空间 h_f；灯具出光口平面到工作面之间的空间叫室空间 h_r。灯具利用系数法中描述室形空间状况有两种形式：室形指数 i 和室空间比 RCR。

1）空间系数

室空间系数

$$RCR = \frac{5h_r(l+w)}{lw}$$

顶棚空间系数 $$CCR = \frac{5h_c(l+w)}{lw}$$

地板空间系数 $$FCR = \frac{5h_f(l+w)}{lw}$$

2）平均反射比。当一个面或多个面内各部分的实际反射比各不相同时，其平均反射比的计算公式如下：

$$\rho = \frac{\sum \rho_i A_i}{\sum A_i}$$

式中　A_i——第 i 块表面的面积；

　　　ρ_i——该表面的实际反射比。

3）有效空间反射比（等效反射比）

$$\rho_0 = \frac{\rho A_0}{A_s - \rho A_s + \rho A_0}$$

式中　ρ_0——顶棚或地板空间各表面的平均反射比；

　　　A_0——顶棚或地板平面面积，单位为 m^2；

　　　A_s——顶棚或地板空间内所有表面积的总面积，单位为 m^2。

长期连续作业（超过 7h）受照房间表面的反射比可按表 3-1 确定，实际建筑表面（含墙壁、顶棚和地板）的反射比近似值可按表 3-2 确定。

表 3-1　房间表面的反射比

表 面 名 称	顶　　棚	墙　　壁	地　　面	作 业 面
反射比	0.6~0.9	0.3~0.8	0.1~0.5	0.2~0.6

表 3-2　建筑表面的反射比近似值

建筑表面情况	反射比（％）
刷白的墙壁、顶棚、窗子装有白色窗帘	70
刷白的墙壁，但窗子未装窗帘，或挂有深色窗帘；刷白的顶棚，但房间潮湿；虽未刷白，但墙壁和顶棚干净光亮	50
有窗子的水泥墙壁、水泥顶棚；木墙壁、木顶棚；糊有浅色纸的墙壁、顶棚；水泥地面	30
有大量深色灰尘的墙壁、顶棚；无窗帘遮蔽的玻璃窗；未粉刷的砖墙；糊有深色纸的墙壁、顶棚；较脏污的水泥地面、油漆、沥青等地面	10

3. 利用系数 U

利用系数是灯具光强分布、灯具效率、房间形状、室内表面反射比的函数，其计算比较复杂。为此常按一定条件编制灯具利用系数表，以供设计人员使用。

表 3-3 是 YG1—1 型 40W 荧光灯具的利用系数。该表在使用时允许采用内插法计算。表中所列的利用系数是地板空间反射比为 0.2 时的数值，若地板空间反射比不是 0.2（$\rho_f \neq 20\%$），则应用适当的修正系数进行修正，见表 3-4 。如果计算精度要求不高，也可不作修正。

表 3-3 YG1—1 型荧光灯具的利用系数 U

有效顶棚反射系数 ρ_{cc}	0.70				0.50				0.30				0.10				0
墙反射系数 ρ_w	0.70	0.50	0.30	0.10	0.70	0.50	0.30	0.10	0.70	0.50	0.30	0.10	0.70	0.50	0.30	0.10	0
室内空间系数(RCR)																	
1	0.75	0.71	0.67	0.63	0.67	0.63	0.60	0.57	0.59	0.56	0.54	0.52	0.52	0.50	0.48	0.46	0.43
2	0.68	0.61	0.55	0.50	0.60	0.54	0.50	0.46	0.53	0.48	0.45	0.41	0.46	0.43	0.40	0.37	0.34
3	0.61	0.53	0.46	0.41	0.54	0.47	0.42	0.38	0.47	0.42	0.38	0.34	0.41	0.37	0.34	0.31	0.28
4	0.56	0.46	0.39	0.34	0.49	0.41	0.36	0.31	0.43	0.37	0.32	0.28	0.37	0.33	0.29	0.26	0.23
5	0.51	0.41	0.34	0.29	0.45	0.37	0.31	0.26	0.39	0.33	0.28	0.24	0.34	0.29	0.25	0.22	0.20
6	0.47	0.34	0.30	0.25	0.41	0.33	0.27	0.23	0.36	0.29	0.25	0.21	0.32	0.26	0.22	0.19	0.17
7	0.43	0.33	0.26	0.21	0.38	0.29	0.24	0.20	0.33	0.26	0.22	0.18	0.29	0.24	0.20	0.16	0.14
8	0.40	0.29	0.23	0.18	0.35	0.27	0.21	0.17	0.31	0.24	0.19	0.16	0.27	0.21	0.17	0.14	0.12
9	0.37	0.27	0.20	0.16	0.33	0.24	0.19	0.15	0.29	0.22	0.17	0.14	0.25	0.19	0.15	0.12	0.11
10	0.34	0.24	0.17	0.13	0.30	0.21	0.16	0.12	0.26	0.19	0.15	0.11	0.23	0.17	0.13	0.10	0.09

表 3-4 $\rho_f \neq 20\%$ 时的修正系数 C

室内空间系数(RCR)	地板空间有效反射率 $\rho_{fc} = 30\%$ 时															
1	1.092	1.082	1.075	1.068	1.077	1.070	1.064	1.059	1.049	1.044	1.040		1.028	1.026	1.023	
2	1.079	1.066	1.055	1.047	1.068	1.057	1.048	1.039	1.041	1.033	1.027		1.026	1.021	1.017	
3	1.070	1.054	1.042	1.033	1.061	1.048	1.037	1.028	1.034	1.027	1.020		1.024	1.017	1.012	
4	1.062	1.045	1.033	1.024	1.055	1.040	1.029	1.021	1.030	1.022	1.015		1.022	1.015	1.010	
5	1.056	1.038	1.026	1.018	1.050	1.034	1.024	1.015	1.027	1.018	1.012		1.020	1.013	1.008	
6	1.052	1.033	1.021	1.014	1.047	1.030	1.020	1.012	1.024	1.015	1.009		1.019	1.012	1.006	
7	1.047	1.029	1.018	1.011	1.043	1.026	1.017	1.009	1.022	1.013	1.007		1.018	1.010	1.005	
8	1.044	1.026	1.015	1.009	1.040	1.024	1.015	1.007	1.020	1.012	1.006		1.017	1.009	1.004	
9	1.040	1.024	1.014	1.007	1.037	1.022	1.014	1.006	1.019	1.011	1.005		1.016	1.009	1.004	
10	1.037	1.022	1.012	1.006	1.034	1.020	1.012	1.005	1.017	1.010	1.004		1.015	1.009	1.003	
室内空间系数(RCR)	地板空间有效反射率 $\rho_{fc} = 10\%$ 时															
1	0.923	0.929	0.935	0.940	0.933	0.939	0.943	0.948	0.956	0.960	0.963		0.973	0.976	0.979	
2	0.931	0.942	0.950	0.958	0.940	0.949	0.957	0.963	0.962	0.968	0.974		0.976	0.980	0.985	
3	0.939	0.951	0.961	0.969	0.945	0.957	0.966	0.973	0.967	0.975	0.981		0.978	0.983	0.988	
4	0.944	0.958	0.969	0.978	0.950	0.963	0.973	0.980	0.972	0.980	0.986		0.980	0.986	0.991	
5	0.949	0.964	0.976	0.983	0.954	0.968	0.978	0.985	0.975	0.983	0.989		0.981	0.988	0.993	
6	0.953	0.969	0.980	0.986	0.958	0.972	0.982	0.989	0.977	0.985	0.992		0.982	0.989	0.995	
7	0.957	0.973	0.983	0.991	0.961	0.975	0.985	0.991	0.979	0.987	0.994		0.983	0.990	0.996	
8	0.960	0.976	0.986	0.993	0.963	0.977	0.987	0.993	0.981	0.989	0.995		0.984	0.991	0.997	
9	0.963	0.978	0.987	0.994	0.965	0.979	0.989	0.994	0.983	0.990	0.996		0.985	0.992	0.998	
10	0.965	0.980	0.989	0.995	0.967	0.981	0.990	0.995	0.984	0.991	0.997		0.986	0.993	0.998	

（续）

地板空间有效反射率 $\rho_{fc} = 0\%$ 时

室内空间系数（RCR）															
1	0.859	0.870	0.879	0.886	0.873	0.884	0.893	0.901	0.916	0.923	0.929	0.948	0.954	0.960
2	0.871	0.877	0.903	0.919	0.886	0.902	0.916	0.928	0.926	0.938	0.949	0.954	0.963	0.971
3	0.882	0.904	0.915	0.942	0.898	0.918	0.934	0.947	0.936	0.950	0.964	0.958	0.969	0.979
4	0.893	0.919	0.941	0.958	0.908	0.930	0.948	0.961	0.945	0.961	0.974	0.961	0.974	0.984
5	0.903	0.931	0.953	0.969	0.914	0.939	0.958	0.970	0.951	0.967	0.980	0.964	0.977	0.988
6	0.911	0.940	0.961	0.976	0.920	0.945	0.965	0.977	0.955	0.972	0.985	0.966	0.979	0.991
7	0.917	0.947	0.967	0.981	0.924	0.950	0.970	0.982	0.959	0.975	0.988	0.968	0.981	0.993
8	0.922	0.953	0.971	0.985	0.929	0.955	0.975	0.986	0.963	0.978	0.991	0.970	0.983	0.995
9	0.928	0.958	0.975	0.998	0.933	0.959	0.980	0.989	0.966	0.980	0.993	0.971	0.985	0.996
10	0.923	0.962	0.979	0.991	0.937	0.963	0.983	0.992	0.969	0.982	0.995	0.973	0.987	0.997

4. 确定利用系数及计算

1）求出 RCR、ρ_{cc}、ρ_{fc}、ρ_w。

2）由 RCR、ρ_{cc}、ρ_w 按所选灯具查得利用系数 U。

3）若 $\rho_{fc} \neq 20\%$ 则查得 U 为 U_1，如果不是表中整数，用内插法求出 U 表中接近 RCR 的两个数组（RCR_1，U_1）、（RCR_1，U_1）查修正系数 U

$$U = U_1 + \frac{U_2 - U_1}{RCR_2 - RCR_1}(RCR - RCR_1)$$

4）代入公式 $E_{av} = \dfrac{\Phi NUK}{A}$ 求出灯数 N。

5）验算距高比。

3.1.3　单位功率法

单位功率法（单位容量法）的实质是单位面积的安装功率，用每单位被照水平面上所需要灯的安装功率（W/m^2）来表示。为了简化计算，可根据不同的照明灯具类型、不同的计算高度、不同的房间面积和不同的平均照度要求，应用利用系数法计算出单位面积安装功率，并列成表格，供设计时查用。

单位功率法计算非常简单，但计算结果不精确，一般适用于生产及生活用房平均照度的照明设计方案或初步设计的近似计算。初步设计时，还可以按单位建筑面积照明用电指标来估算照明功率。

单位容量法计算公式见表 3-5。圆球形灯单位面积安装功率 P_0 见表 3-6。

表 3-5　单位容量法计算公式

计算项目	计算公式	备　　注
每单位被照面积所需的白炽灯安装功率	$P_0 = \dfrac{P_\Sigma}{A} = \dfrac{nP_L}{A}$	P_Σ——房间安装光源的总功率，单位为 W； 　A——房间的总面积，单位为 m^2； 　n——房间灯的总盏数；
求照明灯具的安装容量或灯数	$n = \dfrac{P_\Sigma}{P_L}, P_\Sigma = P_0 A$	P_L——每盏灯的功率，单位为 W； 　P_0——单位功率，即房间每平方米应装光源的功率，单位为 W/m^2

表 3-6 圆球形灯单位面积安装功率 P_0 （单位：W/m²）

计算高度/m	房间面积/m²	白炽灯照度/lx					
		5	10	15	20	30	40
2~3	10~15	4.9	8.8	11.6	15.2	20.9	27.6
	15~20	4.1	7.5	10.1	12.9	17.7	23.1
	25~50	3.6	6.4	8.8	10.7	14.8	19.3
	50~150	2.9	5.1	7.0	8.8	11.8	15.7
	150~300	2.4	4.3	5.7	6.9	9.9	12.9
	300 以上	2.2	3.9	5.2	6.2	8.9	11.5
3~4	10~15	6.2	10.4	13.8	17.1	24.7	30.9
	15~20	5.1	8.7	11.2	14.3	21.4	26.9
	20~30	4.3	7.3	9.9	12.5	18.4	23.5
	30~50	3.7	6.2	8.8	10.7	15.2	19.5
	50~120	3.0	5.3	7.2	9.0	12.4	16.2
	120~300	2.3	4.1	5.7	7.3	9.7	12.6
	300 以上	2.0	3.5	4.7	5.9	8.5	10.8
4~6	10~17	7.8	12.4	17.1	21.9	30.4	40.0
	17~25	6.0	9.7	13.3	17.1	24.7	31.8
	25~35	4.9	8.3	11.0	14.5	20.4	26.4
	35~50	4.0	7.0	9.4	12.3	16.9	22.2
	50~80	3.3	5.8	8.2	10.6	14.0	18.4
	80~150	2.9	4.9	7.0	8.8	11.9	15.9
	150 以上	2.3	4.0	5.7	7.1	9.9	12.9

3.2 点光源直射照度计算

当光源尺寸与光源到计算点之间的距离相比小得多时，可将光源视为点光源。一般圆盘形发光体的直径不大于照射距离的 1/5，或线状发光体的长度不大于照射距离的 1/4 时，按点光源进行照度计算误差均小于 5%。

3.2.1 逐点计算法

逐点计算法是指逐一计算附近各个点光源对照度计算点的照度，然后进行叠加，得到总照度的方法。

点光源逐点法计算直射照度的步骤如下：

1. 指向平面照度

1）S 为点光源，N 为被照平面，过 S 做 N 的垂线，垂足为 P。P 点的照度即为电光源 S 在被照面 N 上的指向平面照度，如图 3-2、图 3-3 所示。

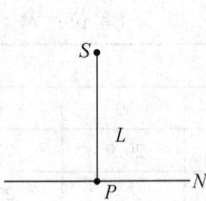

图 3-2　点光源照度计算　　　　　　　　　图 3-3　指向平面照度计算

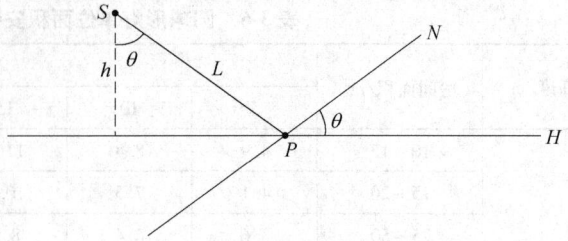

2）

$$E_n = \Phi/A$$

$$\Omega = A/L^2 ;\ \ I_\theta = \Phi/\Omega$$

$$E_n = I_\theta(A/L^2)/A = I_\theta/L^2$$

式中　Φ——光源直接入射到受照点所在的面源上的光通量；

　　　A——被照面的面积；

　　　Ω——立体角，是任意一个封闭的圆锥面内所包含的空间。

指向平面照度公式又称平方反比法。

2. 水平面照度 E_h

1）若 P 点位于水平面 H 上，点光源 S 在 P 点的照度即为水平直射照度，如图 3-4 所示。

2）　$A_N = A_H \cos\theta$

　　　$A_H = A_N/\cos\theta$

　　　$E_h = \Phi/A_H = \Phi/(A_N/\cos\theta)$

　　　　　$= E_n \cos\theta = (I_\theta/L^2)\cos3\theta$

式中　A_N——被照点 P 在指向平面上面积元的面积；

　　　A_H——被照点 P 在水平面上面积元上的面积。

水平面直射照度公式又称直射余弦定理。

图 3-4　水平面直射照度计算

3. 点光源点照度计算公式

$$E_h = \frac{I_\theta \cos\theta}{L^2} = \frac{I_\theta \cos^3\theta}{h^2}$$

式中　E_h——点光源照射在水平面上 P 点产生的照度，单位为 lx；

　　　I_θ——照射方向的光强，单位为 cd；

　　　L——点光源至被照面计算点的距离，单位为 m；

　　　h——计算高度，单位为 m；

　　　$\cos\theta$——被照面的法线与入射光线的夹角的余弦。

4. 垂直面直射照度计算

1）正垂面照度 E_v：若 P 点位于垂直面上，过 P 点做一水平面，与垂直面交线为 AB，过点光源 S 向水平面做垂足 S'。连接 $S'P$，若 $S'P$ 与 AB 垂直，则 P 点照度为点光源在 P 点的正垂面照度

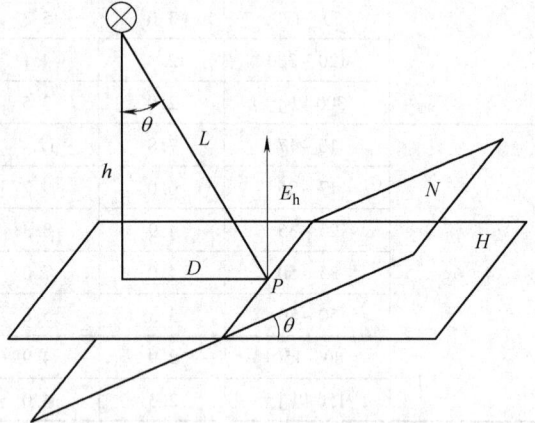

$$A_N = A_V \sin\theta$$

$$A_V = A_N / \sin\theta$$

$$E_V = \Phi / A_V = (\Phi / A_N) \sin\theta = (I_\theta / h) \cos^2\theta \sin\theta$$

式中　A_N——是指 P 点在指向平面上的面积元的面积；

　　　A_V——是指 P 点落在垂直面上时包含 P 点所在面积元的面积；

　　　E_V——点光源在垂直面上 P 点所产生的照度；

　　　Φ——落在包含 P 点面积元上的光通量；

　　　I_θ——照射方向的光强；

　　　h——点光源 S 到水平面的距离。

垂直面直射照度计算如图 3-5 所示。

2）与正垂面水平角为 ϕ 的一般垂直面照度 E_V'

$$A_V = A_V' \cos\phi ; \quad A_N = A_V \sin\theta$$

$$A_N = A_V' \sin\phi$$

$$E_V' = \Phi / A = (I_\theta / h) \sin\theta \cos\phi = (I_\theta / h) \cos^2\theta \sin\theta \cos\phi$$

5. 倾斜面照度计算

1）$E_i = \Psi E_h$（Ψ 为倾斜照度系数）。

2）倾斜角 $\sigma < 90°$，$\Psi = \cos\sigma + (y/h)\sin\sigma$，如图 3-6 所示。

式中　h——点光源 S 以点 P 为零点在纵轴上的投影距离；

　　　y——点光源 S 以点 P 为零点在横轴上的投影距离。

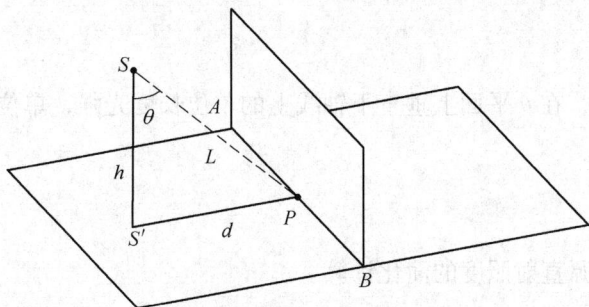

图 3-5　垂直面直射照度计算

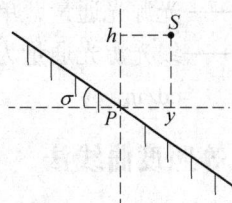

图 3-6　倾斜角 $\sigma < 90°$

3）倾斜角 $\sigma > 90°$，$\Psi = \cos\sigma + (y/h)\sin\sigma$，如图 3-7 所示。

4）倾斜角 $\sigma < 90°$，σ 为倾斜面的背光面，同 y 轴方向的夹角，如图 3-8 所示，则

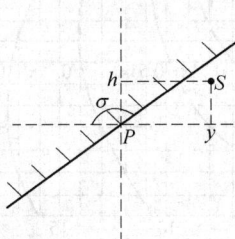

图 3-7　倾斜角 $\sigma > 90°$

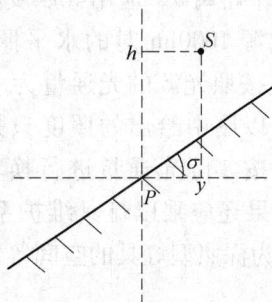

图 3-8　倾斜角 $\sigma < 90°$

$$\Psi = \cos\sigma - (y/h)\sin\sigma$$

6. 计算公式汇总

由上述计算可知，E 可以用 h、l、d、E_h、E_n 表示，见表 3-7。

表 3-7　点光源直射照度计算公式汇总

	I	H
E_n	I_θ/h^2	$(I_\theta/h^2)\cos^2\theta$
E_h	$(I_\theta/L^2)\cos\theta$	$(I_\theta/h^2)\cos^3\theta$
E_V	$(I_\theta/L^2)\sin\theta$	$(I_\theta/h^2)\cos^2\theta\sin\theta$
E_V'	$(I_\theta/L^2)\sin\theta\cos\phi$	$(I_\theta/h^2)\cos^2\theta\sin\theta\cos\phi$
	d	E_h
E_n	$(I_\theta/L^2)\sin^2\theta$	$E_h(L/h)$
E_h	$(I_\theta/L^2)\sin^2\theta\cos\theta$	E_h
E_V	$(I_\theta/L^2)\sin^3\theta$	$E_h(d/h)$
E_V'	$(I_\theta/L^2)\sin^3\theta\cos\phi$	$E_h(d/h)$

7. 直射照度计算公式

1）光强换算　　　　　　$I_\theta = (\Phi/1000)I_\theta^{1000}$

2）维护系数 K，受灯具老化、积尘、光通量下降的影响　　　$K<1$

3）实际计算公式　　　　$E_h = (\Phi I_\theta^{1000}K)\cos^3\theta/(1000h^2)$

式中　I_θ——照射方向光强，单位为 lx；

　　　Φ——光源光通量，单位为 lm；

I_θ^{1000}——线光源光通量为 1000lm 时，在 θ 平面上垂直于轴线上的单位长度光强，单位为 cd/m。

3. 2. 2　等照度曲线法

等照度曲线法计算直射照度是点光源直射照度的简化计算。

1. 等照度曲线

等照度曲线适用于旋转对称照明灯具。

已知灯的计算高度 h 和计算点至灯具轴线的水平距离 d，应用等照度曲线可直接查出光源 1000lm 时的水平照度值。由于曲线是按照光源的光通量为 1000lm 绘制的，所以图中给出的照度只是相对值，还必须按实际光通量进行换算。另外，计算结果还应乘以灯具维护系数 K。图 3-9 所示为深照型灯具的空间等照度曲线。

制定依据如下：

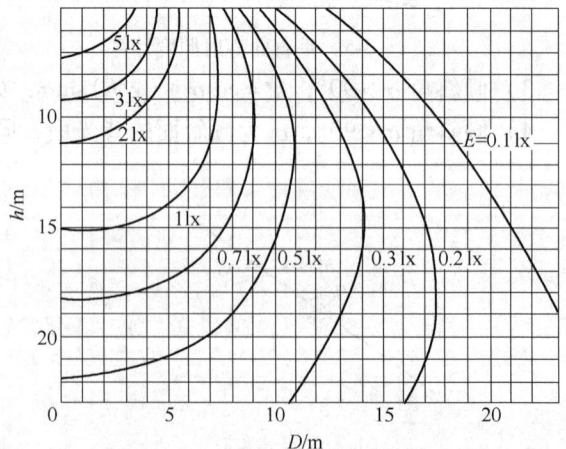

图 3-9　深照型灯具的空间等照度曲线

令 $\varPhi_s = 1000\text{lm}$，$K = 1$，此时水平照度为 E_h，则

$$E_h = \frac{I_\theta^{1000}\cos^3\theta}{h^2} \qquad \cos\theta = \frac{h}{\sqrt{h^2 + d^2}}$$

$$E_h = f(h,\ d)$$

根据 h、d 的不同值绘出等照度曲线。

等照度曲线的使用方法如下：

根据 h、d 查得 E_h，则 $E_h = \dfrac{\varPhi \sum e_h K}{1000}$，当 h 和 d 超出等照度曲线所给值，可同时扩大或缩小相同倍数（$E_h = m^2 e_h'$，$h' = hm$，$d' = dm$）。

式中　m——扩大或者缩小的倍数；

　　　e_h——扩大或者缩小 m 倍后在表中所查找的照度值；

　　　E_h——在采用旋转对称配光的照度场合中，被照面指定点的照度，单位为 lx；

　　　$\varPhi$——每个灯具内光源的总光通量；

　　　K——灯具的计算高度，指灯具距工作面的高度，单位为 m；

　　　$\sum e$——各灯具对计算点产生的照度直射分量或相对照度的总和。

2. 平面相对等照度曲线

平面相对等照度曲线适用于非对称配光照明器。

制定依据如下：

令 $\varPhi_s = 1000\text{lm}$，$K = 1$，$h = 1\text{m}$，则

$$\varepsilon_h = I_{\theta\varphi}\cos^3\theta / I^2, \quad \varepsilon_h = (\theta,\ \varphi)$$

式中　ε_h——平面相对等照度曲线标注的照度值

以此中心为原点、$\tan\theta = h/d$ 为半径做极坐标图得到平面相对等照度曲线，则实际照度公式

$$E_h = \frac{\varPhi_s K}{1000 h^2}\sum\varepsilon_h$$

3.2.3　点光源直射照度计算举例

例 3-1　两套照明器，内装 220W 白炽灯，额定光通量均为 2920lm，照明灯具悬挂高度为 3m，灯距为 3m，被照点高度为 0.75m，维护系数为 0.85。求：P 点照度（水平，垂直，30°角倾斜面）。

解：（1）求几何尺寸，如图 3-10 所示，有

$$d_2 = \sqrt{z^2 + y_2^2} = \sqrt{1^2 + 1.2^2}\,\text{m} = 1.56\text{m}$$

$$y_1 = 1.8\text{m},\ y_2 = 1.2\text{m},\ z = 1\text{m}$$

$$h = (3 - 0.75)\text{m} = 2.25\text{m}$$

$$d_1 = \sqrt{z^2 + y_1^2} = \sqrt{1^2 + 1.8^2}\,\text{m} = 2.06\text{m}$$

$$\theta_1 = \arctan\frac{d_1}{h} = \arctan\frac{2.06}{2.25} = 42.5°$$

$$\theta_2 = \arctan\frac{d_2}{h} = \arctan\frac{1.56}{2.25} = 34.8°$$

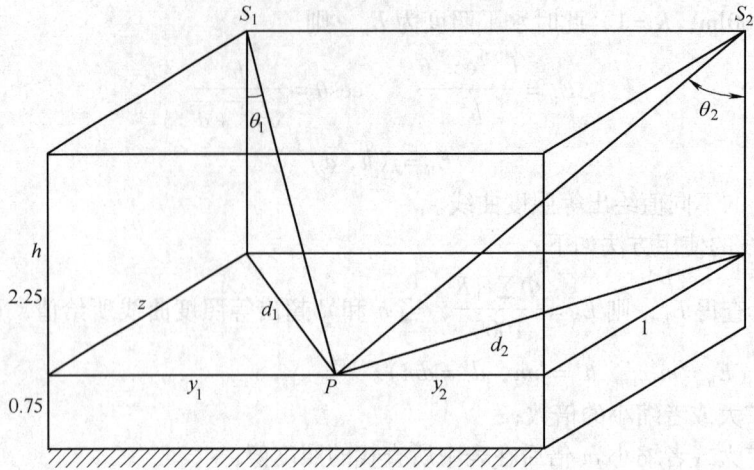

图 3-10　例 3-1 图

（2）求射向被照点光强。由配光曲线查得

$$I_{42.5°}^{1000} = 79\text{cd} \qquad I_{34.8°}^{1000} = 86\text{cd}$$

（3）计算直射照度。

1）
$$E_{h1} = \frac{I_{42.5°}^{1000} \Phi_s K}{1000h^2} \cos^3\theta\text{lx} = \frac{79 \times 2920 \times 0.85}{1000 \times 2.25^2} \times \cos^3 42.5°\text{lx} = 15.5\text{lx}$$

同理，因为 $E_{h2} = 23.3\text{lx}$，所以 $E_h = E_{h1} + E_{h2} = 38.8\text{lx}$。

2）向里垂直面照度

$$E_{V1} = E_{h1}\frac{\rho}{h} = E_{h1}\frac{z}{h} = \left(15.5 \times \frac{1}{2.25}\right)\text{lx} = 6.9\text{lx}$$

$$E_{V2} = E_{h2}\frac{\rho}{h} = E_{h2}\frac{z}{h} = \left(23.3 \times \frac{1}{2.25}\right)\text{lx} = 9.9\text{lx}$$

同理，因为 $E_{V2} = 9.9\text{lx}$，所以 $E_V = E_{V1} + E_{V2} = 16.8\text{lx}$（向左垂直面照度、向右垂直面照度）。

左
$$E_{左} = E_{h1}\frac{\rho}{h} = E_{h1}\frac{y_1}{h} = 15.5 \times \frac{1.8}{2.25}\text{lx} = 12.4\text{lx}$$

右
$$E_{右} = E_{h2}\frac{\rho}{h} = E_{h2}\frac{y_2}{h} = 23.3 \times \frac{1.2}{2.25}\text{lx} = 12.4\text{lx}$$

3）倾斜面照度：倾斜角为 30°，$y_2\tan30° = 0.69 < 2.25$。光源 S_1、S_2 均在倾斜面上方，如图 3-11、图 3-12 所示。

$$\Psi_1 = \cos\sigma + \frac{y_1}{h} = \cos30° + \frac{1.8}{2.25} = 1.266$$

$$\Psi_2 = \cos\sigma - \frac{y_2}{h} = \cos30° - \frac{1.2}{2.25} = 0.599$$

$$E_i = \Psi_1 E_{h1} + \Psi_2 E_{h2} = (1.266 \times 15.5 + 0.599 \times 23.3)\text{lx} = 33.6\text{lx}$$

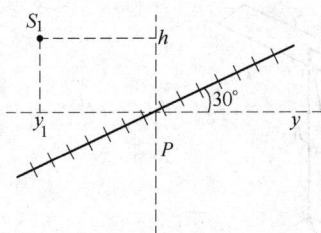

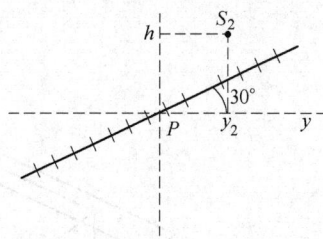

图 3-11 S_1 射向倾斜面照度计算 　　　　　　图 3-12 S_2 射向倾斜面照度计算

例 3-2　两盏相距为 6m 的 CDG101 型照明灯具，$h = 6m$，与被照点 P 水平距离分别是 5m、3.5m，光通量均为 2000lm，$K = 0.8$，求被照点 P 的水平照度和向里垂直面照度。

解：（1）求几何尺寸，如图 3-13 所示，有

$$h = 6m, \quad d_1 = 5m, \quad d_2 = 3.5m$$

（2）根据空间等照度曲线求

1）对于 S_1，$h = 6m$，$d_1 = 5m$，有

超出等照度曲线表格范围，所以将 h 与 d_1 缩小 2 倍得到 h' 与 d_1'

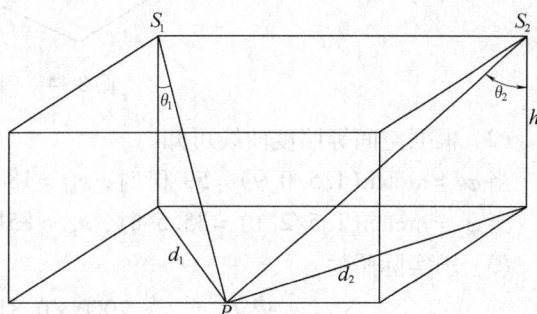

$$h' = 6 \times \frac{1}{2}m = 3m \qquad d_1' = 5 \times \frac{1}{2}m = 2.5m$$

$$e_{h1}' = 9.2lx \qquad e_{h1} = \left(\frac{1}{2}\right)^2 \times 16lx = 2.31lx$$

图 3-13　例 3-2 图

e_{h1}' 是点光源 S_1 对 P 点在等照度曲线上所查的照度值。

2）对于 S_2，$h = 6m$，$d_2 = 3.5m$，有

超出等照度曲线表格范围，所以将 h 与 d_2 缩小 2 倍得到 h' 与 d_2'

$$h' = 6 \times \frac{1}{2}m = 3m \qquad d_2' = 5 \times \frac{1}{2}m = 1.75m$$

$$e_{h2}' = 16lx \qquad e_{h2} = \left(\frac{1}{2}\right)^2 \times 16lx = 4lx$$

e_{h2}' 是点光源 S_2 对 P 点在等照度曲线上所查的照度值。

（3）计算实际照度

$$E_h = \frac{\Phi \sum e_h K}{1000} = \frac{2000 \times (4 + 2.3) \times 0.8}{1000}lx = 10.08lx$$

$$E_V = E_h \frac{p}{h} = E_h \frac{2.915}{6}lx = 4.897lx$$

式中　p——点光源到垂直面的距离。

例 3-3　两盏简式荧光灯 YG2—1 型照明灯具，相距为 3m，计算高度为 3m，$p = 1.5m$，$\Phi = 2200lx$，$K = 0.81$，求 P 点水平照度。

解：（1）求几何尺寸，如图 3-14 所示，有

$$h = 3m$$

$$d_1 = \sqrt{1.5^2 + 0.9^2}m = 1.75m$$

$$d_2 = \sqrt{1.5^2 + 2.1^2}m = 2.58m$$

$$d_1/h = 1.75/3 = 0.583$$

$$d_2/h = 2.58/3 = 0.860$$

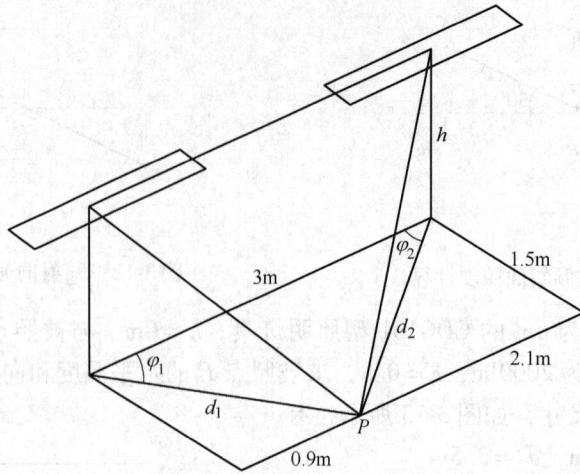

图 3-14　例 3-3 图

（2）根据空间等照度曲线可知

当 $\varphi_1 = \arctan(1.5/0.9) = 59.0°$ 时，$\varepsilon_{h1} = 180\text{lx}$

当 $\varphi_2 = \arctan(1.5/2.1) = 35.5°$ 时，$\varepsilon_{h2} = 85\text{lx}$

（3）求实际照度

$$E_h = \frac{\Phi_S K}{1000h^2} \sum \varepsilon_h = \frac{2000 \times 0.81}{1000 \times 3^2} \times (180 + 85)\text{lx} = 52.47\text{lx}$$

3.3　线光源直射照度计算

　　带状光源的宽度与长度相比很小时，可以认为它是线光源。无限长的线光源产生的照度与距离成反比。线光源的照度计算方法有多种，这里仅介绍方位因数法。方位因数法的特点是根据计算点与线光源所形成的方位角 β 以及灯具纵轴光强 I_γ 的分布形状的分类确定方位因数。

3.3.1　线光源

　　线光源光强分布如图 3-15 所示。

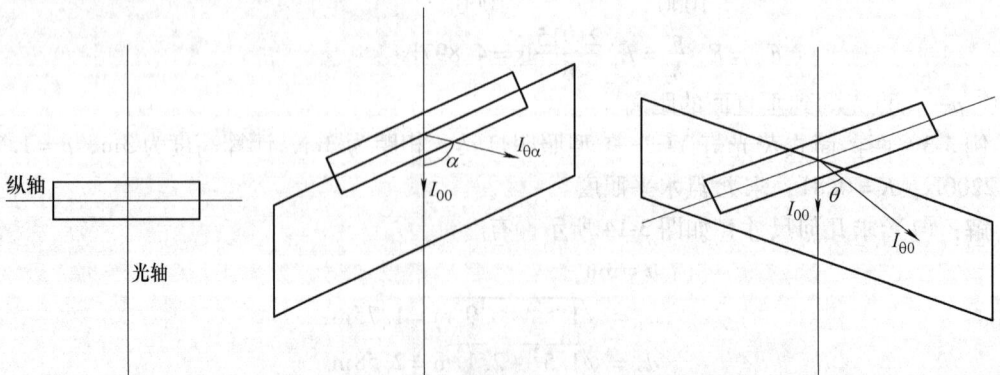

图 3-15　线光源光强分布

1）纵轴：沿光源长度方向的轴线。

纵向平面：包含纵轴的平面。

横向平面：通过光中心垂直于纵轴的平面。

2）线光源沿光轴方向的光强用 I_{00} 表示；纵向平面内光强用 $I_{\theta\alpha}$ 表示；

光强分布为 $I_{\theta\alpha} = I_{\theta0}f(\alpha)$；横向平面内光强值用 $I_{\theta0}$ 表示；

光强分布为 $I_{\theta0} = I_{00}F(\theta)$。

3）在纵向平面因为 $I_{\theta\alpha} = I_{\theta0}f(\alpha)$，所以

$$f(\alpha) = \frac{I_{\theta\alpha}}{I_{\theta0}} \approx \frac{I_{\theta\alpha}}{I_{00}}$$

$$f(\alpha) = \cos\alpha, \frac{1}{2}(\cos\alpha + \cos^2\alpha), \cos^2\alpha, \cos^3\alpha, \cos^4\alpha \ (5 \text{种})$$

$f(\alpha)$ 称为光源纵向配光特性配光函数，共有 A、B、C、D、E 5 种，通过计算可得 5 种平行平面方位因数 AF，见表 3-8。

表 3-8　线光源平行平面方位因数 AF

类别	纵向配光特性	平行平面方位因数 AF
A	$I_{\theta0}\cos\alpha$	$\frac{1}{2}\alpha_0 + \frac{1}{2}\cos\alpha_0\sin\alpha_0$
B	$\frac{1}{2}I_{\theta0}(\cos\alpha + \cos^2\alpha)$	$\frac{1}{4}\alpha_0 + \frac{1}{3}\sin\alpha_0 + \frac{1}{4}\cos\alpha_0\sin\alpha_0 + \frac{1}{6}\cos^2\alpha_0\sin\alpha_0$
C	$I_{\theta0}\cos^2\alpha$	$\frac{2}{3}\sin\alpha_0 + \frac{1}{3}\cos^2\alpha_0\sin\alpha_0$
D	$I_{\theta0}\cos^3\alpha$	$\frac{3}{8}\alpha_0 + \frac{3}{8}\cos\alpha_0\sin\alpha_0 + \frac{1}{4}\cos^3\alpha_0\sin\alpha_0$
E	$I_{\theta0}\cos^4\alpha$	$\frac{8}{15}\sin\alpha_0 + \frac{4}{15}\cos^2\alpha_0\sin\alpha_0 + \frac{1}{5}\cos^4\alpha_0\sin\alpha_0$

浅格栅的荧光灯具配光接近于 B、C 类，深格栅荧光灯具的配光与 D、E 类近似。

3.3.2　连续线光源直射照度计算

连续线光源直射照度计算如图 3-16 所示。

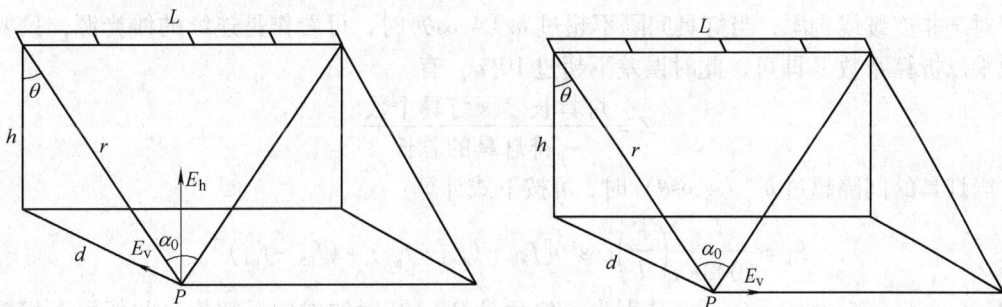

图 3-16　连续线光源直射照度计算

1. 平行平面照度公式

1）被照点 P 在线光源一端垂直平面内。

2）被照面为线光源纵轴平行。

3）$E_{\mathrm{h}} = \dfrac{I_{\theta0}^{1000} \sum \Phi_{\mathrm{S}} K}{1000 Lh} \cos^2 \theta AF$。

2. 垂直平面照度公式

1）被照点 P 在线光源一端垂直平面内。

2）被照点与线光源纵轴平行。

3）$E_{\mathrm{V}} = \dfrac{I_{\theta0}^{1000} \sum \Phi_{\mathrm{S}} K}{1000 Lr} af$。

式中 af 为垂直平面方位因数，共有 5 类：

A：$\dfrac{1}{2}(1 - \cos^2 \alpha_0)$

B：$\dfrac{1}{4}\sin^2 \alpha_0 + \dfrac{1}{6}(1 - \cos^3 \alpha_0)$

C：$\dfrac{1}{3}(1 - \cos^3 \alpha_0)$

D：$\dfrac{1}{4}(1 - \cos^4 \alpha_0)$

E：$\dfrac{1}{5}(1 - \cos^5 \alpha_0)$

3.3.3 断续线光源直射照度计算

1）分段法计算：根据实际段数进行计算。

2）近似法计算

$$E_{\mathrm{h}} = \frac{I_{\theta0}^{1000} n\Phi_{\mathrm{S}} MF}{1000 Lh} \cos^2 \theta AF; \quad L = n(l + a) - a$$

式中 n——灯的个数；

l——每盏灯的长度；

a——灯与灯之间的距离。

对于非连续线光源，当灯具间隔不超过 $h/(4\cos\theta)$ 时，可看作是连续的线光源，只要相应地乘以折算系数 Z 即可，此时误差不超过 10%，有

$$Z = \frac{灯具长度 \times 灯具个数}{一排灯具的总长}$$

当灯具的间隔超过 $h/(4\cos\theta)$ 时，可按下式计算：

$$E_{\mathrm{h}} = \frac{I_\theta}{1000 Kh}\left(\frac{F}{l}\right)\cos^2 \theta [f_{\beta1} + (f_{\beta3} - f_{\beta2}) + (f_{\beta5} - f_{\beta4})]$$

式中 $f_{\beta1}$、$f_{\beta2}$、$f_{\beta3}$、$f_{\beta4}$、$f_{\beta5}$——分别为方位角是 $\beta_1 \sim \beta_5$ 时的方位系数值，此值可查相关资料获取。

3.3.4 光源直射照度计算举例

例 3-4 由四盏 YG701—3 三管荧光灯组成一条光带，每盏照明灯具长为 1.25m，每根

灯管光通量为2200lm，$K = 0.8$，$h = 2.5$m，光带与被照点水平距离为1.5m，光源纵向配光为 B 类。求：P 点水平照度、垂直面照度、20°倾斜面照度。

解：（1）求几何尺寸，如图 3-17 所示，有

$$r = \sqrt{d^2 + h^2} = \sqrt{1.5^2 + 2.5^2}\,\text{m} = 2.92\,\text{m}$$

$$L = 1.25 \times 4\,\text{m} = 5\,\text{m}$$

$$\alpha_0 = \arctan\frac{L}{r} = \arctan\frac{5}{2.92} = 59.8°$$

$$\theta = \arctan\frac{d}{h} = \arctan\frac{1.5}{2.5} = 31.0°$$

（2）计算方位因数，线光源纵向配光为 B 类，有

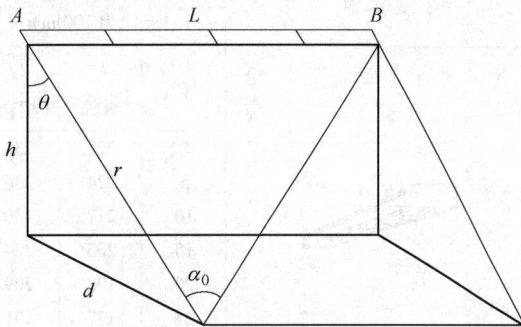
图 3-17　例 3-4 图

$$AF = \frac{1}{4}\alpha_0 + \frac{1}{3}\sin\alpha_0 + \frac{1}{4}\cos\alpha_0\sin\alpha_0 + \frac{1}{6}\cos^2\alpha_0\sin\alpha_0$$

$$= \frac{1}{4} \times 59.8° \times \frac{\pi}{180°} + \frac{1}{3}\sin59.8° + \frac{1}{4}\cos59.8°\sin59.8° + \frac{1}{6}\cos^2 59.8°\sin59.8°$$

$$= 0.694$$

（3）确定横向光强值，见表 3-9。利用内插法可得：

当 $\theta = 31.0°$ 时，$I_{\theta 0}^{1000} = 175$cd（$\theta$ 取近似值）

（4）照度计算

$$E_\text{h} = \frac{I_{\theta 0}^{1000} \sum \Phi_\text{S} K}{1000 L h}\cos^2\theta AF = \frac{175 \times 3 \times 2200 \times 4 \times 0.8}{1000 \times 5 \times 2.5} \times \cos^2 31.5° \times 0.694\,\text{lx}$$

$$= 150.8\,\text{lx}$$

$$E_\text{V}' = E_\text{h}\frac{d}{h} = 150.8 \times \frac{1.5}{2.5}\,\text{lx} = 90.5\,\text{lx}$$

$$E_\text{i} = E_\text{h}\Psi = 150.8 \times 1.4\,\text{lx} = 211.1\,\text{lx}$$

例 3-5　求上一例题中的垂直平面照度。

解： 线光源纵向配光属于 B 类，有

$$af = \frac{1}{4}\sin^2\alpha_0 + \frac{1}{6}(1 - \cos^3\alpha_0)$$

$$= \frac{1}{4}\sin^2 59.8° + \frac{1}{6}(1 - \cos^3 59.8°)$$

$$= 0.332$$

$$E_\text{V}' = \frac{I_{\theta 0}^{1000} \sum \Phi_\text{S} K}{1000 L r}af$$

$$= \frac{175 \times 3 \times 2200 \times 4 \times 0.8}{1000 \times 2.92 \times 5} \times 0.332\,\text{lx}$$

$$= 84.05\,\text{lx}$$

表 3-9　带格栅多管荧光灯

灯 型 示 意	发光强度值/cd（光源为100lm）			顶棚反射系数	0.30	0.50		0.70	
				墙面反射系数	0.30	0.30	0.50	0.30	0.50
	$\theta/(°)$	I_r（纵轴）	I_θ（横轴）	地面反射系数	0.10	0.10	0.30	0.10	0.30
				室形指数 i			利用系数 u		
	0	228	238	0.6	0.19	0.20	0.23	0.21	0.24
	5	224	236	0.7	0.21	0.23	0.25	0.24	0.26
	10	217	230						
	15	205	224	0.8	0.23	0.25	0.28	0.26	0.29
	20	192	209	0.9	0.25	0.27	0.30	0.28	0.31
	25	177	191	1.0	0.26	0.28	0.31	0.29	0.32
	30	159	176	1.1	0.27	0.29	0.32	0.30	0.34
	35	145	159	1.25	0.29	0.31	0.34	0.32	0.36
	40	127	130						
	45	107	108	1.5	0.31	0.33	0.36	0.34	0.38
	50	88	85	1.75	0.33	0.35	0.38	0.36	0.40
	55	67	62	2	0.35	0.37	0.40	0.38	0.41
	60	51	48	2.25	0.36	0.39	0.41	0.40	0.42
	65	39	37	2.5	0.37	0.40	0.42	0.41	0.43
	70	29	28	3	0.38	0.41	0.43	0.42	0.45
	75	20	19	3.5	0.39	0.42	0.44	0.43	0.46
	80	12	11	4	0.40	0.43	0.45	0.44	0.47
	85	5.6	5	5	0.42	0.45	0.46	0.47	0.48
	90	0.4	0.6						
	95	0	0						

灯型示意中另有"配光曲线示意"及横轴、纵轴标注（90°、60°、30°、0°，200、100）。

思考题与习题

1. 什么是利用系数？
2. 方位因数法的特点是什么？
3. 照度计算方法如何选定？
4. 墙面平均反射比如何计算？
5. 点光源、线光源都有什么计算方法？
6. 平均照度如何计算？
7. 某商店的面积为8m×7m，房间净高为3m，工作面高为0.8m，顶棚反射系数为70%，墙壁反射系数为60%，采用荧光灯吸顶照明，试计算安装灯具的数量。

第4章 照 明 设 计

4.1 概述

目前的照明装置中采用的都是电光源，要保证电光源正常、安全、可靠地工作，同时又要便于维护管理、利于节约电能，就必须有合理的供配电系统和控制方式。这些要求，都使照明电气设计成为照明设计中不可缺少的一部分。

在进行照明设计时，应根据视觉要求、作业性质和环境条件，通过对光源、灯具的选择和配置，使工作区或空间具备合理的照度和显色性，具备适宜的亮度分布和舒适的视觉环境。

在确定照明方案时，应考虑不同类型建筑对照明的特殊要求，处理好电气照明与天然采光的关系，处理好采用高效光源、灯具与追求照明效果的关系，处理好合理使用建设资金与采用高性能标准光源、灯具等技术经济效益的关系。

4.1.1 照明设计的基本要求

照明设计有以下基本要求：

1）满足光照设计确定的各种光源对电压大小、电能质量的要求，使它们能工作在额定状态，以保证照明质量和电光源的寿命。

2）选择合理、方便的控制方式，以便于照明系统的管理、维护和节能。

3）保证人身的安全和照明装置的电气安全。

4）尽量减少电气部分的投资和年运行费用。

在进行电气照明设计时，除符合以上几条基本要求外，尚应遵循现行国家标准 GB 50034—2013《建筑照明设计标准》的规定。

4.1.2 照明设计的目的

随着人们生活水平的不断提高，居室装修的档次也不断提升，照明除了本身的实用意义外，更多地担负起了装饰和观感上的功能。灯饰、家具和其他陈设协调配合，使人们的生活空间表现出华丽、宁静、温馨和舒适的氛围。

光线是烘托住宅环境的一个重要因素，高照度照明能令人兴奋，低照度照明则有亲切的气氛。另外，光的颜色也是影响环境气氛的要素之一。由于人的大部分时间要在住宅里度过，住宅照明直接关系到人们的日常生活，因此它还应满足人们的年龄、心理的要求。所以，住宅照明设计应考虑以下因素：

1）居住者的年龄和人数。

2）视觉活动形式。

3）工作面的位置和尺寸。

4）使用的频率和周期。

5）空间和家具的形式。

6）结构限制。

7）建筑和电气规范的有关规定要求。

8）节能问题。

4.1.3　照明设计的步骤

1）收集原始资料，包括工作场所的设备布置、工作流程、环境条件及对光环境的要求，已设计完成的建筑平剖面图、土建结构图，已进行室内设计的工程提供的室内设计图等。

2）确定照明方式和种类，并选择合理的照度。

3）确定合适的光源。

4）选择灯具的形式，并确定型号。

5）合理布置灯具。

6）进行照度计算，并确定光源的安装功率。

7）根据需要计算室内各面亮度和眩光评价。

8）确定照明控制的策略与方式。

4.2　照明的方式和种类

4.2.1　照明的方式

照明方式是指照明设备按其安装部位或使用功能而确定的基本制式。按照国家制定的设计标准区分，有工业企业照明和民用建筑照明。按照照明设备安装部位区分，有建筑物外照明和建筑物内照明。

建筑物外照明，可根据实际使用功能分为建筑物泛光照明、道路照明、街区照明、公园和广场照明、溶洞照明和水景照明等，每种照明方式都有其特殊的要求。

建筑物内照明，按使用功能分有一般照明、分区一般照明、局部照明和混合照明。

1. 一般照明

不考虑特殊部位的需要，为照亮整个场地而设置的照明方式称一般照明。它可使整个场地都能获得均匀的照度，适用于对光照方向无特殊要求或不适合安装局部照明和混合照明的场所，如仓库、某些生产车间、办公室、会议室、教室、候车室和营业大厅等。

2. 分区一般照明

根据需要，提高特定区域照度的一般照明方式称分区一般照明。对照度要求比较高的工作区域，灯具可以集中均匀布置，提高其照度值，其他区域仍采用一般照明的布置方式，如工厂车间的组装线、输送带和检验场地等。

3. 局部照明

为满足某些部位的特殊需要而设置的照明方式。例如在很小范围的工作面上，通常采用辅助照明设施来满足这些特殊工作的需要，像车间内的机床灯、商店橱窗的射灯、办公桌上的台灯等。在需要局部照明的场所，应采用混合照明方式，不应只装配局部照明而无一般照明，因为这样会使亮度分布不均匀而影响视觉。

4. 混合照明

由一般照明与局部照明组成的照明方式。即在一般照明的基础上再增加局部照明，这样有利于提高照度和节约电能。

4.2.2 照明的种类

1. 按光照形式的不同分类

（1）直接照明

将灯具发射的 90% ~ 100% 的光通量直接投射到工作面上的照明，常用于对光照无特殊要求的整体环境照明，裸露装设的白炽灯、荧光灯均属此类。

（2）半直接照明

将灯具发射的 60% ~ 90% 的光通量直接投射到工作面上的照明。

（3）均匀漫射照明

将灯具发射的 40% ~ 60% 的光通量直接投射到工作面上的照明。

（4）半间接照明

将灯具发射的 10% ~ 40% 的光通量直接投射到工作面上的照明。

（5）间接照明

将灯具发射的 10% 以下的部分光通量直接投射到工作面上的照明。

（6）定向照明

光线主要从某一特定方向投射到工作面和目标上的照明。

（7）重点照明

为突出特定的目标或引起对视野中某一部分的注意而设的定向照明。

（8）漫射照明

投射在工作面或物体上的光在任何方向上均无明显差别的照明。

（9）泛光照明

通常由投光灯来照射某一情景或目标，且其照度比其周围照度明显高的照明。

2. 按照明用途的不同分类

（1）正常照明

在正常情况下使用的室内外照明。

（2）应急照明

在正常照明电源因故障失效的情况下，供人员疏散、保障安全或继续工作用的照明。应急照明必须采用能快速点亮的可靠光源，可细分如下：

1）疏散照明：正常照明因故障熄灭后，以确保有效地辨认安全出口通道，使人们安全撤离建筑物。

2）安全照明：正常照明因故障熄灭后，为确保处于潜在危险之中人员安全而提供的照明。

3）备用照明：正常照明因故障熄灭后，用以确保正常工作或活动继续进行。

（3）值班照明

供值班人员使用的照明。值班照明可利用正常照明中能单独控制的一部分，设置专用控制开关。大面积场所宜设置值班照明。

（4）警卫照明

根据警卫任务需要而设置的照明。

（5）障碍照明

装设在障碍物上或附近，作为障碍标志用的照明称为障碍照明，如高层建筑物的障碍标志灯、道路局部施工警示灯、管道人井施工警示灯、航标灯等。

（6）其他照明

1）装饰照明：为美化、烘托、装饰某一特定空间环境而设置的照明，如建筑物轮廓照明、广场、绿地照明等。

2）广告照明：以商品的品牌或商标为主，配以广告词和其他图案的照明。该照明方式用内照式广告牌、霓虹灯广告牌、电视墙等灯光形式渲染广告的主题思想，同时又为夜幕下的街景增添了情趣。

3）艺术照明：通过运用不同的光源、不同的灯具、不同的投光角度和不同的灯光颜色，营造出一种特定的空间气氛的照明。

4.3　照明光源的选择

1）选用的照明光源应符合国家现行相关标准的有关规定。

2）选择光源时，应在满足显色性、启动时间等要求条件下，根据光源、灯具及镇流器等的效率、寿命和价格，在进行综合技术经济分析比较后确定。

3）照明设计时可按下列条件选择光源：

①高度较低的房间，如办公室、教室、会议室以及仪器仪表、电子器材等的生产车间宜采用细管径直管形荧光灯；

②商店营业厅宜采用细管径直管形荧光灯、紧凑型荧光灯或小功率的金属卤化物灯；

③高度较高的工业厂房，应按照生产使用要求，采用金属卤化物灯或高压钠灯，也可采用大功率细管径荧光灯；

④一般照明场所不宜采用荧光高压汞灯，不应采用自镇流荧光高压汞灯；

⑤一般情况下，室内外照明不应采用普通照明白炽灯；在特殊情况下需采用时，其额定功率不应超过100W。

4）下列工作场所可采用白炽灯：

①要求瞬时启动和连续调光的场所，使用其他光源技术经济不合理时；

②开关灯频繁的场所；

③对防止电磁干扰要求严格的场所；

④照度要求不高，且照明时间较短的场所；

⑤对装饰有特殊要求的场所。

5）应急照明应选用能快速点燃的光源。

6）应根据识别颜色要求和场所的特点，选用相应显色指数的光源。

4.4　照明灯具及其附属装置的选择

1）选用的照明灯具应符合国家现行相关标准的有关规定。

2）在满足眩光限制和配光要求的条件下，应选用效率高的灯具，并应符合下列规定：

①荧光灯灯具的效率不应低于表 4-1 的规定。

表 4-1 荧光灯灯具的效率

灯具出光口形式	开敞式	保护罩（玻璃或塑料）		格 栅
		透 明	磨砂、棱镜	
灯具效率	75%	65%	55%	60%

②高强度气体放电灯灯具的效率不应低于表 4-2 的规定。

表 4-2 高强度气体放电灯灯具的效率

灯具出光口形式	开敞式	格栅或透光罩
灯具效率	75%	60%

3）根据照明场所的环境条件，分别选用下列灯具：

①在潮湿的场所，应采用相应防护灯具的防水灯具或带防水灯头的开敞式灯具；

②在有腐蚀性气体或水蒸气的场所，宜采用防腐蚀密闭式灯具，若采用开敞式灯具，各部分应有防腐蚀或防水措施；

③在高温场所，宜采用散热性能好、耐高温的灯具；

④在有尘埃的场所，应按防尘的相应防护等级选择适宜的灯具；

⑤在装有锻锤、大型桥式起重机等振动、摆动较大场所使用的灯具，应有防振和防脱落措施；

⑥在易受机械损伤、光源自行脱落可能造成人员伤害或财物损失的场所使用的灯具，应有防护措施；

⑦在有爆炸或火灾危险的场所使用的灯具，应符合国家现行相关标准和规范的有关规定；

⑧在有洁净要求的场所，应采用不易积尘、易于擦拭的洁净灯具；

⑨在需防止紫外线照射的场所，应采用隔紫灯具或无紫光源。

4）直接安装在可燃材料表面的灯具，应采用特殊标志标明。

5）照明设计时按下列原则选择镇流器：

①自镇流荧光灯应配用电子镇流器；

②直管形荧光灯应配用电子镇流器或节能型电感镇流器；

③高压钠灯、金属卤化物灯应配用节能型电感镇流器；在电压偏差较大的场所，宜配用恒功率镇流器；功率较小者可配用电子镇流器；

④采用的镇流器应符合该产品的国家能效标准。

6）高强度气体放电灯的触发器与光源的安装距离应符合产品的要求。

4.5 照明质量

优良的照明质量主要由以下 5 个要素构成：①适当的照度水平；②舒适的亮度分布；③宜人的光色和良好的显色性；④没有眩光干扰；⑤正确的投光方向与完美的造型立体感。

照明质量评价体系包括以下三方面：以客观物理量为主的照明质量评价体系；以立体感

评价指标为核心内容的光线方向性的质量评价指标；以光环境为主体的评价体系。

1. 以客观物理量为主的照明质量评价体系

可以直接测量的量有照度、亮度、均匀度，还可进一步计算得出其他数据。

2. 以光线方向性的质量评价体系

不同方向的光线，在相同照度水平下有不同的照明效果（被照物体的立体感体现尤为突出）。

3. 以光环境为主体的评价体系

1）从生理和心理效果来评价照明环境，也称之为光环境（因人而异）。

2）它是非物理量的、无法量化的主观感觉指标（非量化指标）。

3）采用数理统计方法或模糊数字方法表述。

4.5.1　照度水平

1）在为特定的用途选择照度水平时，要考虑视觉功效、视觉满意程度、经济水平和能源的有效利用。视觉功效是人借助视觉器官完成作业的效能，通常用工作的速度和精度来表示。增加亮度，视觉功效随之提高，但达到一定的亮度以后，视觉功效的改善就不明显了。在非工作区，不能用视觉功效来确定照度水平，而应采用视觉满意程度，创造愉悦和舒适的视觉环境。无论根据是视觉功效还是根据视觉满意程度来选择照度，都要受经济条件和能源供应的制约，所以要综合考虑，选择适当的标准。

2）在光环境中应使人易于辨别所从事的工作细节，消除视觉不舒适的因素。

3）能够辨认人脸特征需要 $1cd/m^2$ 亮度，在水平面 20lx 左右的普通环境下可达该亮度，故 20lx 被认为是非工作房间最低照度。

4）照度范围由三个连续照度级组成，中间数值代表应当采用的推荐照度。

5）CIE 的推荐照度是"维持平均照度"，即所需照度最低值。

6）照度标准值应按 0.5lx、1lx、3lx、5lx、10lx、15lx、20lx、30lx、50lx、75lx、100lx、150lx、200lx、300lx、500lx、750lx、1000lx、1500lx、2000lx、3000lx、5000lx 分级。

7）符合下列条件之一及以上时，作业面或参考平面的照度可按照照度标准值分级提高一级：

①视觉要求高的精细作业场所，眼睛至识别对象的距离大于 500mm 时；

②连续长时间紧张的视觉作业，对视觉器官有不良影响时；

③识别移动对象，要求识别时间短促而辨认困难时；

④视觉作业对操作安全有重要影响时；

⑤识别对象亮度对比小于 0.3 时；

⑥作业精度要求较高，且产生差错会造成很大损失时；

⑦视觉能力低于正常能力时；

⑧建筑等级和功能要求高时。

8）符合下列条件之一及以上时，作业面或参考平面的照度，可按照度标准值分级降低一级：

①进行很短时间的作业时；

②作业精度或速度无关紧要时；

③建筑等级和功能要求较低时。

9）作业面邻近周围的照度可低于作业面照度，但不宜低于表4-3 的数值。

表4-3　作业面邻近周围的照度

作业面照度/lx	作业面邻近周围照度值/lx
≥750	500
500	300
300	200
≤200	与作业面照度相同

注：邻近周围指作业面外 0.5m 范围之内。

10）在照明设计时，应根据环境污染特征和灯具擦拭次数从表4-4 中选定相应的维护系数。

表4-4　维　护　系　数

环境污染特征		房间或场所举例	灯具最少擦拭次数（次/年）	维护系数值
室内	清洁	卧室、办公室、餐厅、阅览室、教室、病房、客房、仪器仪表装配间、电子元器件装配间、检验室等	2	0.80
	一般	商店营业厅、候车室、影剧院、机械加工车间、机械装配车间、体育馆等	2	0.70
	污染严重	厨房、锻工车间、铸工车间、水泥车间等	3	0.60
室外		雨篷、站台	2	0.65

11）在一般情况下，设计照度值与照度标准值相比较，可有 −10% ~ +10% 的偏差。

4.5.2　照度均匀度

要选择适当的亮度分布，既不要使亮度分布不当损害视觉功效，又不要使亮度差别过大而产生不适眩光。照度均匀度应满足以下要求：

1）公共建筑的工作房间和工业建筑作业区域内的一般照明照度的均匀度，按最低照度与平均照度之比确定（E_{min}/E_{av}，工作面上最低照度与平均照度之比）。其数值不应小于0.7，而作业面邻近周围的照度均匀度不应小于0.5。

2）采用分区一般照明时，房间或场所内的通道和其他非工作区域，一般照明的照度值不宜低于作业区域一般照明照度值的1/3。

3）相邻房间平均照度彼此间不应超过5∶1（房间为 100lx，走廊为 20lx）。

4）最大允许距高比需满足照度均匀度。

5）在有彩色电视转播要求的体育场馆，其主要摄像方向上的照明应符合下列要求：

①场地垂直照度最小值与最大值之比不宜小于0.4；

②场地平均垂直照度与平均水平照度之比不宜小于0.25；

③场地水平照度最小值与最大值之比不宜小于0.5；

④观众席前排的垂直照度不宜小于场地垂直照度的 0.25。

4.5.3　眩光限制

眩光是由光源和灯具等直接引起的，也可能是光源通过反射比高的表面，特别是抛光金属那样的镜面反射所引起的。眩光按程度可分为失能眩光和不舒适眩光两种。

1）直接型灯具的遮光角不应小于表 4-5 的规定。

表 4-5　直接型灯具的遮光角

光源平均亮度/(kcd/m^2)	遮光角/(°)	光源平均亮度/(kcd/m^2)	遮光角/(°)
1 ~ 20	10	50 ~ 500	20
20 ~ 50	50	≥500	30

2）可用下列方法防止或减少光幕反射和反射眩光：

①避免将灯具安装在干扰区内；

②采用低光泽度的表面装饰材料；

③限制灯具亮度；

④照亮顶棚和墙表面，但避免出现光斑。

3）有视觉显示终端的工作场所照明应限制灯具中垂线以上等于或大于 65°高度角的亮度。灯具在该角度上的平均亮度限值宜符合表 4-6 的规定。

表 4-6　灯具平均亮度限值

屏幕分类（见 ISO 9241—7）	I	II	III
屏幕质量	好	中等	差
灯具平均亮度限值	≤1000cd/m^2		≤200cd/m^2

注：1. 本表适用于仰角小于等于 15°的显示屏。
　　2. 对于特定使用场所，敏感的屏幕或仰角可变的屏幕，表中亮度限值应用在更低的灯具高度角（如 55°）上。

4.5.4　光源颜色

1）室内照明光源色表可按其相关色温分为三组，光源色表分组宜按表 4-7 确定。

表 4-7　光源色表分组

色表分组	色表特征	相关色温/K	适用场所举例
I	暖	<3300	客房、卧室、病房、酒吧、餐厅
II	中间	3300 ~ 5300	办公楼、教室、阅览室、诊室、检验室、机加工车间、仪表装配
III	冷	>5300	热加工车间、高照度场所

2）长期工作或停留的房间或场所，照明光源的显色指数 Ra 不宜小于 80，在灯具安装高度大于 6m 的工业建筑场所，Ra 可低于 80，但必须能够辨别安全色。常用房间或场所的显色指数最小允许值应符合照明标准值的规定。

4.5.5　反射比

长时间工作的房间，其表面反射比宜按表 4-8 选取。

根据视觉工作要求，应采用高光效光源、高效灯具和节能器材，并应考虑最初投资与长期运行的综合经济效益。

表 4-8　工作房间表面反射比

表 面 名 称	反 射 比	表 面 名 称	反 射 比
顶　棚	0.6 ~ 0.9	地　面	0.1 ~ 0.5
墙　面	0.3 ~ 0.8	作业面	0.2 ~ 0.6

4.5.6　亮度分布

作业环境中各表面上的亮度分布是照度设计的补充，是决定物体可见度的重要因素之一。视野内有合适的亮度分布是舒适视觉的必要条件。相近环境的亮度应当尽可能低于被观察物的亮度，CIE 推荐被观察物的亮度如为其相近环境的 3 倍时，视觉清晰度较好，即相近环境与被观察物本身的反射比之比最好控制在 0.3 ~ 0.5 的范围内。

在工作房间，当为了减弱灯具同周围及顶棚之间的亮度对比，特别是采用嵌入式暗装灯具时，因为顶棚上的亮度是来自室内多次反射，所以顶棚的反射比应尽量高一些（不低于0.6）；为避免顶棚显得太暗，顶棚照度不应低于作业照度的 1/10。工作房间内的墙壁或隔断的反射比最好在 50% ~ 70% 之间，地板的反射比应在 20% ~ 40% 之间。因而在大多数情况下，要求采用浅色的家具和浅色的地面。

4.5.7　照明节能

当前国际上普遍认为，在考虑和制定节能政策、法规和措施时所遵循的原则是，必须在保证足够的照明数量和质量的前提下，尽可能节约照明用电。即照明节能应是通过采用高效节能照明产品、提高照明质量、优化照明设计等手段达到受益的目的，节能而不牺牲照明质量。

1）根据视觉工作要求，应采用高效光源、高效灯具和节能器材，并应考虑最初投资与长期运行的综合经济效益。

2）一般工作场所宜采用细管径直管形荧光灯和紧凑型荧光灯，高大场所或室外场所的一般照明宜采用金属卤化物灯、高压钠灯等高光强气体放电光源。

3）室内外照明不宜用普通白炽灯。当有特殊需要时，宜选用双螺旋白炽灯或带有热反射罩的小功率高效卤钨灯。

4）除有装饰需要外，应选用直射光通量比例高、控光性能合理的高效灯具。室内灯具效率不宜低于 70%，装有遮光格栅时不应低于 60%，室外灯具效率不宜低于 50%。

5）灯具的结构和材质应便于维护清洁和更换光源。

6）应采用功率损耗低、性能稳定的灯用附件。直管形荧光灯应采用节能型镇流器，当使用电感式镇流器时，其耗能应符合现行国家标准 GB 17896—2012《管形荧光灯镇流器能效限定值及能效等级》的规定。

7）照明与室内装修设计应有机结合。在确保照明质量的前提下，应有效控制照明功率密度值。

8）应根据照明场所的功能要求确定照明功率密度值，并应符合现行国家标准 GB 50034—2013《建筑照明设计标准》的规定。

9）在有集中空调而且照明容量大的场所，宜采用照明灯具与空调回风口结合的形式。

10）正确选择照明方案，并应优先采用分区一般照明方式。

11）室内表面宜采用高反射率的饰面材料。

12）对于采用节能型电感镇流器的气体放电光源，宜采取分散方式进行无功功率补偿。

13）应根据环境条件、使用特点，合理地选择照明控制方式，并应符合下列规定：

①应充分利用天然光，并应根据天然光的照度变化控制电气照明的分区；

②根据照明使用特点，采取分区控制灯光或适当增加照明开关点；

③公共场所照明、室外照明宜采用集中遥控节能管理方式或采用自动光控装置。

14）应采用定时开关、调光开关、光电自动控制器等节电开关和照明智能控制系统等管理措施。

15）低压照明配电系统设计应便于按经济核算单位装表计量。

16）景观照明宜采取下列节能措施：

①景观照明应采用长寿命高光效光源和高效灯具，并宜采取点燃后适当降低电压以延长光源寿命的措施；

②景观照明应设置深夜减光控制方案。

思考题与习题

1. 照明设计的设计目的、要求和步骤有哪些？

2. 照明的种类如何划分？

3. 优良的照明质量主要有哪些要素？

4. 防止或者减少光幕反射和反射眩光的方法有哪些？

5. 照明节能的原则是什么？

6. 景观照明宜采取什么节能措施？

第 5 章 照明电气设计

电气照明在人们的生活和工作中是不可或缺的，良好的照明度对提高工作效率、保证安全生产和保护人们的视力等方面都有重要的作用。照明设计，特别是现代高层建筑的照明设计，与装饰工程有着密切的关系，它不仅应用光学和电学方面的知识，还涉及建筑学、生理学和美学等方面，是一门综合性的技术。

照明电气设计的整个过程都必须严格贯彻国家有关建筑物工程设计的政策和法令，并且符合现行的国家标准和设计规范。对某些行业、部门和地区的设计任务，还应遵循该行业、部门及地区的有关规程的特殊规定。

5.1 概述

5.1.1 电气设计的基本要求

电气设计应提供的绘制、编写的成套图样和文字说明（含计算资料），称为技术文件。根据施工规模的大小和实际需要，技术文件的内容繁简、图样多少各异，但基本要求是相同的。

1. 正确性

全套技术文件必须正确无误，应能达到规定的性能指标，满足开展下列工作所需的要求：①编制施工方案，进行施工和安装；②编制工程预算，实施招、投标；③安排具体设备、材料订货；④制造、加工非标设备。如果图样有误，则上述工作无法正确完成，必然出现返工，延误工期，造成经济损失。所以，为避免"错、漏、碰、缺"，技术文件要经过一系列审核。

2. 完整性

整套文件中的图样、说明及其他资料必须要满足上述施工各方面的要求及今后管理维护的需要。各行业对设计不同阶段均有具体的设计深度规定，不能随意精减。设计内容中有缺项的，必须阐明原因，注明处理方案。引用图样、规定，需注明标号，必要时要附图样。

3. 统一性

技术文件中的图例、符号、名称、数据、标注、字体等必须前后一致，不得中途更改、丢失，尤其多人分工设计的大项目，项目负责人更要注意。凡是有国家标准的，尽可能选用，其次再选其他标准。如没有国家标准或必须用于不同含义时，则必须另加说明。同时还得注意共同设计的各专业间密切配合：①本专业主动从其他专业角度思考，避免差错、缺漏，尽可能减少施工中的现场修改，因为此时往往难以兼顾全面；②各专业要相互兼顾，设计建筑尺寸要按建筑模数（0.3m 的倍数），电缆沟、热力管线、工艺管线，设备与采光，防雷与施工等都必须兼顾，避免彼此冲突。

5.1.2　电气设计的主要任务

1. 照度计算

按工作场所对视觉工作的要求，参照有关照度的标准，确定所需设计的工作场所的照度值，同时，按照工作场所的环境情况确定照明的照度补偿系统。

2. 照明方式的选择

参考工作场所对电气照明的要求，以及工作场所的照度规定，选择照明方式和照明种类。

3. 照明电光源和照明灯具的选择及布置

照明电光源及照明灯具的部分具体参数需要列出，以保证后续照明计算的需要。

4. 照明计算

方法不限，但需要清楚地表明计算过程。

5. 灯具的选择和布置

需详细说明灯具布置方式，验算距高比，并验算照度。

6. 绘制照明系统图和平面图

电气照明线路的平面图在建筑和工艺设备或室内布置的轮廓图中绘制时，需注明工作场所的名称和照度，并按国家规定的图形符号和文字符号的标注方式进行标注。应在平面图上画出全部灯具、线路、配电盘（箱）和其他电气设备的位置，在灯具旁按灯具的标注方式标出灯具数量、每个灯具中光源的类型、数量和容量以及灯具的悬挂高度、悬挂方式，同一房屋中相同的灯具可以共在一处标出；线路可在其近旁按线路的标注方式，标出导线的型号、根数、截面积和敷设方式，单相线路还要标明相序和编号；配电盘（箱）旁必须标出其编号和型号；平面图的文字说明应将被设计的总安装容量、总计算电流加以注明，对施工安装方面的特殊要求应加以说明，非标准或非常用的设计图例应作图例说明。

供电系统图上应标出各级配电盘（箱）和配电线路，配电盘（箱）应标出其编号和盘（箱）中所用的开关、熔断器等设备的型号规格；干线除了按线路的一般标注外，还要标明工作电流、线路长度，必要时还要标注该段线路的电压损失的百分数；分支线的标注方式和干线类似，但应再标注出安装容量。

照明设备和其他的主要材料需列出详尽的材料表格。材料表一般应按类别分开列出，如灯具和灯泡（管）类，开关、熔断器和插座类，导线、电缆和电线管类、配电盘（箱）类，其他材料类等。

5.1.3　电气设计的步骤

照明电气设计主要有以下几个步骤：

1. 光照部分的设计

1）收集原始资料，包括工作场所的设备布置、工作流程、环境条件及对光环境的要求等。另外，对于已设计完成的建筑平剖面图、土建结构图和已进行室内设计的工程，应提供室内设计图。

2）确定照明方式和种类并选择合理的照度。

3）确定合适的光源。

4）选择灯具的形式，并确定型号。

5）合理布置灯具。

6）进行照度计算并确定光源的安装功率。

7）根据需要，计算室内各面亮度与眩光评价。

8）确定照明设计方案。

9）根据照明设计方案，确定照明控制的策略、方式和系统，以期实现照明效果。

2. 电气部分的设计

1）考虑整个建筑的照明供电系统，并对供电方案进行对比，确定配电方式。

2）确定各支线负荷的平衡分配、线路的走向，划分各配电盘的供电范围，确定各配电盘的安装位置。

3）计算各支线和干线的工作电流，选择导线截面积和型号、敷设方式、穿管管径，并进行中性线电流的验算和电压损失值的验算。

4）电气设备的选择。通过计算电流，选择各配电盘上的开关及保护器的型号及规格、电能表容量等，进而选择合适的配电箱。对于配电箱，应尽量选用成套的定型产品，若采用非标产品，应根据电气设备的外形尺寸，确定配电盘的盘面布置。

3. 管网的综合

在照明电气设计过程中，应与其他专业设计进行管网汇总，仔细查看管线相互之间是否存在矛盾冲突的地方。如果有，一般情况下，由电气线路避让或采取保护性措施。照明电气安装和敷设过程中，往往有预埋穿线管道、支架的焊接或预埋孔等，这些都应在汇总时向土建提交。所提资料必须具体、确切，如预埋孔具体位置、与房间某一轴线坐标距离、标高尺寸等。

4. 施工图的绘制

先绘制平面图，再画出配电系统图，最后编写工程说明以及列出主要材料的明细表。

5. 概预算书的编制

根据建设单位要求或设计委托书来确定，如无具体要求，仅编制概预算书即可。

5.2　照明供电

5.2.1　照明对供电质量的要求

1. 电压质量要求

（1）电压偏移

照明灯具端电压的允许偏移不得高于额定电压的5%，且不应低于额定电压的下列数值：

1）对视觉要求较高的室内照明为2.5%。

2）一般工作场所的室内照明、室外照明为5%，但极少数远离变电所的场所，允许降低到10%。

3）照明事故、道路照明、警卫照明及电压12～36V的照明，允许电压降为10%。

（2）电压波动

电压波动是指电压的快速变化。当照明供电网络中存在冲击性负荷时会引起电压波动，电压波动能引起光源光通量的波动，从而引起被照物的照度、亮度的波动，进而影响视觉，所以电力电压波动必须限制。

正常照明一般可以与其他电力负荷共同使用变压器供电，但不宜与供给较大冲击性负荷的变压器合用供电。必要时（如照明负荷较大）可设照明专用变压器供电。

2. 其他要求

1）在无具体设备连接的情况下，民用建筑中的每个插座可按 100W 计算。

2）照明系统中的每一单相负荷回路，电流不宜超过 16A。灯具为单独回路时，数量不宜超过 25 个，但花灯、彩灯、大面积照明等回路除外。

3）对于气体放电灯宜采用分相接入法，以降低频闪效应的影响。

4）重要厅室的照明供电，可采用两个电源自动切换的方式或两个电源各带一半负荷的方式供电。

5.2.2　照明的供电方式

照明线路的供电一般采用单相交流 220V 两线制，当负荷电流超过 30A 时，应采用三相四线制供电。

照明的控制方式及开关的安装位置主要遵循在安全的前提下便于使用、管理和维修的原则。照明配电装置应靠近供电负荷中心，略偏向电源侧，一般宜采用二级控制方式。大空间场所照明（如大型商场、厂房等）可采用分组，在分配电箱内控制，但在出入口应安装部分开关；一般房间照明开关装于入口处门侧墙上内侧，偶尔出入的房间开关宜装于室外。

道路照明在负荷小的情况下采用单相供电，在负荷大的情况下采用三相四线制供电，并应注意三相负荷的平衡。各个独立工作地段或场所的室外照明，由于用途和使用时间不同，宜采用就地单独控制的供电方式。除了每个回路应有的保护措施外，每个照明装置还应设单独的熔断器保护。

5.2.3　照明供电网络

我国照明供电一般采用 380V/220V 三相四线中性点直接接地的交流网络供电。

1. 室内照明

（1）室内正常照明

室内正常照明一般由动力与照明共用的电力变压器供电，二次电压为 380V/220V。如果动力负荷会引起对照明不允许的电压偏移或波动，则在技术经济合理的情况下，对照明可采用有载自动调压电力变压器、调压器，或照明专用变压器供电；在照明负荷较大的情况下，照明也可采用单独的变压器供电（如高照度的多层厂房、大型体育设施等）。

在电力负荷稳定的生产厂房、辅助生产厂房以及远离变电所的建筑物和构筑物中（如公共和一般的住宅建筑），可采用动力与照明合用供电线路的方式，但应在电源进户处将动力、照明线路分开。当建筑物内设低压配电屏、低压侧采用放射式配电系统时，照明电源一般可接在低压配电屏的照明专用线上。

（2）室内备用照明

对于特别重要的照明负荷，宜在负荷末级配电盘采用电动切换电源的方式，也可采用有两个专用回路各带约 50% 的照明灯具的配电方式。当无第二路电源时，可采用自备快速起动发电机作为备用电源，某些情况下也可采用蓄电池作为备用电源。

备用照明应接在与正常照明不同的电源上。为了减少和节省照明线，一般可从整个照明中分出一部分作为备用照明。此时，工作照明和备用照明同时使用，但其配电线路及控制开关应分开装设。若备用照明不作为正常照明的一部分同时使用，则当正常照明因故障停电时，备用照明电源应自动投入。

备用照明可采用以下供电方式：当引入 10kV（或 6kV）电源为专供电源仅装设一台变压器时，与正常照明在变电所低压配电屏上或母线上分开；当装设两台及以上变压器时，宜与正常照明分别接于不同的变压器；当建筑物内不设变压器时，应与正常照明分别引自附近不同的变压器，且不得与正常照明共用一个总开关；当供电条件不具备两个电源或两个回路时，可采用蓄电池组或带有直流逆变器的应急照明灯。

2. 室外照明

室外照明线路应与室内照明线路分开供电；道路照明、警卫照明的电源宜接在有人值班的变电所低压配电屏的专用回路上。负荷小时，可采用单相供电；负荷大时，可采用三相供电，并应注意各相负荷分配均衡；当室外照明的供电距离较远时，可采用由不同地区的变电所分区供电的方式。

照明网络可采用放射式、树干式和混合式等结线方式。应根据建筑物的结构特点，合理确定照明负荷等级，并应正确选择供电方式。

3. 供电系统原则

（1）供电电源及供电电压

在确定供电电源时，应结合建筑物的负荷级别、用电容量、用电单位的电源情况和电力系统的供电情况等因素，保证满足供电可靠性和经济合理性的要求。

根据有关规范规定，一级负荷应由两个电源供电，且当其中一个电源发生故障时另一电源应不致同时受到损坏。在一级负荷容量较大或有高压用电设备时应采用两路高压电源，如一级负荷容量不大时，应优先采用从电力系统或临近单位取得的第二低压电源；也可采用应急发电机组。当一级负荷仅为照明或电话站负荷时，宜采用蓄电池组作备用电源。

一级负荷中特别重要的负荷，除由两个电源供电外，还应增设应急电源，并严禁将其他负荷接入应急供电系统。应急电源可以是独立于正常电源的发电机组、供电网络中有效地独立于正常电源的专门馈电线路或蓄电池。

二级负荷的供电系统应做到，当发生电力变压器故障或线路常见故障时不致中断供电，或中断后能迅速恢复供电。对于二级负荷，有条件时宜由两回线路供电；在负荷较小或地区供电条件困难时，也可由一回 6kV 及以上专用架空线路供电；当采用电缆线路时应由两根电缆组成电缆段，且每段电缆应能承受二级负荷的 100%，并互为热备用。

对于需要两回电源线路供电的用户，宜采用同级电压，以提高设备的利用率。但是，根据各级负荷的不同需要及地区供电条件，如能满足一、二级负荷的用电要求，也可采用不同等级的电压供电。

用电单位的供电电压应根据用电容量、用电设备特性、供电距离、供电线路的回路数、当地公共电网现状及其发展规划等因素，通过技术经济比较后确定。

如果一个用户的用电设备容量在 100kW 及以下或变压器容量在 50kV·A 及以下，则可采用 220V/380V 的低压供电系统。

当采用高压供电时，一般供电电压为 10kV。如果用电负荷很大（如特大型高层建筑、超高层建筑、大型企业等），在通过技术经济比较后，也可采用 35kV 及以上的供电电压，但应与当地供电部门协商。

常用的供电方案有以下几种：

1）0.22kV/0.38kV 低压电源供电：多用于用户电力负荷较小、可靠性要求稍低，可以从邻近变电所取得足够的低压供电回路的情况。

2）一路 10（6）kV 高压电源供电：主要用于三级负荷的用户，仅有照明或电话站等少量的一级负荷采用蓄电池组作为备用电源。

3）一路 10（6）kV 高压电源、一路 0.22kV/0.38kV 低压电源供电：用于取得第二高压电源较困难或不经济，且可以从邻近处取得低压电源作为备用电源的情况。

4）两路 10（6）kV 电源供电：用于负荷容量较大、供电可靠性要求较高的，有较多一、二级负荷的用户，是最常用的供电方式之一。

5）两路 10（6）kV 电源供电、自备发电机组备用：用于负荷容量特别大，供电可靠性要求高，有大量一级负荷的用户，如星级宾馆和《高层民用建筑设计防火规范》中规定的一类高层建筑等。这种供电方式也是最常用的供电方式。

6）两路 35kV 电源供电、自备发电机组备用：用于负荷容量特别大的用户，如大型企业、超高层建筑或高层建筑群等。

（2）高压电气主接线

1）一路电源进线的单母线接线：如图 5-1 所示，这种接线方式适用于负荷不大、可靠性要求稍低的场合。当没有其他备用电源时，一般只用于三级负荷的供电；当进线电源为专用架空线或满足二级负荷供电条件的电缆线路时，可用于二级负荷的供电。

2）两路电源进线的单母线接线：如图 5-2 所示，两路 10kV 电源一用一备，一般用于二级负荷的供电。

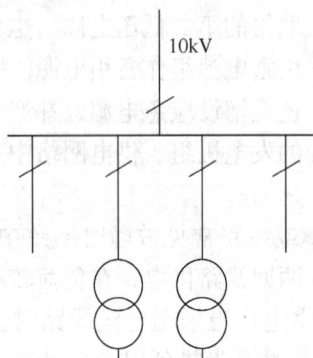

图 5-1　一路电源进线的单母线接线　　　　图 5-2　两路电源进线的单母线接线

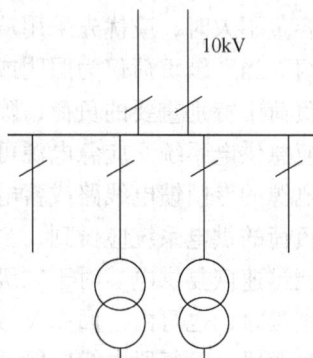

3）无联络的分段单母线接线：如图 5-3 所示，两路 10kV 电源进线，两段高压母线无联络，一般采用互为备用的工作方式。这种接线多用于负荷不太大的二级负荷的场合。

4）母线联络的分段单母线接线：如图 5-4 所示，这是最常用的高压主接线形式，两路电源同时供电、互为备用，通常母联开关为断路器，可以手动切换，也可以自动切换。适用于一、二级负荷的供电。

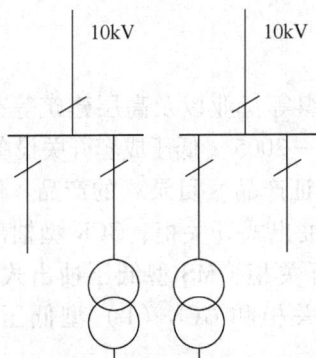

图 5-3 无联络的分段单母线接线　　　图 5-4 母线联络的分段单母线接线

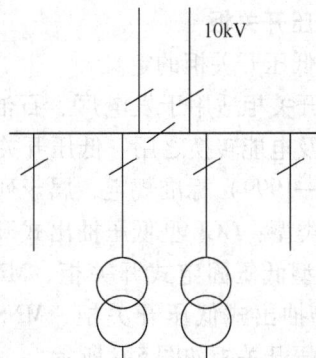

（3）低压电气主接线

10kV 变电所的低压电气主接线一般采用单母线接线和分段单母线接线两种方式。对于分段单母线接线，两段母线互为备用，母联开关手动或自动切换。

对于两台及以上的变压器，可根据变压器台数和电力负荷的分组情况，采用不同的低压主接线形式。

电力和照明负荷共用变压器供电的低压电气主接线如图 5-5 所示。对于这种接线方式，为了对电力和照明负荷分别计量，应将电力电价负荷和照明电价负荷分别集中，设分计量表。

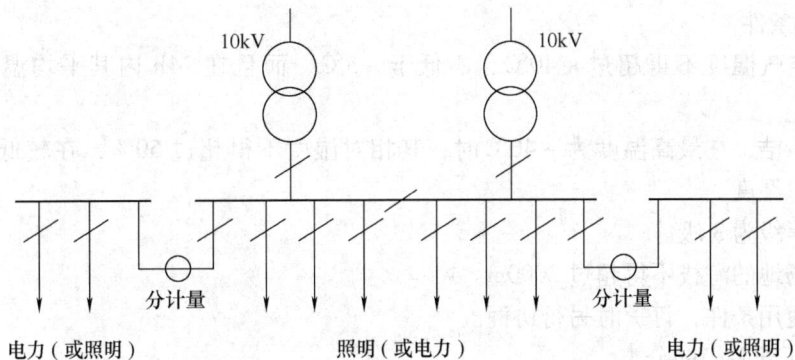

图 5-5 电力和照明负荷共用变压器供电的低压电气主接线

照明电价负荷包括：民用及非工业用户或普通工业用户的生活和生产照明用电（霓虹灯、家用电器、普通插座等）；理发吹风、电剪、电烫等用电；电灶、烘焙、电热取暖、电机，冷冻机组及其配套的附属设备）；供给照明用的整流器用电；医用 X 光机、太阳灯、电热消毒等用电；总容量不足 3kW 的非工业用电力、电热用电而无其他工业用电者；大宗工业用电（受电变压器容量在 315kV·A 及以上）内的生活区或厂区里的办公室、食堂、实验室的照明用电（车间照明除外）。

5.2.4 照明配电设备

照明配电设备，是断路器、低压开关柜、开关箱等设备的统称。

1. 低压开关柜

（1）低压开关柜的定义

低压开关柜适用于发电厂、石油、化工、冶金、纺织等行业以及高层建筑等，作为输电、配电及电能转换之用。低压开关柜应符合 GB 7251.1—2005《低压成套开关设备》（IDT IEC60439—1999）标准规定，属于列入 3C 认证强制性认证产品《目录》的产品。低压开关柜有以下类型：GCL 型低压抽出式开关柜、GCS 型低压抽出式开关柜、GCK 型抽出式开关柜、GGD 型低压固定式开关柜、MNSC 型低压抽出式开关柜、MS 型低压抽出式开关柜、MNSQH 型抽出式低压开关柜、MNSC 型低压抽出式开关柜和 GCK（L）型低压开关柜。MNS 型低压开关柜如图 5-6 所示。

1）基本电气参数

①额定绝缘电压：交流 660V。

②额定工作电压：交流 380V。

③额定频率：50Hz。

④额定工作电流：水平母线额定电流为 630 ~ 6300A，垂直母线额定电流为 630 ~ 1600A。

⑤额定短时耐受电流：额定峰值耐受电流为 30 ~ 80kA，额定短时耐受电流为 30 ~ 80kA。

⑥额定耐受峰值电流：水平母线（主母线）为 63 ~ 176kA，垂直母线（支母线）为 63 ~ 176kA。

图 5-6　MNS 低压开关柜

2）使用条件

①周围空气温度不得超过 +40℃，不低于 -5℃，而且在 24h 内其平均温度不得超过 +35℃；

②空气清洁，在最高温度为 +40℃时，其相对湿度不得超过 50%，在较低温度时，允许较大的相对湿度。

③污染等级为 3 级。

④安装场地的海拔不得超过 2000m。

⑤特殊使用条件，订货时另行协商。

（2）低压开关柜的分类

1）从结构形式上分

①固定式：能满足各电器元件可靠地固定于柜体中确定的位置。柜体外形一般为立方体，如屏式、箱式等，也有棱台体，如台式等。这种柜有单列，也有排列。为了保证柜体形位尺寸，往往采取各构件分步组合方式，一般是先组成两片或左右两侧，然后再组成柜体，或先满足外形要求，再顺次连接柜体内部支件。组成柜体各棱边的零件长度必须正确（公差取负值），才能保证各方面几何尺寸，从而保证整体外形要求。对于柜体两侧面，应考虑排列的需要，中间不能有隆起现象。

另外，从安装角度考虑，底面不能有下陷现象。在排列安装中，地基平整是先决条件，由于平整度和柜体本身都有一定误差，因此在排列中要尽量抵消横向差值，而不要造成差值积累，因为差值积累将造成柜体变形，影响母线联结，产生组件安装异位、应力集中，甚至影响电器寿命。因此，在排列时宜用地基最高点为安装参考点，然后逐步垫正扩排，在底面平整度较理想并可预测条件下，也可采取由中间向两侧扩排的方式，使积累差值均布。

　　为了易于调整，抵消公差积累，柜体宽度公差都取负值。柜体的各个构件结合体完成以后，视需要还应进行整形，以满足各部分形位尺寸要求。对定型或批量较大的柜体制造时应充分考虑用工装夹具，以保证结构的正确统一。夹具的基准面以取底面为妥，夹具中的各定位块布置以工作取出方便为准。对于柜体的外门等，因其易受运输和安装等影响，一般还需在安装时进行统一调整。

　　②抽出式：抽出式是由固定的柜体和装有开关等主要电器元件的可移装置部分组成，可移部分移换时要轻便，移入后定位要可靠，并且相同类型和规格的抽屉能可靠地互换。抽出式中的柜体部分加工方法基本和固定式中的柜体相似，但由于互换要求，柜体的精度必须提高，结构的相关部分要有足够的调整量。至于可移装置部分，要既能移换，又要可靠地承装主要电器元件，所以要有较高的机械强度和较高的精度，其相关部分还要有足够的调整量。

　　制造抽屉式低压柜的工艺特点如下：

- 固定和可移两部分要有统一的参考基准。
- 相关部分必须调整到最佳位置，调整时应用专用的标准工装，包括标准柜体和标准抽屉。
- 关键尺寸的误差不能超差。
- 相同类型和规格的抽屉互换性要可靠。

　　2）从连接方式上分

　　①焊接式：它的优点是加工方便、坚固可靠；缺点是误差大、易变形、难调整、欠美观，而且工件一般不能预镀。另外，对焊接夹具有一定的要求：

- 刚性好、不会受工件变形影响。
- 外形尺寸略大于工件名义尺寸，可抵消焊后收缩的影响。
- 平整、简易、方便操作，尽量减少可转动机构，避免卡损。
- 为防止焊蚀和易于检修调整，要选择好工件支持，支持还要加置防焊蚀垫件。

　　工件焊后变形现象是焊接时由于焊接处受热分子膨胀，挤压产生微观位移，冷却后不能复位而产生的应力所致。为了克服变形影响，必须考虑整形工艺。整形的一般方法如下：

- 通过试验预测工件变形范围，在焊接前强迫工件向反方向变形，以期焊后达到预定尺寸。
- 焊后用过正方法矫正。
- 击、压焊接后相对收缩部分，而得到应力平衡。
- 加热焊接后相对松凸部分，达到与焊接处同样收缩的目的。
- 必要时对构件进行整体热处理。

　　另外，焊接点选择、焊缝走向、焊接次序、点焊定位对焊后变形现象都有一定的影响，如处理得当可减少变形，但这要视具体情况而定。

　　②紧固件连接：优点是适于工件预镀，易变化调节，易美化处理，零部件可标准化设计，并可预生产库存，构架外形尺寸误差小。缺点是不如焊接坚固，要求零部件的精度高，加工成本相对上升。紧固件一般都为标准件，其种类主要有常规的螺钉、螺母和铆钉、拉铆钉，以及预紧而可微调的卡箍螺母和预紧的拉固螺母，还有自攻螺钉等；也有专用紧固螺钉（如国外引进的低压柜大多用专用紧固螺钉）。

紧固件连接的工艺特点如下：以夹具定形，工装定位，并视需要配以压力垫圈；铆接一般要配钻，且预镀件要防止镀层被破坏；对于用精密的加工中心或专用设备加工的构件，若各连接孔径与紧固件直径能保持微量间隙时，则可以不用夹具进行装合，一次成形；对导向及定位件的紧固，应以专用量具先定位再以标准工装检测。

2. 开关箱

开关箱又名配电柜、配电盘、配电箱，是集中、切换、分配电能的设备。开关箱如图5-7所示。

开关箱一般由柜体、开关（断路器）、保护装置、监视装置、电能计量表，以及其他二次元器件组成。开关箱通常安装在发电站、变电站以及用电量较大的电力客户处。

开关箱按照电流可以分为交、直流开关箱，按照电压可分为照明开关箱和动力开关箱，或者高压配电盘和低压配电盘。

图5-7　开关箱

开关箱的用途是，便于管理，当发生电路故障时有利于检修。开关箱和配电柜、开关柜、配电箱、配电盘等，是集中安装开关、仪表等设备的成套装置。

（1）按结构特征和用途分类

1）固定面板式开关柜：常称为开关板或配电屏。它是一种有面板遮拦的开启式开关柜，正面有防护作用，背面和侧面仍能触及带电部分，防护等级低，只能用于对供电连续性和可靠性要求较低的工矿企业，作变电室集中供电用。

2）防护式（即封闭式）开关柜：指除安装面外，其他所有侧面都被封闭起来的一种低压开关柜。这种柜子的开关、保护和监测控制等电器元件，均安装在一个用钢或绝缘材料制成的封闭外壳内，可靠墙或离墙安装。柜内每条回路之间可以不加隔离措施，也可以采用接地的金属板或绝缘板进行隔离；通常门与主开关操作有机械连锁。另外还有防护式台型开关柜（即控制台），面板上装有控制、测量、信号等电器。防护式开关柜主要用作工艺现场的配电装置。

3）抽屉式开关柜：这类开关柜采用钢板制成封闭外壳，进出线回路的电器元件都安装在可抽出的抽屉中，构成能完成某一类供电任务的功能单元。功能单元与母线或电缆之间，用接地的金属板或塑料制成的功能板隔开，形成母线、功能单元和电缆三个区域。每个功能单元之间有隔离措施。抽屉式开关柜有较高的可靠性、安全性和互换性，是比较先进的开关柜。目前生产的开关柜，多数是抽屉式开关柜，适用于要求供电可靠性较高的工矿企业、高层建筑，作为集中控制的配电中心。

4）动力、照明配电控制箱：多为封闭式垂直安装，因使用场合不同，其外壳防护等级也不同，主要作为工矿企业生产现场的配电装置。

（2）开关箱的火灾原因及防火措施

开关箱发生火灾的主要原因如下：配电盘的布线与电器、仪表等接触不牢，造成接触电阻过大；开关、熔断器、仪表的选择与配电盘的实际容量不匹配；长期过负荷运行；熔断器的熔丝选择不符合规定；配电盘的开关在分合时或熔丝熔断时产生火花和电弧等。

预防开关箱火灾的主要措施如下：配电盘的金属构架、铁盘面及盘面设备的金属外壳均应良好接地，接地电阻应不大于4Ω；配电盘的接线应采用绝缘导线，并应防止接错、漏接和接触不良；配电盘上安装的各种刀闸及断路器，当处于断电状态时，刀片和可动部分均不应带电；在有可燃粉尘和可燃纤维场所安装配电盘时，应采用铁皮密封配电箱；在有爆炸危险的场所应采用防爆配电盘；配电盘要保持清洁，附近不要堆放衣服、手套等可燃物。在加强配电盘火灾预防的同时，对高、低压配电室更要采取严格的防火措施。

1）高压配电室应为一、二级耐火等级建筑。低压配电室的耐火等级不应低于三级。配电室的窗应有防雨雪、防水、防小动物进入的措施。高、低压配电装置同在一室时，它们之间的距离应不小于 1m。

2）每台充油电气设备，如断路器、电压互感器等，应装在两侧有隔板的间隔之内，或防爆间隔之内，总油量超过 600kg 时，应安装在单独的防爆间内，或采用成套的高、低压配电装置。总油量在 60kg 以上，如油浸式电压互感器，应有储油设施或挡油设施。

3）连接母线、电缆、通风管道等穿过墙、楼板及地面留下的孔洞，应用耐火材料堵塞，防止充油设备着火后火灾扩大。

4）配电室内应配备一定数量的灭火器材。

3. 断路器

（1）断路器

断路器是指能够关合、承载和开断正常回路条件下的电流，并能关合、在规定的时间内承载和开断异常回路条件（包括短路条件）下的电流的开关装置。断路器可用来分配电能、不频繁地起动异步电动机、对电源线路及电动机等实行保护，当它们发生严重的过载或者短路及欠电压等故障时能自动切断电路，其功能相当于熔断器式开关与过欠热继电器等的组合，而且在分断故障电流后一般不需要变更零部件。目前，断路器已获得了广泛的应用。主要分类如下：

1）按操作方式分：有电动操作、储能操作和手动操作。

2）按结构分：有万能式和塑壳式。

3）按使用类别分：有选择型和非选择型。

4）按灭弧介质分：有油浸式、六氟化硫式、真空式和空气式。

5）按动作速度分：有快速型和普通型。

6）按极数分：有单极、二极、三极和四极等。

7）按安装方式分：有插入式、固定式和抽屉式等。

（2）工作原理

断路器一般由触头系统、灭弧系统、操作机构、脱扣器、外壳等构成。

当短路时，大电流（一般 $10 \sim 12$ 倍）产生的磁场克服反力弹簧，脱扣器拉动操作机构动作，开关瞬时跳闸。当过载时，电流变大，发热量加剧，双金属片变形到一定程度推动机构动作（电流越大，动作时间越短）。现在有电子型的脱扣器，使用互感器采集各相电流大小，与设定值比较，当电流异常时微处理器发出信号，使电子脱扣器带动操作机构动作。

断路器的作用是切断和接通负荷电路，以及切断故障电路，防止事故扩大，保证运行安全。高压断路器要开断电压为 1500V、电流为 $1500 \sim 2000A$ 的电弧，这些电弧可拉长至 2m 仍然继续燃烧不熄灭，故灭弧是高压断路器必须解决的问题。

吹弧熄弧的原理主要是冷却电弧、减弱热游离，另一方面，通过吹弧拉长电弧加强带电粒子的复合和扩散，同时把弧隙中的带电粒子吹散，迅速恢复介质的绝缘强度。

低压断路器也称为自动空气开关，可用来接通和分断负载电路，也可用来控制不频繁起动的电动机。它功能相当于刀开关、过电流继电器、失电压继电器、热继电器及漏电保护器等电器的部分或全部的功能总和，是低压配电网中一种重要的保护电器。

低压断路器具有多种保护功能（过载、短路、欠电压保护等）、动作值可调、分断能力高、操作方便、安全等优点，目前被广泛应用。

低压断路器的主触点是靠手动操作或电动合闸的。主触点闭合后，自由脱扣机构将主触点锁在合闸位置上。过电流脱扣器的线圈和热脱扣器的热元件与主电路串联，欠电压脱扣器的线圈和电源并联。当电路发生短路或严重过载时，过电流脱扣器的衔铁吸合，使自由脱扣机构动作，主触点断开主电路。当电路过载时，热脱扣器的热元件发热使双金属片上弯曲，推动自由脱扣机构动作。当电路欠电压时，欠电压脱扣器的衔铁释放，也使自由脱扣机构动作。断路器如图 5-8 所示。

（3）内部构件

1）辅助触头：与断路器主电路分、合机构机械上连动的触头，主要用于断路器分、合状态的显示，接在断路器的控制电路中，通过断路器的分合，对其相关电器实施控制或连锁，如向信号灯、继电器等输出信号等。塑壳断路器壳架等级额定电流 100A 为单断点转换触头，225A 及以上为桥式触头结构，约定发热电流为 3A；壳架等级额定电流 400A 及以上可装两常开、两常闭，约定发热电流为 6A。操作性能次数与断路器的操作性能总次数相同。

图 5-8　断路器

2）报警触头：用于断路器事故的报警，此触头只有当断路器脱扣分断后才动作，主要用于断路器的负载出现过载短路或欠电压等故障时自由脱扣。上述故障时，报警触头从原来的常开位置转换成闭合位置，接通辅助线路中的指示灯或电铃、蜂鸣器等，显示或提醒断路器的故障脱扣状态。由于断路器发生因负载故障而自由脱扣的几率不太多，因而报警触头的寿命是断路器寿命的 1/10。报警触头的工作电流一般不会超过 1A。

3）分励脱扣器：分励脱扣器是一种用电压源激励的脱扣器，它的电压与主电路电压无关。分励脱扣器是一种远距离操纵分闸的附件，当电源电压等于额定控制电源电压的 70% ~110% 之间的任一电压时，都能可靠地分断断路器。分励脱扣器是短时工作制，线圈通电时间一般不能超过 1s，否则线圈就会被烧毁。塑壳断路器为防止线圈烧毁，在分励脱扣线圈串联了一个微动开关，当分励脱扣器通过衔铁吸合、微动开关从常闭状态转换成常开时，由于分励脱扣器电源的控制线路被切断，即使人为地按住按钮，分励线圈也始终不会再通电，这就避免了线圈烧损情况的产生。当断路器再扣合闸后，微动开关重新处于常闭位置。

4）欠电压脱扣器：欠电压脱扣器是在它的端电压降至某一规定范围时，使断路器有延时或无延时断开的一种脱扣器。当电源电压下降（甚至缓慢下降）到额定工作电压的 70% ~35% 范围内时，欠电压脱扣器应动作；当电源电压等于脱扣器额定工作电压的 35% 时，欠电压脱扣器应能防止断路器闭合；当电源电压等于或大于 85% 欠电压脱扣器的额定工作电压时，在热态条件下，应能保证断路器可靠闭合。因此，当受保护电路中电源电压发生一定的电压降时，欠电压脱扣器能自动断开断路器、切断电源，使该断路器以下的负载电器或电气设备免受欠电压的损坏。使用时，欠电压脱扣器线圈接在断路器电源侧，欠电压脱扣器通电后，断路器才能合闸，否则断路器合不上闸。

（4）外部构件

1）电动操作机构：这是一种是用于远距离自动分闸和合闸断路器的一种附件。电动操作机构有电动机操作机构和电磁铁操作机构两种。电动机操作机构用于塑壳式断路器壳架等级额定电流 400A 及以上断路器，电磁铁操作机构用于塑壳断路器壳架等级额定电流 225A 及以下断路器，无论是电磁铁或电动机，它们的吸合和转动方向都是相同，仅由电动操作机构内部的凸轮的位置来达到合、分。断路器在用电动机构操作时，在额定控制电压的 85%～110% 之间的任一电压下，应能保证断路器可靠闭合。

2）转动操作手柄：这种机构适用于塑壳断路器。在断路器的盖上装有转动操作手柄的机构，手柄的转轴装在它的机构配合孔内，转轴的另一头穿过抽屉柜的门孔，旋转手柄的把手装在成套装置的门上面所露出的转轴头上，把手的圆形或方形座用螺钉固定的门上，这样的安装能使操作者在门外通过手柄的把手顺时针或逆时针转动，来确保断路器的合闸或分闸。同时转动手柄能保证断路器处于合闸时，柜门不能开启；只有转动手柄处于分闸或再扣状态，开关柜的门才能打开。在紧急情况下，断路器处于"合闸"而需要打开柜门时，可按动转动手柄座边上的红色释放按钮。

3）加长手柄：是一种外部加长手柄，直接装于断路器的手柄上，一般用于 600A 及以上的大容量断路器上，进行手动分合闸操作。

4）手柄闭锁装置：是在手柄框上装设的卡件，手柄上打孔然后用挂锁锁起来，主要用于断路器处于合闸。工作状态时，不容许其他人分闸而引起停电事故，当断路器负载侧电路需要维修或不允许通电时，以防被人误将断路器合闸，从而保护维修人员的安全或用电设备的可靠使用。

（5）基本特性

断路器的特性主要有额定工作电压 U_n、额定电流 I_n，过载保护 I_r 或 I_{rth} 和短路保护 I_m 的脱扣电流整定范围，额定短路分断电流（工业用断路器 I_{cu}、家用断路器 I_{cn}）等。

1）额定工作电压 U_n：这是断路器在正常（不间断的）情况下工作的电压。

2）额定电流 I_n：这是配有专门的过电流脱扣继电器的断路器在制造厂商规定的环境温度下所能无限承受的最大电流值，不会超过电流承受部件规定的温度限值。

3）短路继电器脱扣电流整定值 I_m：短路脱扣继电器（瞬时或短延时）用于高故障电流值出现时，使断路器快速跳闸，其跳闸极限为 I_m。

4）额定短路分断电流 I_{cu} 或 I_s：断路器的额定短路分断电流是断路器能够分断而不被损害的最高（预期的）电流值。标准中提供的电流值为故障电流交流分量的方均根值，计算标准值时直流暂态分量（总在最坏的情况短路下出现）假定为零。额定短路分断电流通常以 kA 方均根值的形式给出。

断路器的额定短路分断电流分为额定极限短路分断电流和额定运行短路分断电流两种。国家标准 GB 14048.2—1994《低压开关设备和控制设备低压断路器》对断路器额定极限短路分断电流和额定运行短路分断电流作了如下解释：

①断路器的额定极限短路分断电流 I_u：按规定的实验程序所规定的条件，不包括断路器继续承载其额定电流能力的分断电流。

②断路器的额定运行短路分断电流 I_s：按规定的实验程序所规定的条件，包括断路器继续承载其额定电流能力的分断电流。

③额定极限短路分断电流 I_u 的试验程序为 O-t-CO，其具体试验是：把线路的电流调整到预期的短路电流值（例如 380V、50kA），而试验按钮未合，被试断路器处于合闸位置，按下试验按钮，断路器通过 50kA 短路电流，断路器立即开断（open 简称 O），断路器应完好，且能再合闸。t 为间歇时间，一般为 3min，此时线路仍处于热备状态，断路器再进行一次接通（close 简称 C）和紧接着的开断（O）（接通试验是考核断路器在峰值电流下的电动性和热稳定性）。此程序即为 CO。断路器能完全分断，则其极限短路分断电流合格。

④额定运行短路分断电流 I_s 的试验程序为 O-t-CO-t-CO。它比 I_u 的试验程序多了一次 CO，经过试验，断路器能完全分断、熄灭电弧，就认定它的额定运行短路分断电流合格。

因此，可以看出，额定极限短路分断电流 I_u 指的是低压断路器在分断了断路器出线端最大三相短路电流后还可再正常运行并再分断这短路电流一次，至于以后是否能正常接通及分断，断路器不予以保证；而额定运行短路分断电流 I_s 指的是断路器在其出线端最大三相短路电流发生时可多次正常分断。

GB 14048.2—2001《低压开关设备和控制设备低压断路器》标准规定：A 类断路器（指仅有过载长延时、短路瞬动的断路器）的 I_s 可以是 I_u 的 25%、50%、75% 和 100%。B 类断路器（有过载长延时、短路短延时、短路瞬动的三段保护的断路器）的 I_s 可以是 I_u 的 50%、75% 和 100%。因此可以看出，额定运行短路分断电流是一种比额定极限短路分断电流小的分断电流值。

一般来说，具有过载长延时、短路短延时和短路瞬动三段保护功能的断路器，能实现选择性保护，大多数主干线（包括变压器的出线端）都采用它作主保护开关。不具备短路短延时功能的断路器（仅有过载长延时和短路瞬动二段保护），不能作选择性保护，它们只能使用于支路。IEC60092—353《船舶电气设备》指出：具有三段保护的断路器，偏重于它的运行短路分断电流值，而使用于分支线路的断路器，应确保它有足够的极限短路分断电流值。

无论是哪种断路器，虽然都具备 I_u 和 I_s 这两个重要的技术指标，但是作为支线上使用的断路器，仅满足额定极限短路分断电流即可。现在出现的较普遍的偏颇是宁取大，不取正合适，认为取大保险，但取得过大，会造成不必要的浪费（同类型断路器，其 H 型——高分断型，比 S 型——普通型的价格要贵 1.3～1.8 倍）。因此，支线上使用的断路器，没有必要一味追求它的运行短路分断电流指标，而对于干线上使用的断路器，不仅应该满足额定极限短路分断电流的要求，同时也应该满足额定运行短路分断电流的要求，如果仅以额定极限短路分断电流 I_u 来衡量其分断能力合格与否，将会给用户带来不安全的隐患。

断路器是一种基本的低压电器，断路器具有过载、短路和欠电压保护的功能，有保护线路和电源的能力。

断路器的主要技术指标是额定电压、额定电流，根据不同的应用，断路器的品种、规格很多，其他具体的技术指标也很多。

断路器在合闸过程中的任何时刻，若是保护动作接通跳闸回路，断路器完全能可靠地断开，这就叫自由脱扣。带有自由脱扣的断路器，可以保证断路器合闸短路故障时，能迅速断开，可以避免扩大事故的范围。

（6）接线方式

断路器的接线方式有板前、板后、插入式、抽屉式，如用户无特殊要求，均按板前供货。板前接线是常见的接线方式。其他主要方式如下：

1）板后接线方式：板后接线的最大特点是在更换或维修断路器时，不必重新接线，只需将前级电源断开。由于结构特殊，产品出厂时已按设计要求配置了专用安装板和安装螺钉及接线螺钉。需要特别注意的是，由于大容量断路器接触的可靠性将直接影响断路器的正常使用，因此安装时必须重视，严格按制造厂商的要求进行。

2）插入式接线：在成套装置的安装板上，先安装一个断路器的安装座，安装座上有 6 个插头，断路器的连接板上有 6 个插座。安装座的面上有连接板或安装座后有螺栓，安装座预先接上电源线和负载线。使用时，将断路器直接插进安装座。如果断路器坏了，只要拔出坏的，换上一只好的即可。它的更换时间比板前、板后接线要短，且方便。由于插、拔需要一定的人力。因此目前我国的插入式产品，其壳架电流限制在最大为 400A，从而节省了维修和更换时间。插入式断路器在安装时应检查断路器的插头是否压紧，并应将断路器安全紧固，以减少接触电阻，提高可靠性。

3）抽屉式接线：断路器的进出抽屉是由摇杆顺时针或逆时针转动的，在主回路和二次回路中均采用了插入式结构，省略了固定式所必需的隔离器，做到一机二用，提高了使用的经济性。同时，这种方式还给操作与维护带来了很大的方便，增加了安全性、可靠性，特别是抽屉座的主回路触刀座，可与 NT 型熔断路器触刀座通用，这样，在应急状态下可直接插入熔断器供电。

（7）工作条件

1）周围空气温度：周围空气温度上限为 +40℃，周围空气温度下限为 −5℃，周围空气温度 24h 的平均值不超过 +35℃。

2）海拔：安装地点的海拔不超过 2000m。

3）大气条件：大气相对湿度在周围空气温度为 +40℃时不超过 50%，在较低温度下可以有较高的相对湿度；最湿月的月平均最大相对湿度为 90%，同时该月的月平均最低温度为 +25℃，并考虑到因温度变化发生在产品表面上的凝露。

4）污染等级：污染等级为 3 级。

5）控制回路：

①应能监视控制回路保护装置及其跳、合闸回路的完好性，以保证断路器的正常工作；

②应能指示断路器正常合闸和分闸的位置状态，并在自动合闸和自动跳闸时有明显的信号；

③合闸和跳闸完成后，应能使命令脉冲解除，即能切断合闸或跳闸的电源；

④在无机械防跳装置时，应加装电气防跳装置；

⑤断路器的事故跳闸信号回路，应按"不对应原理"接线；

⑥对有可能出现不正常工作状态或故障的设备，应装设预告信号；

⑦弹簧操作机构、手动操作机构的电源可为直流或交流，电磁操作机构的电源要求用直流。

（8）发展状况

世界上最早的断路器产生于 1885 年，它是一种刀开关和过电流脱扣器的组合。1905年，具有自由脱扣装置的空气断路器诞生。1930 年以来，随着科技的进步，电弧原理的发现和各种灭弧装置的发明，逐渐形成了目前的机构。20 世纪 50 年代末，产生了电子脱扣器。如今，由于单片机的普及，又有了智能型断路器的问世。

常见的断路器有低压断路器和真空断路器。

1）低压断路器是用于交流电压1200V和直流电压1500V以下的电路，起通断、控制或保护等作用的电器。低压断路器是工业电器的重要组成部分，在机械行业中是基础配套件，尤其是在配电系统中，低压成套开关设备主要由各种低压断路器构成，所以低压断路器的功能及性能对低压成套开关设备的正常运行起着至关重要的作用。发电设备所发出电能的80%以上是通过低压断路器分配使用的，每增加1万kW发电设备，约需2万件左右的各类低压断路器与之配套。在工业自动化系统中，也需要由低压断路器构成的各种控制屏、控制台、控制器等产品组成。

我国低压断路器行业自1949年后，在一些修理、装配简单电器的工厂的基础上已逐步发展成能独立设计、生产的行业，到1979年共有生产企业600多家，经过1985～1986年、1990～1991年两个发展高峰，1995年，低压断路器行业已有生产企业约1500家。目前我国的低压断路器制造企业主要集中在北京、天津、辽宁、上海、江苏、浙江、广东等地，在促进国民经济发展的同时，也暴露出许多问题。主要有以下两点：

①企业规模偏小，且数量过多。目前我国低压断路器生产企业中，年销售收入和总资产均在5亿元以上的大型企业只有2～4家，绝大多数都是中小企业，导致企业缺乏规模经济和竞争力；而且我国低压断路器生产企业由建国初期发展到现今的1500多家，企业数量过多，导致经济资源过于分散，缺乏整体创新动力，生产效率、经济效益和市场竞争力不高。

②区域结构趋同，重复建设严重。我国低压电器行业由于盲目上项目、铺摊子，地区产业趋同化现象严重，低水平重复建设，造成产品生产过剩，能源、原材料利用率低，经济效益低下，以及地区保护、恶性竞争等后果。

2）真空断路器的技术进步表现在大容量化、低电压化、智能化和小型化，而这一进步又是由于真空技术、灭弧室技术的发展及采用新工艺、新材料及新操作技术的结果。据发明者介绍，这种技术除了可以作为传统电机技术的替代技术以外，还可以为直流电机拓展更为广阔的发展和应用空间。例如，开发大容量直流电机代替高压直流输电网供电的交流同步发电机和换流站设备，不仅可以节省大量换流站的建设费用，还可大幅度降低变电损耗。

今后断路器会向着专用型、多功能型、低过电压、智能化等方向发展。

5.3　照明线路计算

5.3.1　照明负荷计算

照明负荷计算，其目的是为了合理选择供电系统中的变压器、导线和开关等设备。照明系统负荷计算通常采用需用系数法以及负荷密度法。

1. 需用系数法

（1）照明灯具的设备容量 P_e

各种照明灯具的设备容量根据以下公式计算：

1）对于热辐射光源的白炽灯、卤钨灯，其设备容量 P_e 等于照明灯具的额定功率 P_N，即

$$P_e = P_N$$

2）对于气体放电光源，由于带有镇流器，需要考虑镇流器的功率损耗，则

$$P_e = (1 + \alpha) P_N$$

式中　P_e——设备容量，单位为 kW；

　　　P_N——照明灯具的额定功率，单位为 kW；

　　　α——镇流器的功率损耗系数，部分气体放电光源镇流器的功率损耗系数见表 5-1。

表 5-1　部分气体放电光源镇流器的功率损耗系数

光源种类	损耗系数 α	光源种类	损耗系数 α
荧光灯	0.2	涂荧光质的金属卤化物灯	0.14
高压荧光汞灯	0.7 ~ 0.3	低压钠灯	0.2 ~ 0.8
自镇流高压荧光汞灯	—	高压钠灯	0.12 ~ 0.2
金属卤化物灯	0.14 ~ 0.22		

3）对于民用建筑内的插座，在无其体电气设备接入时，每个插座按 100W 计算。

（2）分支回路的计算负荷 P_{jsl}

分支回路的计算负荷按以下公式计算：

$$P_{jsl} = K_x \sum_{i=1}^{n} P_{ei}$$

式中　P_{jsl}——分支回路的计算负荷，单位为 kW；

　　　P_{ei}——各个照明灯具的设备容量，单位为 kW；

　　　n——照明灯具的数量；

　　　K_x——插座回路的需用系数，见表 5-2。

表 5-2　插座回路的需用系数 K_x

插座数量	4	5	6	7	8	9	10
K_x	1	0.9	0.8	0.7	0.65	0.6	0.6

根据国家设计规范要求，一般照明分支回路应避免采用三相低压断路器对三个单相分支回路进行控制和保护。

照明系统中的每一单相回路的电流不宜超过 16A，单独回路的照明灯具套数不宜超过 25 个；对于大型建筑组合照明灯具，每一单相回路不宜超过 25A，光源数量不宜超过 60 个；对于建筑物轮廓灯，每一单相回路不宜超过 100 个；对于高压气体放电灯，供电回路电流最多不超过 30A。

插座应由单独回路配电，并且一个房间内的插座由同一回路配电，插座数量不宜超过 5 个（组），当插座为单独回路时，插座的数量不宜超过 10 个（组）。住宅不受以上数量的限制。

（3）干线计算负荷 P_{jsl}

干线计算负荷按以下公式计算：

$$P_{jsl} = K_x \sum_{i=1}^{n} P_{jsli}$$

式中　P_{jsli}——各个分支回路的计算负荷，单位为 kW；

　　　n——分支回路的数量；

　　　K_x——照明干线回路的需用系数，见表 5-3。

表 5-3　照明干线回路的需用系数 K_x

建筑物类别	K_x	建筑物类别	K_x
应急照明	1	汽轮机房	0.9
成产建筑	0.95	厂区照明	0.8
图书馆	0.9	教学楼	0.8 ~ 0.9
多跨厂房	0.85	实验室	0.7 ~ 0.8
大型仓库	0.6	生活区	0.6 ~ 0.8
锅炉房	0.9	道路照明	1

　　根据国家设计规范要求，变压器二次回路到用电设备之间的低压配电级数不宜超过三级（对非重要负荷供电时，可超过三级），故低压干线一般不超过两级。

　　(4) 进户线、低压总干线的计算负荷 P_{js}

　　进户线、低压总干线的计算负荷按下列公式计算：

$$P_{js} = K_x \sum_{i=1}^{n} P_{jsli}$$

式中　P_{js}——进户线、低压总干线的计算负荷，单位为 kW；

　　　P_{jsli}——干线的计算负荷，单位为 kW；

　　　n——干线的数量；

　　　K_x——进户线、低压总干线的需用系数，见表 5-4。

表 5-4　民用建筑进户线、低压总干线的需用系数 K_x

建筑种类	K_x	备　注
住宅楼	0.4 ~ 0.6	单元式住宅，每户两室 6 ~ 8 组插座，户装电能表
单身宿舍楼	0.6 ~ 0.7	标准单间，1 ~ 2 盏灯，2 ~ 3 组插座
办公楼	0.7 ~ 0.8	标准单间，2 ~ 3 盏灯，2 ~ 3 组插座
科研楼	0.8 ~ 0.9	标准单间，2 ~ 3 盏灯，2 ~ 3 组插座
教学楼	0.8 ~ 0.9	标准单间，6 ~ 10 盏灯，1 ~ 2 组插座
商店	0.85 ~ 0.95	
餐厅	0.8 ~ 0.9	
门诊楼	0.35 ~ 0.45	
旅游旅馆	0.7 ~ 0.8	标准单间客房，8 ~ 10 盏灯，5 ~ 6 组插座
病房楼	0.5 ~ 0.6	
影院	0.6 ~ 0.7	
体育馆	0.65 ~ 0.7	
博展馆	0.8 ~ 0.9	

注：1. 每组（一个标准 75 或 86 系列面板上有 2 孔和 3 孔插座各 1 个）插座按 100W 计。

　　2. 采用气体放电光源时，需计算镇流器的功率损耗。

　　3. 住宅楼的需用系数可根据各相电源上的户数选定：25 户以下取 0.45 ~ 0.5，25 ~ 100 户以下取 0.40 ~ 0.45，超过 100 户取 0.30 ~ 0.35。

2. 负荷密度法

负荷密度法定义为单位面积上的负荷需求通量与建筑面积的乘积。即

$$P_{js} = \frac{KA}{1000}$$

式中　P_{js}——建筑物的总计算负荷，单位为 kW；

K——单位面积上的负荷需求量，单位为 W/m^2；

A——建筑面积，单位为 m^2。

3. 线路的计算电流

线路电流是影响导线温升的重要因素，所以有关导线、电缆截面积选择的计算首先是确定线路的计算电流。

根据国家设计规范要求，三相照明电路中各相负荷的分配应尽且保持平衡，每个分配电盘中的最大与最小的相负荷电流相差不宜超过30%。

单相负荷应尽可能地均匀分配在三相线路上，当计算范围内单相用电设备容量之和小于总设备容量15%时，可按三相平衡负荷计算。

（1）照明设备接在相电压

可按下列情况计算：

1）单相线路的计算电流

$$I_{jsp} = \frac{P_{jsp}}{U_{NP}\cos\varphi}$$

式中　P_{jsp}——单相负荷所在线路的总计量负荷，单位为 kW；

U_{NP}——单相负荷所在线路的额定相电压，单位为 kV；

$\cos\varphi$——单相负荷的功率因数，见表5-5。

表5-5　单相负荷的功率因数

照明负荷		功率因数
白炽灯		1.0
荧光灯	带有无功功率补偿装置	0.95
	不带无功功率补偿装置	0.5
高光强气体放电灯	带有无功功率补偿装置	0.9
	不带无功功率补偿装置	0.5

注：在公共建筑内宜使用带无功功率补偿装置的荧光灯。

2）三相等效负荷

$$P_{js} = 3P_{Pmax}$$

式中　P_{js}——三相等效计算负荷，单位为 kW；

P_{Pmax}——三个单相负荷中最大的相负荷，单位为 kW。

3）三相线路的线计算电流采用线电流方式表示，其公式如下：

$$I_{jsl} = \frac{P_{js}}{\sqrt{3}U_{nl}\cos\varphi} = \frac{3P_{Pmax}}{\sqrt{3}U_{nl}\cos\varphi} = \frac{\sqrt{3}P_{Pmax}}{U_{nl}\cos\varphi}$$

式中　U_{nl}——单相负荷所在线路的额定线电压，单位为 kV；

$\cos\varphi$——相负荷的功率因数。

（2）照明设备接在线电压

可按下列情况计算：

1）三相等效负荷

$$P_{js} = 3P_{Lmax}$$

式中　P_{Lmax}—— 三相负荷中最大的线间负荷，单位为 kW。

2）三相线路中计算电流采用线电流方式表示，其公式如下：

$$I_{jsl} = \frac{P_{js}}{\sqrt{3}U_{nl}\cos\varphi} = \frac{3P_{Pmax}}{\sqrt{3}U_{nl}\cos\varphi} = \frac{\sqrt{3}P_{Pmax}}{U_{nl}\cos\varphi}$$

5.3.2　照明线路电压损失计算

电压损失是指线路始端电压与末端电压的代数差。它的大小与线路导线截面积、各负荷功率、配电线路等因素有关。为了使末端的灯具电压偏移符合要求，就要控制电压损失。但在住宅小区中，以往因为小区面积较小，供配电半径较小，仅是单一的道路照明，所以一般不计算线路电压损失，而是根据经验保证线路电压的损失在合理范围内。近些年来，随着住宅小区规模的逐步扩大以及人民生活水平的不断提高，除了要增加小区道路照明设施外，还要增加景观照明。

计算城市照明线路电压损失的基本公式如下：

1）在 380V/200V 低压网络中，当整条线路导线截面积、材料相同（不计线路阻抗），且 $\cos\varphi \approx 1$ 时，电压损失可按下式计算：

$$\Delta u\% = R_0 \sum PL/10U_L^2 = \sum M/CS$$

式中　$\sum M = \sum PL$——总负荷矩；

　　　　R_0——单位长度的电阻，单位为 km；

　　　　U_L——线路额定电压，单位为 kV；

　　　　P——各负荷的有功功率，单位为 kW；

　　　　L——各负荷到电源的线路长度，单位为 km；

　　　　S——导线截面积，单位为 mm^2；

　　　　C——线路系数，根据电压和导线材料定，在工具书中可查，一般，三相四线 220V/380V 时，铜导线工作温度 50℃ 时，C 值为 75，铜导线工作温度 65℃ 时，C 值为 71.10。

2）对于不对称线路，在三相四线制中，虽然设计中尽量做到各相负荷均匀分配，但实际运行时仍有一些差异。在导线截面积、材料相同（不计线路阻抗），电压损失可以简化为相线上的电压损失和零线上的电压损失之和。计算公式如下：

$$\Delta u\% = M_a - 0.5(M_b - M_c)/2CS_n + M_a/2CS_0$$

式中　M_a——计算 a 相的负荷矩，单位为 kW·m；

　M_b、M_c——其他两相的负荷矩，单位为 kW·m；

　　　　S_n——计算相导线截面积，单位为 mm^2；

　　　　S_0——计算零线导线截面积，单位为 mm^2；

C——线路系数；

$\Delta u\%$——计算相的线路电压损失百分数。

3）由于大量气体放电灯的使用，实际照明负载 $\cos\varphi\neq1$，因此照明网络每一段线路的全部电压损失可用下式计算：

$$\Delta u_f\% = \Delta u\% R_c$$

式中　$\Delta u\%$——由有功负荷及电阻引起的电压损失；

　　　　R_c——计入由无功负荷及电抗引起的电压损失的修正系数，可在工具书中查；

　　　　$\Delta u_f\%$——线路的总电压损失。

4）对于均匀布灯的线路，S_m 的计算公式可转换为

$$\sum M_{均布} = I_g L_e = ni_e \times (1/2)(1 - 1/n)L$$

式中　$\sum M_{均布}$——均匀布灯线路的总负荷矩，单位为 kW·m；

　　　　I_g——最大单相工作电流，单位为 A；

　　　　L_e——计算负荷矩时，始端到末端的有效距离，单位为 km；

　　　　L——均匀布灯，线路始端到末端的有效距离，单位为 km；

　　　　ni_e——均匀布灯时，单相 n 只路灯，每只灯额定电流 i_e，两者之积为 I_g A。

在保证三相平衡的设计基础上，选取三相中路灯最多的一相来计算工作电流、有效距离。在中性线与相线相同时，单相配电，电压损失计算公式为

$$\Delta U\% = 2Mi\Delta U_a\%$$

在中性线与相线相同时，三相四线平衡配电，电压损失计算公式为

$$\Delta U\% = Mi\Delta U_a\%$$

式中　$\Delta U_a\%$——单位电流矩的电压损失百分数，可根据相线、中性线材质及敷设方式在电压损失系数计算表中查得。

5）有支路的整条线路的电压损失计算。有 n 只均布路灯在干线回路上，又有 m 条支路接在干线上，干线回路有效距离为 L，在距离始端 L_1、L_2、…、L_m 处，分别有 1、2、…、m 条支路，则均匀布灯产生的电流矩为

$$M_{i均布} = I_e L_c = (ni_e)[(1/2)(1 + 1/n)L]$$

支路电流在干线上产生的电流矩如下：

第一条支路 $(M_i)_1 = I_1 L_1$；

第一条支路 $(M_i)_2 = I_2 L_2$；

……

第 m 条支路 $(M_i) = I_m L_m$。

所以总的电流矩为

$$(M_i)_\Sigma = M_{i均布} + (M_i)_1 + (M_i)_2 + \cdots + (M_i)_n$$

之后，再可根据各个电压损失来求总的末端电压损失。

5.4　照明线路的保护

5.4.1　照明线路的保护要求

照明线路应装设短路保护、过负载保护和接地故障保护，并用于切断供电电源或发出报

警信号。关于更详细的内容，可参见《供配电系统》（建筑电气及智能建筑系列教材）有关章节中的论述，在此仅将与照明电气设计相关的内容作一简单介绍。

1. 短路保护

照明线路短路保护，应在短路电流对导体和连接件产生的热作用和电动作用造成危害之前切断短路电流，短路保护电器的分断能力，应能切断安装处的最大预期短路电流。

所有照明线路均应设短路保护，主要选用熔断器、低压断路器以及能承担短路保护的漏电保护器作为短路保护电器。采用低压断路器作为保护电器时，短路电流不应小于低压断路器瞬时（或短延时）过电流脱扣整定电流的 1.3 倍。对于照明线路干线或分干线的保护电器，应装设在每回线路的电源侧、线路的分支处和线路载流量减小处（包括导线截面积减小或导体类型、敷设条件改变等导致的载流量减小）。

一般照明线路中，常采用相线上的保护电器保护 N 线。当 N 线的截面积与相线截面积相同，或虽小于相线但已能被相线上的保护电器所保护时，不需为 N 线设置保护；当 N 线不能被相线上保护电器所保护时，则应为 N 线设置保护电器。

N 线的保护要求如下：

1）一般不需要 N 线断开。

2）若需要断开 N 线时，则应装设能同时切断相线和 N 相的保护电器。

3）装设剩余电流动作的保护电器时，应将其所保护回路的所有带电导线断开。但在 TN 系统中，如能可靠地保持 N 线为地电位，则 N 线不需断开。

4）在 TN 系统中，严禁断开 PEN 线，不得装设断开 PEN 线的任何电器。当需要为 PEN 线设置保护时，只能断开有关的相线回路。

5）PEN 线应满足导线机械强度和载流量的要求。

2. 过负载保护

照明配电线路过负载保护的目的是，在线路过负载电流所引起导体的温升对其绝缘、接插头、端子或周围物质造成严重损害之前切断电路。

过负载保护电器宜采用反时限特性的保护电器，其分断能力可低于保护电器安装处的短路电流，但应能承受通过的短路能量。

过负载保护电器的约定动作电流应大于被保护照明线路的计算电流，但应小于被保护照明线路允许持续载流量 1.45 倍。

过负载保护电器的整定电流应保证在出现正常的短时尖峰负载电流时，保护电器不切断线路供电。

3. 接地故障保护

接地故障是指因绝缘损坏致使相线对地或与地有联系的导电体之间的短路，包括相线与大地、PE 线、PEN 线、配电设备和照明灯具的金属外壳、敷线管槽、建筑物金属构件、水管、暖气管以及金属屋面等之间的短路。接地故障是短路的一种，仍需要及时切断电路，以保证线路短路时的热稳定。

照明线路应设置接地故障保护，其保护电器应在线路故障时，或危险的接触电压的持续时间内导致人身间接电击伤亡、电气火灾以及线路严重损坏之前，能迅速有效地切除故障线路。由于接地故障电流较小，保护方式还因接地形式和故障线路阻抗不同而异，所以接地故障保护比较复杂。接地故障保护总的原则如下：

1）切断接地故障的时限，应根据系统接地形式和用电设备使用情况确定，但最长不宜超过 5s。

2）应设置总等电位联结，将电气线路的 PE 干线或 PEN 干线与建筑物金属构件和金属管道等导电体连接。

一般照明线路的接地故障保护采用能承担短路保护的漏电保护器，其漏电动作电流依据断路器安装位置不同而异。一般情况下，照明线路的最末一级线路（如插座回路、安装高度低于 2.4m 照明灯具回路等）的漏电保护器的动作电流为 30A，分支线、支线、干线的漏电保护器的动作电流有 50mA、100mA、300mA、500mA 等。

5.4.2　照明线路常用的保护电器

照明线路常用的保护电器主要有刀开关、熔断器、断路器、漏电保护器。

1. 刀开关

刀开关俗称闸刀开关，它是手控电器中最简单而使用又较广泛的一种低压电器，最简单的刀开关（手柄操作式开关）如图 5-9 所示。

刀开关是带有动触头——闸刀，并通过它与底座上的静触头——刀夹座相楔合（或分离），以接通（或分断）电路的一种开关。

刀开关在电路中的作用如下：

1）隔离电源，以确保电路和设备维修的安全，或作为不频繁地接通和分断额定电流以下的负载用。

2）分断负载，不频繁地接通和分断容量不大的低压电路或直接起动的小容量电动机。

刀开关处于断开位置时，可明显观察到，能确保电路检修人员的安全。

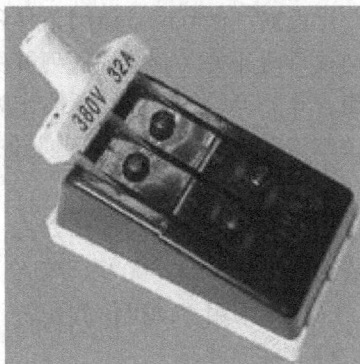

图 5-9　最简单的刀开关

常用的刀开关有 HD 型单投刀开关、HS 型双投刀开关（刀形转换开关）、HR 型熔断器式刀开关、HZ 型组合开关、HK 型刀开关、HY 型倒顺开关和 HH 型封闭式开关熔断器组等。

（1）使用范围

适用于交流 50Hz、额定电压至 380V，直流电压至 380V 至 440V；额定电流至 1500A 的成套配电装置中，作为不频繁地手动接通和分断交、直流电路或作隔离开关用。其中：

1）中央手柄式的单投和双投刀开关主要用于变电站，不切断带有电流的电路，作隔离开关之用。

2）侧面操作手柄式刀开关，主要用于动力箱中。

3）中央正面杠杆操作机构刀开关主要用于正面操作、后面维修的开关柜中，操作机构装在正前方。

4）侧方正面操作机械式刀开关主要用于正面两侧操作、前面维修的开关柜中，操作机构可以在柜的两侧安装。

5）装有灭弧室的刀开关可以切断电流负荷，其他系列刀开关只作隔离开关使用。

（2）主要参数

1）额定绝缘电压：最大额定工作电压。

2）额定工作制：分为8小时工作制、不间断工作制两种。

3）使用类别：根据操作负载的性质和操作的频繁程度分类。按操作频繁程度分为A类和B类，A类为正常使用的，B类则为操作次数不多的，如只用作隔离开关的；按操作负载性质分类，如操作空载电路、通断电阻性电路、操作电动机负载等。

4）额定通断能力：额定通断最大允许电流。

5）额定短时耐受电流。

6）短路接通能力。

7）额定（限制）短路电流。

8）操作性能：根据不同使用类别，在额定工作电流条件下的操作循环次数。

（3）组成和分类

1）组成：刀开关通常由绝缘底板、动触刀、静触座、灭弧装置和操作机构组成。

2）分类：

①根据工作原理、使用条件和结构形式的不同，刀开关可分为刀开关、刀形转换开关、开启式负荷开关（胶盖瓷底刀开关）、封闭式开关熔断器组（铁壳开关）、熔断器式刀开关和组合开关等，其中以熔断体作为动触头的，称为熔断器式刀开关，简称刀熔开关；采用刀开关结构形式的称为刀形转换开关；采用叠装式触头元件组合成旋转操作的，称为组合开关。

②根据刀的极数和操作方式，刀开关可分为单极、双极和三极。常用的三极开关额定电流有100A、200A、400A、600A、1000A等。通常，除特殊的大电流刀开关有电动机操作外，一般都采用手动操作方式。

（4）注意事项

只作为电源隔离用的刀开关不需要灭弧装置。用于电解、电镀等设备中的大电流刀开关的额定电流可高达数万安，这类刀开关一般采用多回路导体并联的结构，并可用水冷却的方式散热来提高刀开关导体所能承载的电流密度。

刀开关在电路中要求能承受短路电流产生的电动力和热的作用，因此，在刀开关的结构设计时，要确保在很大的短路电流作用下，触刀不会弹开、焊牢或烧毁。对要求分断负载电流的刀开关，则应装有快速刀刃或灭弧室等灭弧装置。

刀开关按照极数可以分为单极刀开关、双极刀开关和三极刀开关，按照转换方式可以分为单投式刀开关、双投式刀开关，如图5-10所示；按操作方式可分为手柄直接操作式和杠杆式刀开关。

2. 熔断器

熔断器是一种过电流保护器，主要由熔体和熔管以及外加填料等部分组成。使用时，将熔断器串联于被保护电路中，当被保护电路的电流超过规定值，并经过一定时间后，由熔体自身产生的热量熔断熔体，使电路断开，从而对电力系统、各种电工设备以及家用电器等起到一定的保护作用。熔断器具有反时延迟性，当过载电流小时，熔断时间长；当过载电流大时，熔断时间短。因此，熔断器在一定过载电流范围内不会熔断，至电流恢复正常

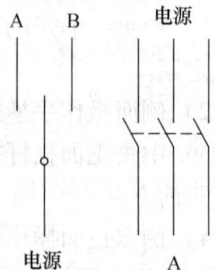

图5-10 单极双投式开关
和三极单投式开关

可以继续使用。熔断器如图 5-11 所示。

（1）工作原理

利用金属导体作为熔体串联于电路中，当过载或短路电流通过熔体时，因其自身发热而熔断，从而分断电路。

（2）常见种类

1）插入式熔断器：常用于 380V 及以下电压等级的线路末端，作配电支线或电气设备的短路保护用。

图 5-11　熔断器

2）螺旋式熔断器：熔体上的上端盖有一熔断指示器，一旦熔体熔断，指示器马上弹出，可透过瓷帽上的玻璃孔观察到，常用于机床电气控制设备中。螺旋式熔断器分断电流较大，可用于电压等级 500V 及以下、电流等级 200A 及以下的电路中作短路保护用。

3）封闭式熔断器：封闭式熔断器分有填料熔断器和无填料熔断器两种，有填料熔断器一般用方形瓷管，内装石英砂及熔体，分断能力强，用于电压等级 500V 及以下、电流等级 1kA 及以下的电路中。无填料封闭式熔断器将熔体装入密闭式圆筒中，分断能力稍小，用于 500V 及以下、600A 及以下的电力网或配电设备中。

4）快速熔断器：快速熔断器主要用于半导体整流器件或整流装置的短路保护。由于半导体器件的过载能力很低，只能在极短时间内承受较大的过载电流，因此要求熔断器具有快速熔断的能力。快速熔断器的结构与有填料封闭式熔断器基本相同，但熔体材料和形状不同，采用的是以银片冲制的有 V 形深槽的变截面熔体。

5）自复熔断器：采用金属钠作熔体，在常温下具有高电导率。当电路发生短路故障时，短路电流产生高温使钠迅速汽化，气态钠呈现高阻态，从而限制了短路电流。当短路电流消失后，温度下降，金属钠恢复原来的良好导电性能。自复熔断器只能限制短路电流，不能真正分断电路。其优点是不必更换熔体，能重复使用。

（3）结构特性

熔体额定电流不等于熔断器额定电流，熔体额定电流按被保护设备的负荷电流选择，熔断器额定电流应大于熔体额定电流，与主电器配合确定。

熔断器主要由熔体、外壳和支座三部分组成，其中熔体是控制熔断特性的关键元件。熔体的材料、尺寸和形状决定了熔断特性。熔体材料分为低熔点和高熔点两类。低熔点材料如铅和铅合金，其熔点低、易熔断，由于其电阻率较大，故制成的熔体截面尺寸较大，熔断时产生的金属蒸气较多，只适用于低分断能力的熔断器。高熔点材料如铜、银，其熔点高、不易熔断，但由于其电阻率较低，可制成比低熔点熔体较小的截面尺寸，熔断时产生的金属蒸气较少，适用于高分断能力的熔断器。熔体的形状分为丝状和带状两种。改变截面的形状（采用变截面等）可显著改变熔断器的熔断特性。

熔断器具有反时延特性，即过载电流小时熔断时间长，过载电流大时熔断时间短，而且在一定过载电流范围内，当电流恢复正常时，熔断器不会熔断，可继续使用。不同的熔断器有不同的熔断特性曲线，各种熔断器可分别用于不同类型保护对象。

（4）安秒特性

因为熔断器的动作是靠熔体的熔断实现的，所以当电流较大时，熔体熔断所需的时间较短，而电流较小时，熔体熔断所需的时间就较长，甚至不会熔断。因此对熔体来说，其动作电流和动作时间特性即熔断器的安秒特性，为反时限特性。

每一熔体都有一最小熔化电流，对应于不同的温度，最小熔化电流也不同。不过，虽然该电流受外界环境的影响，但在实际应用中可以不加考虑。一般定义熔体的最小熔断电流与熔体的额定电流之比为最小熔化系数。常用熔体的熔化系数大于 1.25，也就是说额定电流为 10A 的熔体在电流 12.5A 以下时不会熔断。

从熔断器的特性可以看出，熔断器只能起到短路保护作用，不能起过载保护作用。若确需在过载保护中使用，则必须降低其使用的额定电流。例如，将 8A 的熔体用于 10A 的电路中作短路保护，虽可兼作过载保护用，但此时的过载保护特性并不理想。

应用熔断器时主要依据负载的保护特性和短路电流的大小选择其类型。对于容量小的电动机和照明支线，常采用熔断器作为过载及短路保护，因而希望熔体的熔化系数适当小些，通常选用铅锡合金熔体的 RQA 系列熔断器。对于较大容量的电动机和照明干线，则应着重考虑短路保护的特点和熔断器的分断能力，通常选用具有较高分断能力的 RT10 和 RL0 系列的熔断器；当短路电流很大时，宜采用具有限流作用的 RT0 和 RT12 系列的熔断器。

熔体的额定电流可按以下方法选择：

1）保护无起动过程的平稳负载，如照明线路、电阻、电炉等时，熔体额定电流略大于或等于负荷电路中的额定电流。

2）保护单台长期工作的电动机，熔体电流可按最大起动电流选取，也可按下式选取：

$$I_{rn} \geqslant (1.5 \sim 2.5) I_n$$

式中　I_{rn}——熔体额定电流；

I_n——电动机额定电流。

如果电动机频繁起动，上式中系数可适当加大至 3 ~ 3.5，具体应根据实际情况而定。

3）保护多台长期工作的电动机（供电干线）可按下式选取：

$$I_{rn} \geqslant (1.5 \sim 2.5) I_{nmax} + \sum I_n$$

式中　I_{nmax}——容量最大单台电动机的额定电流；

$\sum I_n$——其余电动机额定电流之和。

（5）主要分类

熔断器根据使用电压可分为高压熔断器和低压熔断器；根据保护对象可分为保护变压器用和一般电气设备用的熔断器、保护电压互感器的熔断器、保护电力电容器的熔断器、保护半导体器件的熔断器、保护电动机的熔断器和保护家用电器的熔断器等；根据结构可分为敞开式、半封闭式、管式和喷射式熔断器。

敞开式熔断器结构简单，熔体完全暴露于空气中，由瓷柱作支撑，没有支座，适于低压户外使用。分断电流时在大气中产生较大的声光。

半封闭式熔断器的熔体装在瓷架上，插入两端带有金属插座的瓷盒中，适于低压户内使用。分断电流时，所产生的声光被瓷盒挡住。

管式熔断器的熔体装在熔断体内，然后插在支座或直接连在电路上使用，其熔断体是两端套有金属帽或带有触刀的完全密封的绝缘管。这种熔断器的绝缘管内若充以石英砂，则分断电流时具有限流作用，可大大提高分断能力，故又称作高分断能力熔断器；若管内抽真空，则称作真空熔断器；若管内充以 SF_6 气体，则称作 SF_6 熔断器，其目的是改善灭弧性能。由于石英砂、真空和 SF_6 气体均具有较好的绝缘性能，故这种熔断器不但适用于低压也适用于高压。

喷射式熔断器是将熔体装在由固体产气材料制成的绝缘管内。短路电流通过熔体时，熔体随即熔断、产生电弧，高温电弧使固体产气材料迅速分解，产生大量高压气体，从而将电离的气体带电弧在管子两端喷出，发出极大的声光，并在交流电流过零时熄灭电弧而分断电流。其绝缘管通常是装在一个绝缘支架上，组成熔断器整体。有时绝缘管上端做成可活动式，在分断电流后随即脱开而跌落，此种喷射式熔断器也称跌落式熔断器，一般适用于电压高于 6kV 的户外场合。

此外，熔断器根据分断电流范围还可分为一般用途熔断器、后备熔断器和全范围熔断器。一般用途熔断器的分断电流范围指从过载电流大于额定电流 1.6～2 倍起，到最大分断电流的范围，这种熔断器主要用于保护电力变压器和一般电气设备。后备熔断器的分断电流范围指从过载电流大于额定电流 4～7 倍起至最大分断电流的范围，这种熔断器常与接触器串联使用，在过载电流小于额定电流 4～7 倍的范围时，由接触器来实现分断保护，主要用于保护电动机。

随着工业发展的需要，还制造出了适于各种不同要求的特殊熔断器，如电子熔断器、热熔断器和自复熔断器等。

（6）级间配合

为防止发生越级熔断、扩大事故范围，上、下级（即供电干、支线）线路的熔断器之间之应有良好配合。选用时，应使上级（供电干线）熔断器的熔体额定电流比下级（供电支线）的大 1～2 个级差。

常用的熔断器有管式熔断器 R1 系列、螺旋式熔断器 RL1 系列、填料封闭式熔断器 RT0 系列及快速熔断器 RS0、RS3 系列等。

（7）使用维护

低压配电系统中熔断器是起安全保护作用的一种电器。熔断器广泛应用于电网保护和用电设备保护，当电网或用电设备发生短路故障或过载时，可自动切断电路，避免电器设备损坏，防止事故蔓延。

熔断器由绝缘底座（或支持件）、触头、熔体等组成，熔体是熔断器的主要工作部分，熔体相当于串联在电路中的一段特殊的导线，当电路发生短路或过载时，电流过大，熔体因过热而熔化，从而切断电路。熔体常做成丝状、栅状或片状。熔体材料具有相对熔点低、特性稳定、易于熔断的特点，一般采用铅锡合金、镀银铜片、锌、银等金属。在熔体熔断切断电路的过程中会产生电弧，为了安全有效地熄灭电弧，一般将熔体安装在熔断器壳体内，并采取措施快速熄灭电弧。

熔断器具有结构简单、使用方便、价格低廉等优点，在低压系统中广泛被应用。

（8）熔断器与断路器的主要区别

熔断器与断路器的区别：虽然两者都能实现短路保护，但熔断器的原理是利用电流流经导体会使导体发热，达到导体的熔点后，导体熔化断开电路，从而保护用电器和线路不被烧坏。因为它是热量的一个累积，所以也可以实现过载保护。熔断器的熔体一旦烧毁就要更换熔体。

断路器也可以实现线路的短路和过载保护，不过原理不一样，它是通过电流的电磁效应

（电磁脱扣器）实现断路保护，通过电流的热效应实现过载保护（不是熔断，大多数情况不用更换器件）。

两者的比较具体到实际中，当电路中的用电负荷长时间接近于所用熔断器的负荷时，熔断器会逐渐加热，直至熔断，其熔断是电流和时间共同作用的结果，起到对线路进行保护的作用，是一次性的。而断路器是在电路中的电流突然加大，超过断路器的负荷时会自动断开，是对电路一个瞬间电流加大的保护，当漏电很大时，或短路时，或瞬间电流很大时断开，查明原因后，可以合闸继续使用。也就是说，熔断器的熔断是电流和时间共同作用的结果，而断路器，只要电流一超过其设定值就会跳闸，时间的作用几乎可以不用考虑。

（9）熔断器的主要优缺点

1）熔断器的主要优点。

①选择性好，上下级熔断器的熔体额定电流只要符合国家标准和 IEC 标准规定的过电流选择比为 1.6:1 的要求，即上级熔体额定电流不小于下级的该值的 1.6 倍，就视为上下级能有选择性地切断故障电流；

②限流特性好，分断能力高；

③相对尺寸较小；

④价格较便宜。

2）熔断器的主要缺点。

①熔断后必须更换熔断体；

②保护功能单一，只有一段过电流反时限特性，过载、短路和接地故障都只能采用这种防护；

③发生一相熔断时，对三相电动机将导致两相运转的不良后果，当然可用带发报警信号的熔断器予以弥补，一相熔断可断开三相；

④不能独立实现遥控，需要与电动刀开关、开关组合才有可能。

（10）熔断器的使用

熔体额定电流 I_r 应符合下式要求：

$$I_r \geqslant K_r \left[I_{M_1} + I_{B_{(n-1)}} \right]$$

式中　I_{M_1}——线路中所接的最大一台笼型异步电动机的额定电流；

$I_{B_{(n-1)}}$——除最大一台电动机外的线路计算电流；

K_r——计算系数，通常取 1.0 ~ 1.5，取决于 I_{M_1}/I_B 值的大小及最大一台电动机起动状况，一般说，I_{M_1}/I_B 值为 0.25 ~ 0.4 时，K_r 取 1.0 ~ 1.1；I_{M_1}/I_B 为 0.5 ~ 0.6时，K_r 取 1.2 ~ 1.3；I_{M_1}/I_B 为 0.7 ~ 0.8 时，K_r 取 1.4 ~ 1.5，对于轻载起动的电动机，当 $I_{M_1}/I_B < 0.25$ 时，一般可不考虑其起动的影响。

3. 断路器

断路器是低压配电网络和电力拖动系统中非常重要的一种电器，它集控制和多种保护功能于一身，除了能完成接触和分断电路外，尚能对电路或电气设备发生的短路、严重过载及欠电压等进行保护，同时也可以用于不频繁地起动电动机。

（1）特点

断路器具有操作安全、使用方便、工作可靠、安装简单、动作后（如短路故障排除后）不需要更换元件（如熔体）等优点，因此在工业、住宅等方面获得广泛应用。

（2）分类

1）按极数分：单极、两极和三极。

2）按保护形式分：电磁脱扣器式、热脱扣器式、复合脱扣器式（常用）和无脱扣器式。

3）按全分断时间分：一般和快速式（先于脱扣机构动作，脱扣时间在0.02s以内）。

4）按结构形式分：塑壳式、框架式、限流式、直流快速式、灭磁式和漏电保护式。

电力拖动与自动控制线路中常用的断路器为塑壳式，如图5-12所示。

以DZ5—20型断路器为例，其结构原理如图5-13所示。DZ5—20型断路器的结构采用立体布置，操作机构在中间，外壳顶部突出红色分断按钮和绿色停止按钮，通过储能弹簧连同杠杆机构实现开关的接通和分断。壳内底座上部为热脱扣器，由热元件和双金属片构成，作过载保护，还有一电流调节盘，用以调节整定电流；下部为电磁脱扣器，由电流线圈和铁心组成，作短路保护用，也有一电流调节装置，用以调节瞬时脱扣整定电流。主触头系统在操作机构的下面，由动触头和静触头组成，用以接通和分断主电路的大电流并采

图 5-12　DZ5—20 型断路器

用栅片灭弧。另外，还有常开和常闭触头各一对，可以作为信号指示或控制电路用。主、辅触头接线柱伸出壳外，便于接线。

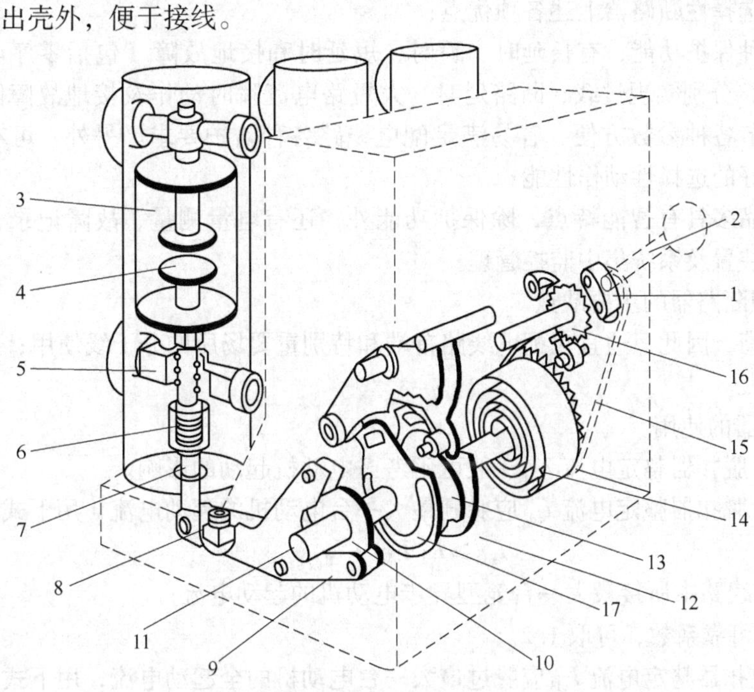

图 5-13　断路器结构原理

1—插孔　2—储能手柄　3—真空灭弧室　4—动触头　5—软连接　6—压力弹簧　7—绝缘
拉杆　8—分闸弹簧　9—双臂移动连杆　10—凸轮盘　11—主轴　12—脱口机构
13—止动盘　14—带外罩的平面蜗卷弹簧　15—传动链　16—棘轮　17—铜凸轮

（3）使用原则

1）断路器的额定工作电压不应小于线路额定电压。

2）断路器的额定电流不应小于线路负载电流。

3）热脱扣器的整定电流应等于所控制负载的额定电流。

4）电磁脱扣器的瞬时脱扣整定电流应大于负载电路正常工作时的峰值电流。

（4）非选择型断路器

1）非选择型断路器的主要优点

①故障断开后，可以手操复位，除非切断大短路电流后需要维修，不必更换元件；

②有反时限特性的长延时脱扣器和瞬时电流脱扣器两段保护功能，分别作为过载和短路防护用，各司其职；

③带电操机构时可实现遥控。

2）非选择型断路器的主要缺点

①上下级非选择型断路器之间难以实现选择性切断，故障电流较大时，很容易导致上下级断路器均瞬时断开；

②相对价格略高；

③部分断路器分断能力较小，当额定电流较小的断路器装设在靠近大容量变压器位置时，会使分断能力不够。现有高分断能力的产品可以满足，但价较高。

（5）选择型断路器

1）选择型断路器的主要优点

①具有非选择性断路器上述各项优点；

②具有多种保护功能，有长延时、瞬时、短延时和接地故障（包括零序电流和剩余电流保护）保护，分别实现过载、断路延时、大短路电流瞬时动作及接地故障防护，保护灵敏度极高，调节各种参数方便，容易满足配电线路各种防护要求。另外，可有级联保护功能，具有更良好的选择性动作性能；

③现今产品多具有智能特点，除保护功能外，还有电量测量、故障记录，以及通信借口，实现配电装置及系统集中监控管理。

2）选择型断路器的主要缺点

①价格很高，因此只适宜在配电线路首端和特别重要场所的分干线使用；

②尺寸较大。

（6）断路器的使用

1）长延时脱扣器整定电流 I_{zd1} 一般可不考虑电动机起动的影响。

2）短延时脱扣器整定电流 I_{zd2} 应躲开最大一台电动机的起动电流，用下式计算：

$$I_{zd2} \geqslant K\left[I_{qM_1} + I_{B_{(n-1)}}\right]$$

式中　I_{qM_1}——线路中所接最大一台笼型异步电动机的起动电流；

　　　　K——可靠系数，可取 1.2。

3）瞬时脱扣器整定电流 I_{zd3} 应躲过最大一台电动机的全起动电流，用下式计算：

$$I_{zd3} \geqslant KI_{q'M_1} + I_{B_{(n-1)}}$$

式中　$I_{q'M_1}$——线路中所接最大一台笼型异步电动机的全起动电流，包括周期分量和非周期分量，其值为该电动机起动电流 $I_{q'M_1}$ 的 1.7 ~ 2.1 倍；

K——可靠系数，可取 1.2。

4. 熔断器和断路器的保护

（1）短路保护

当线路正常运行时，导体产生温升，可以达到允许的最高工作温度（这是计算的工作温度）；当发生短路故障时，导体温度将急剧上升，超过允许的最高工作温度，这时，应该在达到导体允许的极限温度之前切断故障电路，以避免导线绝缘损坏：

1）使用熔断器时，因为它具有反时限特性，要计算出预期短路电流，按选择的熔体电流值，再查熔断器特性曲线找出相应的全熔断时间 t。为了使用方便，这里按导体截面积和敷设方式查出熔体电流的最大允许值，列出数据，见表 5-6。

2）使用断路器时，通常是利用其瞬时或短延时脱扣器作短路保护。瞬时脱扣器的全分断时间（包括灭弧时间）极短，一般为 10～20ms，甚至更小，不过应注意虽然短路电流很大，但当配电变压器容量很大，且从变压器低压配电盘上直接引出截面积很小的馈线时，难以满足热稳定要求，需作校验。短延时脱扣器断开短路电流时短路电流持续时间将达 0.1～0.6s，根据经验，选用带短延时脱扣器的断路器所保护的配电干线截面积不会太小，可不作校验。

表 5-6　短路时按热稳定要求绝缘导线电缆所允许的最大熔体电流　　（单位：A）

导线类型 导线截面积/mm²	导线穿管敷设		导线明敷设		电缆在空气中明敷设	
	BV	BLV	BV	BLV	BV	BLV
1.5	10		10			
2.5	25	16	25	16		
4	40	25	40	25	40	25
6	63	40	63	40	63	40
10	80	63	80	63	80	63
16	125	80	125	80	125	80
25	200	125	200	125	200	125
35	250	160	250	160	250	160
50	315	250	315	250	315	250
70	400	315	400	351	400	351
95	500	425	500	425	500	425
120	550	500	550	500	550	500
150	630	550	630	550	630	550

（2）过载保护

1）用断路器的长延时脱扣器作过载保护，应满足规范规定的要求。

2）用熔断器作过载保护时，约定熔断电流 I_2，使用不方便，应作如下变换：按熔断器国家标准，16A 及以上的 gG 和 gM 熔断体的约定熔断电流 $I_r = 1.6I_n$，又按 GB 50054—2011《低压配电设计规范》的条文说明第 4.3.4 条中指出，因为熔断器产品标准测试设备的热容量比实际使用的大许多，测试所得的熔断时间较实际使用中的熔断时间为长，所以这时 I_2

应乘以 0.9 的系数，即 $I_2 = 0.9 \times 1.6 I_n$，此式代入 $I_r = 1.6 I_n$ 式中得 $1.44 I \leqslant 1.45 I_z$，近似认为 $I_n \leqslant I_z$ 或 $I_z \leqslant I_n$

对于小于 16A 的熔断器（数据见表 5-7）：螺栓连接熔断器的 $I_f = 1.6 I_n$；而刀形触头熔断器和圆筒形帽型熔断器则有 $I_f = 1.9 I_n$（当 $16A > I_n > 4A$）和 $I_f = 2.1 I_n$（当 $I_n \leqslant A$）。

表 5-7　用熔断器做过载保护时熔体电流与导线电流的关系数据

专职人员用熔断器类型	I_r 值范围	I_r 与 I_z 的关系
螺栓连接熔断器	全值范围	$I_r \leqslant I_z$
刀形触头熔断器和圆筒形帽型熔断器	$I_r \geqslant 16A$	$I_r \leqslant I_z$
	$16A > I_r > 4A$	$I_r \leqslant 0.85 I_z$
	$I_r \leqslant 4A$	$I_r \leqslant 0.75 I_z$
偏置触刀熔断器	$I_r > 4A$	$I_r \leqslant I_z$
	$I_r \leqslant 4A$	$I_r \leqslant 0.75 I_z$

（3）接地故障保护

对 TN 接地系统来说：

1）采用熔断器时，应满足规定的 I_d / I_r 值。

2）采用断路器时，如只带长延时和瞬时脱扣器的，应利用瞬时脱扣器作接地故障保护，瞬时脱扣器的整定电流 I_{zd3} 应符合下式要求：

$$I_d \geqslant 1.3 I_{zd3}$$

式中　1.3——规范规定的可靠系数。

（4）熔断器和断路器满足规范要求存在的问题和措施

当配电线路较长时，接地故障电流 I_d 较小，不足以使保护电路动作，为此，必须降低熔体电流 I_r 或断路器瞬时整定值 I_{zd3}，但将受到很多因素的制约；另一方面应力求提高 I_d 值，具体措施如下：

1）配电变压器选用 Dyn11 联结，不用 Yyn0 联结，对于靠变压器较近的故障点的 I_{d1} 值有明显增大。

2）加大相导体及接地线导体截面积，对于截面积较小的电缆和穿管绝缘线有较大影响，而对于较大截面积的裸干线或架空线，由于其电抗较大，加大截面积的作用很小。

3）改变线路结构，如裸干线改用紧凑型封闭母线，架空线改电缆，可以降低电抗，但增加投资，有时是不可行的。

如果以上措施仍满足不了要求，就应该改变保护电器。

（5）采用带短延时保护的断路器

当前述用熔断器或断路器的瞬时脱扣器不能满足接地故障要求，第一级（或第二级）配电干线容量较大时，可采用带短延时脱扣器的断路器作接地故障保护。短延时整定电流值 I_{zd2} 应符合下式要求：

$$I_d \geqslant 1.3 I_{zd2}$$

上式中，I_{zd2} 取代了 I_{zd3}。对于同一断路器，通常短延时整定电流 I_{zd2} 只有瞬时整定电流 I_{zd3} 的 $1/5 \sim 1/3$ 左右，短延时保护大大提高了动作灵敏性。

（6）采用带接地故障保护的断路器作接地故障保护

接地故障分两种方式，即零序电流保护和剩余电流保护。

1）零序电流保护：三相四线制配电线路正常运行时，如果三相负载完全平衡，则流过中性线 N 的电流为 0，即 $I_N = 0$；如果三相负载不平均，则产生不平衡电流，$I_N \neq 0$；当发生某一相接地故障时，I_N 将大大增加。因此，可以利用检测 I_N 值发生的变化，以取得接地故障的信号；检测零序电流，通常是在断路器后三相线（或母线）各装一只电流互感器 TA，取三只 TA 二次电流相量和乘以电流比。那么，断路器的零序电流保护的整定值 I_{zd0} 如何确定呢？如果要求在正常运行中可能出现的最大不平衡电流时不会动作，而在发生接地故障时必须动作，那么建议 I_{zd0} 的整定值应符合下列两式的要求：

$$I_{zd0} \geq (1.5 \sim 2.0) I_N$$

$$1.3 I_{zd0} \leq I_{N(d)}$$

式中　$I_{N(d)}$——发生接地故障时电流，包括接地故障电流和不平衡电流。

一般说，配电干线正常运行时的 I_N 值不超过计算电流 I_B 的 20%～25%，所以 I_{zd0} 整定为断路器长延时脱扣器电流 I_{zd1} 的 30%～60% 为宜。

可见，零序电流保护整定值 I_{zd0} 比短延时整定值 I_{zd2} 小得多，动作灵敏性可得到保证。

零序电流保护可用于 TN-C，TN-S 等接地系统。

零序电流保护可选用 DW16、DW15、HH、DW45、DW50 型断路器等实现。

2）剩余电流保护：和零序电流保护不同的是，剩余电流保护是检测三相电流加中性线电流的相量和。当三相四线配电线路正常运行时，三相负载不平衡，忽略线路泄漏电流，则 $\dot{I}_A + \dot{I}_B + \dot{I}_C + \dot{I}_N$ 的相量和总是等于零；当某一相发生接地故障时，则检测的三相电流加中性线电流的相量和不为零，而等于接地故障电流 $I_{0(d)}$。

检测方法是在断路器后三相线和中性线上各装一只电流互感器 TA。取 4 只 TA 二次电流相量和，乘以变化值，即为接地故障电流 $I_{0(d)}$。

断路器的接地故障保护的整定值 I_{zdG} 应符合下式要求：

$$I_{0(d)} \geq 1.3 I_{zdG}$$

应注意，为避免误动作，整定值 I_{zdG} 应大于正常运行时线路和设备的泄漏电流总和的 5～10 倍。可见，采用剩余电流保护比零序电流保护的动作灵敏度高得多。

剩余电流保护适用于 TT、TN-S 接地系统，但不能用于 TN-C 接地系统。剩余电流保护宜选用 DW15、HH、DW45 和 DW50 型断路器等实现，一般说，使用这些断路器，额定电流比较大，常常在 1000A 以上，所以，作为剩余电流保护的整定值不可能很小。例如 DW45 型 2000A 断路器，其接地故障电流最小整定值为 160A。

对于住宅和中小型建筑，作为引入配电干线总保护的断路器，容量较小时，可以用剩余电流断路器或漏电保护器，整定值最好不大于 0.5A，并有 0.4s 或以上延时，其作为防止电弧性接地故障引起火灾的保护措施是很有效的。

（7）线路故障时应有选择性地切断电路

线路故障时，既要保证可靠切断电路，又要尽可能缩小断电范围，即有选择性地切断，这就对配电设计提出了更高的要求，如合理的配电系统统计、准确的计算数据、恰当的选择保护电器、正确整定保护电器的额定电流和动作电流及动作时间等，才能达到预期的目的。下面具体分析上下级保护电器的选择性。

1）上级用熔断器，下级也用熔断器。熔断器之间的选择性在国家标准 GB 13539.1—

2008《低压熔断器 第1部分 基本要求》中已有规定，也就是说，产品本身已经给予了保证。标准规定了过电流选择性，即当弧前时间大于 0.1s 时，熔断体的过电流选择性用"弧前时间—电流"特性校验，当弧前时间小于 0.1s 时，其过电流选择性以 I_2t 特性校验。当上级熔断体的弧前 I_2t_{min} 值大于下级熔断体的熔断 I_2t_{max} 值时，可认为在弧前时间大于 0.1s 时，上下级熔断体间的选择性能得到保证。标准规定额定电流 16A 及以上的串联熔断体的过电流选择比为 1.6:1 即可实现有选择性熔断，其规定的熔断体额定电流值也是近似按这个比例制定的，如 25A、40A、63A、100A、160A、250A 以及 32A、50A、80A、125A、200A、315A 等。

2）上级用熔断器，下级用非选择型断路器。由于熔断器的反时限特性和断路器的长延时脱扣器的反时限特性能较好配合，因此在整定电流值合理的条件下，上下级之间具有良好的选择性动作，条件是熔断体的额定电流比长延时脱扣器的整定电流要大出一定的数值。这样，当故障电流超过断路器的瞬时脱扣器整定电流时，下级能瞬时脱扣，而上级熔断器不会熔断。

3）上级用非选择型断路器，下级用熔断器。当故障电流大于非选择型断路器的瞬时脱扣器整定电流 I_{zd3}（通常整定为该断路器长延时整定电流 I_{zd1} 的 6~10 倍）时，上级断路器瞬时脱扣，因此，当故障电流小于 I_{zd3} 时，下级熔断器先熔断，具有部分选择性。这种方案整体看，属于没有选择性，不可取。

4）上级用非选择型断路器，下级也用非选择型断路器。上级断路器 A 和下级断路器 B 的长延时整定值 I_{zd1} 和瞬时整定值 I_{zd3} 如图 5-14 所示。

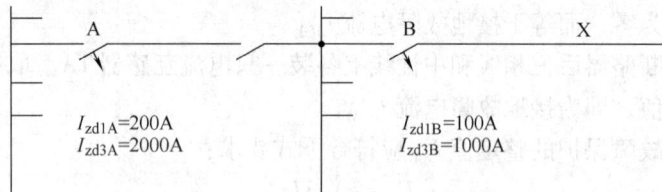

$I_{zd1A}=200A$
$I_{zd3A}=2000A$

$I_{zd1B}=100A$
$I_{zd3B}=1000A$

图 5-14 上下级均为非选择性断路器保护

当断路器 B 后任一点（如 X 点）发生故障，若故障电流 $I_d < 100A$ 时，断路器 A、B 均不能瞬时动作，不符合保护灵敏性要求；当 $1000A < I_d < 2000A$ 时，断路器 B 动作，A 不动作，有选择性；当 $I_d > 2000A$ 时，断路器 A、B 均动作，无选择性，如图 5-15 所示。因此，这种方式没有选择性。

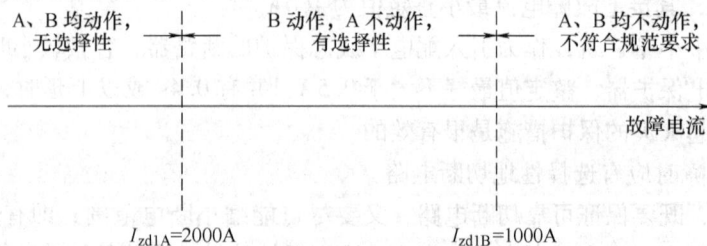

A、B 均动作，无选择性 —— B 动作，A 不动作，有选择性 —— A、B 均不动作，不符合规范要求

故障电流

$I_{zd1A}=2000A$

$I_{zd1B}=1000A$

图 5-15 上下级均为非选择性断路器选择性分析

5）上级用选择型断路器，下级用熔断器。由于上级断路器具有短延时功能，一般能实现选择性动作，但必须整定正确，不仅短延时脱扣整定电流及延时时间要合适，而且还要正

确整定其瞬时脱扣电流值。确定这些参数的原则如下：

①下级熔断器额定电流 I_r 不宜太大；

②上级断路器 I_{zd2} 值不宜太小，若 I_r 为 200A，则 I_{zd2} 至少应取 2500 ~ 3000A；

③短延时时间应整定大一些，如 0.4 ~ 0.8s；

④ I_{zd3} 在满足动作灵敏度条件下，应尽量整定大一些，以免破坏选择性。

具体方法是：在多个下级熔断器中找出额定电流最大的，最大值为 I_r，短延时整定值为 I_{zd2}；假设熔断器后发生的故障电流等于或略大于 I_{zd2}，在熔断体的时间—电流特性曲线上查出其熔断时间为 t；短延时时间比 t 值在 0.15 ~ 0.2s（根据不同等级型号开关确定）之间取值。如不符合要求，应重新选定 I_{zd2} 值。

6）上级用选择型断路器，下级用非选择型断路器。这种配合，应该具有良好的选择性，但必须正确整定各项参数，如图 5-16 所示。若下级断路器 B 的长延时整定值 I_{zd1B} = 300A，瞬时整定值 I_{zd3B} = 3000A；上级断路器 A 的 I_{zd1A} 通常比 I_{zd1B} 大很多，根据其计算电流和线路载流量确定，设 I_{zd1A} = 1000A，其 I_{zd1A} 及 I_{zd3A} 整定原则如下：

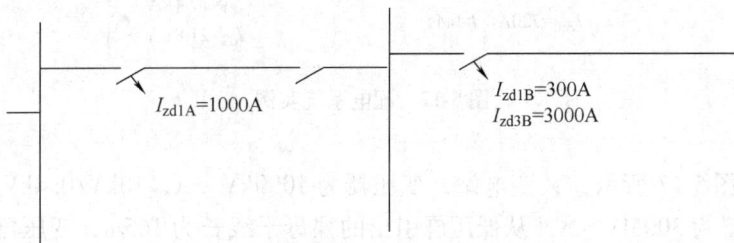

图 5-16　选择型与非选择型断路器保护

① I_{zd1A} 整定值应符合下式要求：

$$I_{zd2A} \geqslant 1.2 I_{zd3B}$$

具体原因是，若 $I_{zd2A} < I_{zd3B}$，当故障电流达到大于 I_{zd2A} 值、小于 I_{zd3B} 时，断路器 B 不能瞬时动作，而断路器 A 则经短延时动作，这就破坏了选择性。上式中，1.2 是可靠系数，是脱扣器动作误差的需要；

②短延时的时间没有特别要求，主要是按下级熔断器要求整定；

③ I_{zd3A} 应在满足动作灵敏性前提下，尽量整定得大一些，以免在故障电流很大时导致断路器 A、B 均瞬时动作，破坏选择性。

7）上级用带接地故障保护的断路器

①用零序保护方式：零序保护整定电流 I_{zd0} 一般为 I_{zd1} 的 20% ~ 100%，多为几百安到 1kA，与下级熔断器和一般断路器很难有选择性，只有后者的额定电流很小（如几十安）时，才有可能。使用零序保护时，在满足动作灵敏性要求的前提下，I_{zd0} 应整定得大一些，延时时间也应尽量长一些；

②剩余电流保护方式：这种方式的整定电流更小，在发生接地故障时，与下级熔断器、断路器之间没有选择性，因此这种保护只能要求与下级漏电电流动作保护器之间具有良好的选择性。这种方式多用于安全防护要求高的场所，所以，应在末端电路装设漏电电流动作保护器，以避免非选择性切断电路。

为了防止接地故障引起电气火灾而设置的漏电电流动作保护器，其整定电流最小延时动作为0.1s，同时，末端电路必须设有漏电电流动作保护器。当有条件时（如有专人值班维护的工业场所），前者可不切断电路而发出报警信号。

现在的智能断路器（如DW45型），具有"保护区域选择连锁"的功能，利用微电子技术使保护更为完善，保证了动作灵敏性和选择性。

5. 熔断器和断路器保护的应用示例

一个配电系统实例如图5-17所示。

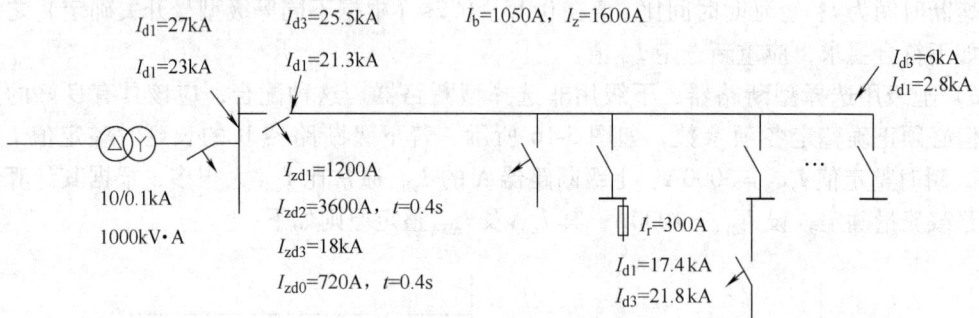

图 5-17 配电系统实例

例 5-1 如图5-17所示，某变电站，变压器为1000kV·A，10kV/0.4kV，Dyn11联结，10kV侧系统容量为300MV·A，从低压屏引出的裸母干线长为165m，变压器至主断路器母线长为10m，干线计算电流 $I_B = 1050A$，接地方式为TN-S，干线分支连接10个配电箱，其中最大熔断器 $I_r = 300A$，最大的断路器 $I_{zd1} = 300A$，$I_{zd3} = 300A$。要求选择主保护电器类型，整定各项参数，并决定母干线截面积。

解：（1）设计步骤

1）确定母干线截面积。要求 $I_z > I_B$，考虑母干线配电范围大并考虑发展，应留较大裕量，拟采用铝母排 LMY−3（100×10）+29（60×8）。其 $I_z = 1600A$（环境温度35℃时）。

2）计算三相短路电流 I_{d3} 和接地故障电流 I_{d1} 值：取有代表性的几个点计算出 I_{d3} 和 I_{d1} 值。

3）主保护电器选型：考虑到该生产车间的重要性，以及这种较大的树干式配电系统保护的复杂性，选用一台智能型DW45型断路器，框架电流为2000A，也可选用DW15HH−2000型，同样能得到良好的保护性能。两种断路器的分断能力都远大于最大的 I_{d3} 值。

4）主断路器参数整定：I_{zd1} 整定：按过载保护要求，应符合 $I_B \leqslant I_{zd1} \leqslant I_z$，即 I_{zd1} 应大于1050A，小于1600A，取 $I_{zd1} = 1200A$（也可取1400A）。I_d 及短延时时间整定：为保证可靠动作，应符合 $I_d \geqslant 1.3 I_{zd2}$ 要求，鉴于DW45型断路器有接地故障保护，故符合末端相间短路电流 $I_d \geqslant 1.3 I_{zd2}$ 即可，即 $I_{zd2} \leqslant 6000A/1.3 = 4615A$ 取 $I_{zd2} = 3 I_{zd1} = 3600A$。

（2）校验 I_{zd2} 整定值是否与下级的保护电器具有选择性

1）下级最大断路器的 $I_{zd3} = 3000A$，上级的 I_{zd2} 整定为3600A，此值为下级 I_{zd3} 的1.2倍，符合选择性要求。

2）下级最大熔断器的 $I_r = 300A$，而上级 I_{zd2} 值为300A的12倍，应能符合选择性要求，主要取决于短延时时间整定值。

（3）短延时时间整定和 I_{zd2} 整定

短延时时间整定：假定下级最大熔断器发生故障，故障电流足以使上级短延时动作，即故障电流为 3600A（I_{zd2} 值）或略大一些，此时 300A 熔断体的熔断时间约为 0.22s，因此，短延时时间应整定为 0.4s。

注意：若主断路器不带接地保护，则 I_{zd2} 值必须要保证末端的 I_{d1} 能可靠动作，即 $I_{d1} \geq 1.3 I_{zd2}$，也即 I_{zd2} 应小于 2.15kA。取 $I_{zd2} = 1.5$kA，$I_{zd1} = 1800$A，其延时时间就要大得多，否则无法保证与下级熔断器的选择性。

I_{zd2} 整定：由于有短延时保护，并根据运行经验，这种安装在厂房屋架上的母干线相间短路极少，为了保证更好的选择性，I_{zd3} 可以整定得大一些，如 I_{zd1} 的 15 倍，则 $I_{zd3} = 15 \times 1200$A $= 1.8$kA，这样，当最近一个配电箱母线处产生接地故障时，不至瞬时脱扣。

（4）热稳定校验

由于干线是裸导体，不必进行校验。

（5）接地故障保护整定

1）采用零序电流保护：其动作整定值 I_{zd0} 应符合要求，设该干线正常运行时的三相不平衡电流为 200A，而最小接地故障电流为 2.8kA，为此，取 $I_{zd0} = 0.6 I_{zd1} = 0.6 \times 1200$A $= 720$A，能满足要求。虽然 I_{zd0} 整定值很小，与下级 300A 熔断器和 $I_{zd3} = 300$A 的断路器之间没有选择性，但与更小的断路器和熔断器之间可以有选择性。零序电流保护应有延时，至少为 0.4s 或更长。

2）采用剩余电流保护：其动作电流整定值 I_{zdG} 应符合要求。因此，可取 $I_{zdG} = 0.2 I_{zd1} = 0.2 \times 1200$A $= 240$A。动作时间不小于 0.4s，更难以和下级断路器、熔断器有选择性。

对于以上两种接地故障保护，应有以下要求：①必须延时动作，延时不小于 0.4s；②应在所有末端回路均设有漏电电流保护，这样可以在末端回路发生接地故障（在所有故障中几率最大）时，动作具有选择性。

6. 低压配电线路保护要点

（1）配电线路保护要点

工业和民用建筑的低压配电每一段线路（除 GB 50054—2011《低压配电设计规范》规定的个别情况外）都要装设保护电器。设计时，应从下（靠用电设备侧）而上逐段线路按以下三种保护要求进行整定和校验：

1）短路保护

①短路持续时间不大于 5s 时，绝缘导体应进行热稳定校验；

②当采用熔断器时，I_r 值应与绝缘导体截面积符合；

③短路持续时间小于 0.1s 时，应用下式：

$$K_2 S_2 \geq I_2 t$$

式中　$I_2 t$——保护电器的焦耳积分值，从产品资料或标准中查找。

要点提示：

①导体截面积较大（如大于 70mm² 铜线）时，一般能满足要求；

②导体截面积很小（如 10mm² 以下铜线），又离容量很大的变压器（如 1000kV·A）很近（如变电所低压盘引下馈线）时，通常不能满足要求。

2）过负载保护

①用断路器时，满足 $I_{zd1} \leqslant I_z$；

②用熔断器时，满足 $I_r \leqslant I_z$。

3）接地故障保护

①TN 接地系统：应满足 $Z_s I_a \leqslant 220V$（Z_s 为相线和 PE 线故障回路阻抗）。

● 对熔断器，要求 $I_d / I_r \geqslant K_i$；

● 对断路器瞬时脱扣器：$I_d \geqslant 1.3 I_{zd3}$；

● 对短延时脱扣器：$I_d \geqslant 1.3 I_{zd2}$。

②TT 接地系统应满足 $R_A I_a \leqslant 50V$（R_A 为外露可导电部分的接地电阻），末端回路用剩余电流保护断路器，不必作校验。

（2）选择性

1）首级干线宜用选择型断路器（电流较小者可用熔断器）重点考虑两点：

①短延时整定电流 I_{zd2} 为下级断路器 I_{zd3} 的 1.2 倍；

②短延时时间应大于下级熔断体熔断时间 0.15 ~ 0.2s。

2）中间各级宜用熔断器，按 1.6:1 选择。

3）末端回路可用非选择断路器，对笼型异步电动机可采用 a M 型熔断器。

7. 漏电保护器

根据漏电保护器的工作原理，可分为电压型、电流型和脉冲型三种。电压型漏电保护器接于变压器中性点和大地间，当发生触电时中性点偏移对地产生电压，以此来使保护动作切断电源。但由于它是对整个低压网进行保护，不能分级保护，因此停电范围大，动作频繁，所以已被淘汰。脉冲型漏电保护器是以当发生触电时使三相不平衡漏电流的相位、幅值产生的突然变化为动作信号，但也有死区。目前应用广泛的是电流型漏电保护器，所以下面主要介绍电流型漏电保护器。漏电保护开关如图 5-18 所示。

漏电保护器，用以对低压电网直接触电和间接触电进行有效保护，也可以作为三相电动机的断相保护。漏电保护器有单相的，也有三相的，其工作原理如图 5-19 所示。

由于漏电保护器以漏电电流或由此产生的中性点对地电压变化为动作信号，所以不必以用电电流值来整定动作值，灵敏度高，动作后能有效地切断电源，保障人身安全。

图 5-18　漏电保护开关

（1）分类

漏电保护器可以按其保护功能、结构特征、安装方式、运行方式、极数和线数、动作灵敏度等分类。这里主要按其保护功能和用途分类进行叙述，一般分为漏电保护继电器、漏电保护开关和漏电保护插座三种。

1）漏电保护继电器：漏电保护继电器是指具有对漏电流检测和判断的功能，而不具有切断和接通主回路功能的漏电保护装置。漏电保护继电器由零序互感器、脱扣器和输出信号的辅助触点组成。它可与大电流的断路器配合，作为低压电网的总保护或主干路的漏电、接地或绝缘监视保护。

当主回路有漏电流时，由于辅助触点和主回路开关的分离脱扣器串联成一回路，因此辅助触点接通分离脱扣器而断开断路器、交流接触器等，使其跳闸，切断主回路。辅助触点也

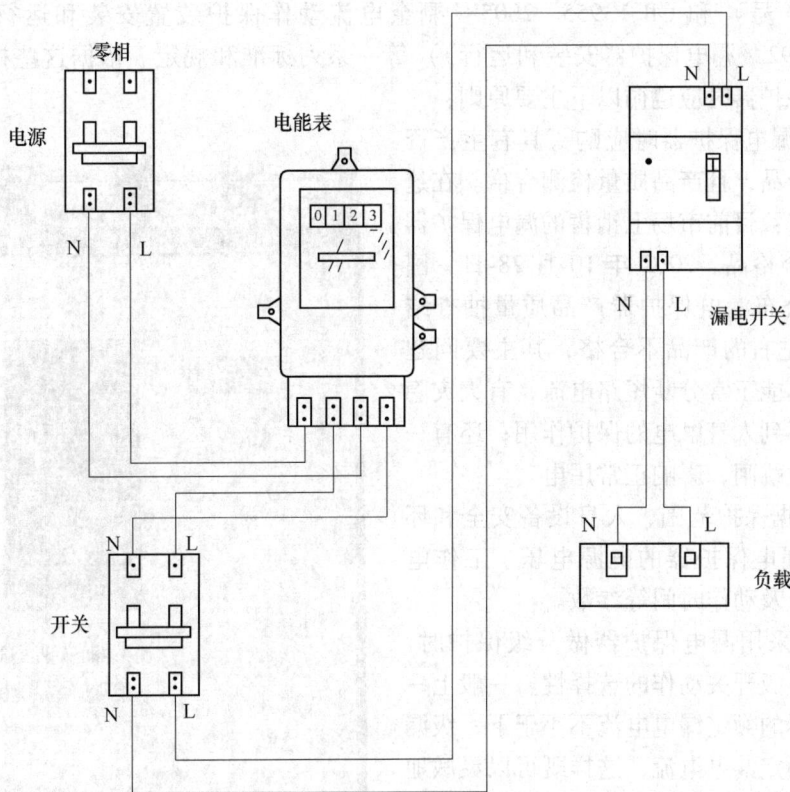

图 5-19　漏电保护器工作原理

可以接通声、光信号装置，发出漏电报警信号，反映线路的绝缘状况。

2）漏电保护开关：漏电保护开关是指不仅它与其他断路器一样可将主回路接通或断开，而且具有对漏电流检测和判断的功能。漏电保护开关与熔断器、热继电器配合可构成功能完善的低压开关元件。三相自动重合闸漏电保护开关如图 5-20 所示。

目前市场上的漏电保护开关根据功能常用的有以下几种类别：

①只具有漏电保护断电功能，使用时必须与熔断器、热继电器、过电流继电器等保护元件配合；

②同时具有过载保护功能；

③同时具有过载、短路保护功能；

④同时具有短路保护功能；

⑤同时具有短路、过负荷、漏电、过电压、欠电压保护功能。

3）漏电保护插座。漏电保护插座是指具有对漏电流检测和判断功能，并能切断回路的电源插座。其额定电流一般为 10A、16A，漏电动作电流为 6～30mA，灵敏度较高，常用于手持式电动工具和移动式电气设备的保护及家庭、学校等民用场所。漏电保护插座如图 5-21 所示。

（2）选用原则

国家为了规范漏电保护器的正确使用，相继颁布了《漏电保护器安全监察规定》（劳安字（1999）16 号）和 GB 13955—2005《剩余电流动作保护装置安装和运行》 （代替 GB13955—1992《漏电保护器安装和运行》）等一系列标准和规定。依据这些标准和规定，在选用漏电保护器时应遵循以下主要原则：

1）购买漏电保护器时应购买具有生产资质的厂商的产品，且产品质量检测合格。在这里要提醒大家：目前市场上销售的漏电保护器有不少是不合格品。2002 年 10 月 28 日，国家质检总局公布漏电保护器产品质量抽查结果，有 20% 左右的产品不合格，其主要问题如下：有的不能正常分断短路电流，有火灾隐患；有的起不到人身触电的保护作用；还有一些不该跳闸时跳闸，影响正常用电。

2）应根据保护范围、人身设备安全和环境要求确定漏电保护器的电源电压、工作电流、漏电电流及动作时间等参数。

3）电源采用漏电保护器做分级保护时，应满足上、下级开关动作的选择性。一般上一级漏电保护器的额定漏电电流不小于下一级漏电保护器的额定漏电电流，这样既可以灵敏地保护人身和设备安全，又能避免越级跳闸，缩小事故检查范围。

4）手持式电动工具（除Ⅲ类外）、移动式生活家用设备（除Ⅲ类外）、其他移动式机电设备，以及触电危险性较大的用电设备，必须安装漏电保护器。

5）建筑施工场所、临时线路的用电设备，应安装漏电保护器。这是 JGJ46—2012《施工现场临时用电安全技术规范》中明确要求的。

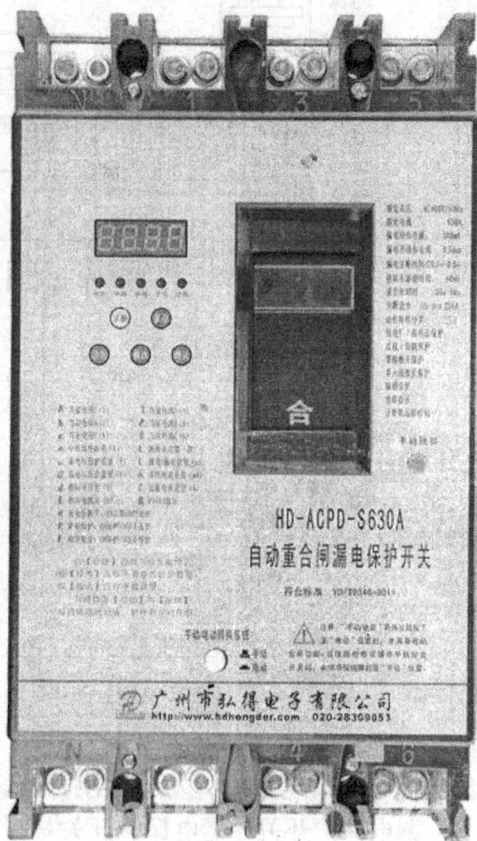

图 5-20　三相自动重合闸漏电保护开关

6）机关、学校、企业、住宅建筑物内的插座回路和宾馆、饭店及招待所的客房内的插座回路，必须安装漏电保护器。

7）安装在水中的供电线路和设备以及潮湿、高温、金属占有系数较大及其他导电良好

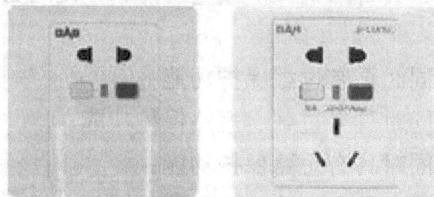

图 5-21　漏电保护插座

的场所，如机械加工、冶金、纺织、电子、食品加工等行业的作业场所，以及锅炉房、水泵房、食堂、浴室、医院等场所，必须使用漏电保护器进行保护。

8）固定线路的用电设备和正常生产作业场所，应选用带漏电保护器的动力配电箱。临时使用的小型电器设备，应选用漏电保护插头（座）或带漏电保护器的插座箱。

9）漏电保护器作为直接接触防护的补充保护时（不能作为唯一的直接接触保护），应

选用高灵敏度、快速动作型漏电保护器。

①在一般环境选择动作电流不超过 30mA，动作时间不超过 0.1s，这两个参数保证了人体如果触电时，不会使触电者产生病理性生理危险效应。

②在浴室、游泳池等场所，漏电保护器的额定动作电流不宜超过 10mA。

③在触电后可能导致二次事故的场合，应选用额定动作电流为 6mA 的漏电保护器。

10）对于不允许断电的电气设备，如公共场所的通道照明、应急照明、消防设备的电源、用于防盗报警的电源等，应选用报警式漏电保护器接通声、光报警信号，通知管理人员及时处理故障。

（3）工作原理

漏电保护器的工作原理如图 5-22 所示。图中，TA 为零序电流互感器，它由坡莫合金为材料的铁心和绕在环状铁心上的二次绕组组成检测元件。电源相线和中性线穿过圆孔成为零序电流互感器的一次绕组。互感器的后部出线即为保护范围。

由上述工作原理可见，当三相对地阻抗差异大、三相对地漏

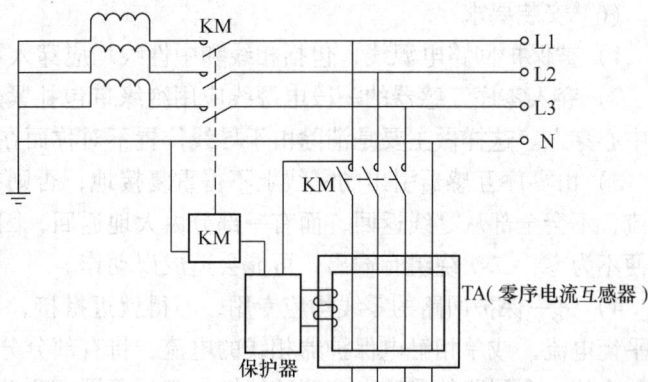

图 5-22　漏电保护器的工作原理

电流相量和达到保护器动作值时，将使断路器跳闸或送不上电。三相漏电流和触电电流相位不一致或反相，会降低保护器的灵敏度。电流型漏电保护器可实施分级保护，以实现选择性动作。

（4）额定值

1）额定频率：50Hz。

2）额定电压 U_n：220V/380V。

3）辅助电源电压 U_{sn}：直流为 12V、24V、40V、60V、110V、220V；交流为 12V、48V、220V、380V。

4）额定电流 I_n：6A、10A、16A、20A、25A、32A、40A、50A、（60A）、63A、100A、（125A）、160A、200A、250A，带括号的值不优先推荐采用。

5）额定漏电动作电流 $I_{n \cdot dz}$：0.006A、0.01A、（0.015A）、0.03A、（0.05A）、（0.075A）、0.1A、（0.2A）、0.3A、0.5A、1A、3A、5A、10A、20A，带括号的值不优先采用。

6）额定漏电不动作电流的优选值为 $0.5I_{n \cdot dz}$。

7）漏电保护器的最大分断时间：

①间接接触保护：当动作电流 $I_{n \cdot dz} \leqslant 0.03A$ 时，若保护器流过的零序电流为 1 倍 $I_{n \cdot dz}$ 时为 0.2s，2 倍时为 0.1s，流过 0.25A 时为 0.04s；

②间接接触防护：流过 1 倍为 0.2s，2 倍时为 0.1s，5 倍时为 0.04s；延时型漏电保护器只适用于间接接触保护，其 $I_{n \cdot dz} > 0.03A$。延时保护延时时间的优选值为 0.2s、0.4s、0.8s、1s、1.5s、2s。

（5）应用范围

漏电保护器的应用范围如下：

1）无双重绝缘，额定工作电压在110V以上时的移动电具。

2）建筑工地。

3）临时线路。

4）家庭。

防止直接接触带电体保护的动作电流为30mA，0.1s内动作。可按需要安装间接接触保护的漏电保护器。

（6）安装要求

1）被保护回路电源线，包括相线和中性线均应穿入零序电流互感器。

2）穿入零序互感器的一段电源线应用绝缘带包扎紧，捆成一束后由零序电流互感器孔的中心穿入。这样做主要是消除由于导线位置不对称而在铁心中产生的不平衡磁通。

3）由零序互感器引出的零线上不得重复接地，否则在三相负荷不平衡时生成的不平衡电流，不会全部从零线返回，而有一部分由大地返回，因此通过零序电流互感器电流的相量和便不为零，二次绕组有输出，可能会造成误动作。

4）每一保护回路的零线均应专用，不得就近搭接，不得将零线相互连接，否则三相的不平衡电流，或单相触电保护器相线的电流，将有部分分流到相连接的不同保护回路的零线上，会使二个回路的零序电流互感器铁心产生不平衡磁动势。

5）保护器安装好后，通电，按试验按钮试跳。

（7）安装运行

安装方法除应遵守常规的电气设备安装规程外，还应注意以下几点：

1）漏电保护器的安装应符合生产厂商产品说明书的要求。

2）标有电源侧和负荷侧的漏电保护器不得接反。如果接反，会导致电子式漏电保护器的脱扣线圈无法随电源切断而断电，以致长时间通电而烧毁。

3）安装漏电保护器不得拆除或放弃原有的安全防护措施，漏电保护器只能作为电气安全防护系统中的附加保护措施。

4）安装漏电保护器时，必须严格区分中性线和保护线。使用三极四线式和四极四线式漏电保护器时，中性线应接入漏电保护器。经过漏电保护器的中性线不得作为保护线。

5）工作零线不得在漏电保护器负荷侧重复接地，否则漏电保护器不能正常工作。

6）采用漏电保护器的支路，其工作零线只能作为本回路的零线，禁止与其他回路工作零线相连，其他线路或设备也不能借用已采用漏电保护器后的线路或设备的工作零线。

7）安装完成后，要按照GB50303—2011《建筑电气工程施工质量验收规范》的3.1.6条款，即"动力和照明工程的漏电保护器应做模拟动作试验"的要求，对完工的漏电保护器进行试验，以保证其灵敏度和可靠性。试验时可操作试验按钮三次，带负荷分合三次，确认动作正确无误，方可正式投入使用。

漏电保护器的安全运行要靠一套行之有效的管理制度和措施来保证。除了做好定期的维护外，还应定期对漏电保护器的动作特性（包括漏电动作值及动作时间、漏电不动作电流值等）进行试验，做好检测记录，并与安装初始时的数值相比较，判断其质量是否有变化。

在使用中要按照使用说明书的要求使用漏电保护器，并按规定每月检查一次，即操作漏电保护器的试验按钮，检查其是否能正常断开电源。在检查时应注意操作试验按钮的时间不能太长，一般以点动为宜，次数也不能太多，以免烧毁内部元件。

漏电保护器在使用中发生跳闸，经检查未发现开关动作原因时，允许试送电一次，如果再次跳闸，应查明原因，找出故障，不得连续强行送电。

漏电保护器一旦损坏不能使用时，应立即请专业电工进行检查或更换。如果漏电保护器发生误动作和拒动作，其原因一方面是由漏电保护器本身引起，另一方面是来自线路的缘由，应认真地具体分析，不要私自拆卸和调整漏电保护器的内部器件。

（8）技术误区

在两网改造中，大量使用了剩余电流动作漏电保护器，几年过去了，事实证明，漏电保护器损坏、人为解除运行现象非常严重，用电损耗问题和安全用电问题仍然严峻。究其原因是多方面的，但直接原因是漏电保护器的频动、拒动，严重影响了正常用电，使管、用电人员对漏电保护器失去信心，甚至放弃。

漏电保护器的频动原因包括两个方面：

1）电网确有接地时，漏电保护器正常动作。在这种正常动作中，因电网老化、气候环境变化，电网产生接地点引起的动作占绝大多数，而因人身触电引起的动作则是极少数。可以想象，能够正常用电是人们的第一需求，为了防止发生概率极低的人身触电伤害而招致频繁的停电，影响正常生产和生活当然会造成人们的烦恼。

2）电网本来没有发生接地，而是漏电保护器在以下情况产生误动：

①由于漏电保护器是信号触发动作的，那么在其他电磁干扰下也会产生信号，触发漏电保护器动作，形成误动；

②当电源开关合闸送电时，会产生冲击信号造成漏电保护器误动；

③多分支漏电之和可以造成越级误动；

④中性线重复接地可能造成串流误动。

可见，由于漏电保护器在技术上就存在这些产生误动的可能性，会使漏电保护器的频动问题更加严重，更加复杂。

从技术原理上分析，漏电保护器也存在可能产生拒动的技术误区，包括两个方面：

1）当中性线产生重复接地时，会使漏电保护器产生分流拒动，而中性线重复接地点是很难找到的。

2）当电源断相，所断相又正好是漏电保护器的工作电源时，会产生拒动。

由以上分析可以看出，漏电保护器在实际使用中发生的频动、拒动问题，既有客观环境和管理的原因，也有漏电保护器本身技术上的误区。尤其是漏电保护器使用时要求电网中性点必须接地，这就使得漏电保护器的技术误区大多与电网中性点接地状况有关：

①由于中性点接地，电网相线的支撑物常年承受相电压，因而支撑物被击穿，形成电网接地点，造成泄漏，引起漏电保护器频动；

②由于中性点接地，当相线偶尔接地时，会立即产生很大的泄漏电流，不仅增大电损耗，易引起火灾，而且会加剧漏电保护器的频动；

③由于中性点接地，当人身触电时，会立即产生很大的电击流，对人的生命威胁非常大，即使有漏电保护器也是先遭电击，再动作保护，如果动作迟缓或失灵，后果会更加严重；

④由于中性点接地，电网对地分布电容接在回路中，会加大开关合闸时的对地冲击电流，造成误动；

⑤由于中性点已经接地，中性线发生重复接地很难被发现，中性线重复接地会使漏电保护器发生分流拒动和串流误动。

可见漏电保护器的确存在着技术误区，而且这些技术误区与电网中性点接地是密切相关的。由于使用漏电保护器时，电网中性点又不能不接地，因此在漏电保护器的技术思路内解决其频动、拒动问题是不大可能的。

还需特别指出两点：

1）当发生人体单相触电事故时（这种事故在触电事故中几率最高），即在漏电保护器负载侧接触一根相线（火线）时，它能起到很好的保护作用。如果人体对地绝缘，此时触及一根相线一根零线时，漏电保护器就不能起到保护作用了。

2）由于漏电保护器的作用是防患于未然，电路工作正常时反映不出来它的重要，往往不易引起大家的重视。有的人在漏电保护器动作时不是认真地找原因，而是将漏电保护器短接或拆除，这是极其危险的，也是绝对不允许的。

（9）运行维护

漏电保护器运行维护注意事项如下：

1）应制定制度，专人维护，定期试跳，并做好运行记录。

2）遇有问题，应分析处理，不得擅自退出运行，或有意识使其失效。

3）在正常运行时跳闸，若原因为电动机起动或大电流冲击，则采取交替起动，适当调整定位，或带短延时躲过冲击。若因下雨等原因使漏电流增加造成，则可临时调节灵敏度。

直接接触保护是人体直接接触带电体的保护，间接接触保护是人体接触由于漏电等故障而带电的金属外壳的保护。

漏电保护器的动作原理是，在一个铁心上有两个绕组，一个输入电流绕组和一个输出电流绕组，当无漏电时，输入电流和输出电流相等，在铁心上两磁通的相量和为零，不会在第三个绕组上感应出电动势；否则，第三个绕组上就会有感应电压形成，经放大去推动执行机构，使开关跳闸。

注意：漏电保护器要求必须有极高的灵敏性，所以一定要选用大品牌的才安全。例如西门子的就不错，因为它们对线路的检测非常精密、灵敏，在 0.1s 甚至更短的时间内就可以检测到异常，并在电流强度和时间尚未达到伤害程度前，就立即跳闸，切断电源主回路，充分保证了人身安全。而如果使用质量不过关的杂牌子，或老旧不堪的，哪怕只晚了 1s 甚至 0.5s，对人体的伤害也是致命的。事关生命安全，必须高度警惕！

（10）运行现状及存在的问题

1）运行现状。我国 20 世纪 80 年代初就开始推广使用漏电保护器（相应的产品国家标准为 GB6829—2008《剩余电流动作保护电器的一般要求》），对减少漏电、防止漏电触电及过负荷而可能引起的火灾等事故，起到了积极的作用。但由于当时技术不够成熟，加上生产厂商多、型号杂、质量参差不齐等因素，很难达到漏电保护和防止过载的目的。

因此，漏电保护器一直难于在全国广大城乡推广，有的地区虽推广过一段时间，但巩固率不高，大多数处于停用状态，许多地方干脆换成了胶盒刀开关。

2）存在的问题。有的漏电保护器运行不稳，有的不可靠。例如，小型漏电保护器额定不动作电流为 15mA、额定动作电流为 30mA，但有的在运行过程中 15mA 以下就经常跳闸，居民用着很不方便，用户称为"捣乱器"，而有的漏电电流达到 30mA 以上又不能跳开，或经太长时间才能跳开，不能很好地起到漏电保护作用。还有许多用户认为装上漏电保护开关就万无一失，放松了安全意识，因而也会出现人体同时触及相线和中性线，漏电保护器不能保护人身安全的事故，使人们认为漏电保护器"不灵"、"无用"等。

目前我国生产的漏电保护器价格太高，用户接受有一定的困难，特别是农村用户困难更大，不利于普及和提高农村安全用电水平，更不利于开拓农村市场。而且农村边远山区和少数民族地区在漏电保护器跳闸后，不知如何查找漏电原因，也不知如何消除漏电故障、恢复供电等，都存在问题。

更不利的是，有的厂商为了推销产品，片面夸大漏电保护器的功能和作用，加上市场上充斥假冒伪劣产品，用户购买时真假难辨，在客观上也造成了许多不良影响。

实践证明，人体触电 80% 左右是由人体触及单相相线所致，触电电流通过相线—人体—大地形成回路，对人体造成伤害。推广漏电保护器对防止漏电触电、减少人身触电伤亡事故、防止设备漏电有很大的作用。一般来说，厂商生产的漏电保护器都有短路和漏电保护功能，有的还设有过载、过电压保护等功能。只要质量过硬，就能够满足其性能稳定、可靠的要求。

使用漏电保护器，对于提高安全用电水平，减少人身触电伤亡事故和设备漏电保护起着重要作用，还可避免许多电气火灾事故，供电企业也可减少因漏电触电而引起的经济赔偿损失、纠纷，甚至减少这方面的法律诉讼。

总之，使用漏电保护器对用户、对供电企业都有积极而深远的意义。

5.4.3　保护电器的选择

保护电器在低压配电系统中占有重要地位，在配电线路发生故障时切断故障电路的保护电器主要是低压熔断器和低压断路器。如果设计中整定不正确，将导致不能在要求的时间内切断故障电路，从而损坏电线、电缆，甚至扩大事故，或者导致非选择性动作，扩大停电范围。为了正确选择和整定参数，首先要了解保护电器的主要性能，同时要熟知国家标准 GB 50054—2011《低压配电设计规范》的有关规定，从而进一步知道按照配电系统的状况和计算的故障电流值（短路电流和接地故障电流等），正确整定保护电器的参数，以保证满足上述规范的规定。既在规定的时间之内可靠切断故障（或发出报警），同时又有选择地切断故障，即只切断发生故障的一段线路，而不切断上级配电线路。

1. 保护电器的主要性能

（1）低压熔断器

配电系统中使用的熔断器应符合国家标准 GB 13539.1—2008《低压熔断器 第 1 部分：基本要求》（等同采用 IEC 60269—1：1998）、GB/T 13539.2—2008《低压熔断器　第 2 部分：专职人员使用的熔断器的补充要求》（等同采用 IEC 60269.2 的 1995 年 1 号及 2001 年 2 号修正件）和 GB/T 13539.6—2002《低压熔断器　第 2 部分：专职人员使用的熔断器的补充要求 第 1～5 篇：标准化熔断器示例》（等同采用 IEC 60269—2—1：2000）。

1）分断范围和使用类别：第一个字母表示分断范围，"g"为全范围分断能力熔断体，"a"为部分范围分断能力熔断体；第二个字母表示使用类别。两字母组合的熔断体类别举例如下：

①"gG"为一般用途全范围分断能力的熔断体；

②"gM"为保护电动机电路全范围分断能力的熔断体；

③"aM"为保护电动机电路的部分范围分断能力的熔断体。

专职人员使用的熔断器，主要用于工业，有刀形触头熔断器、螺栓连接熔断器、圆筒形帽型熔断器、偏置触刀熔断器等类型。非熟练人员使用的熔断器，主要用于家用或类似用途。

2）时间—电流特性：对不同大小的故障电流决定熔断时间，是一种反时限特性曲线。制造厂应提供弧前和熔断时间—电流特性或时间—电流带。

3）熔断体的分断能力：在规定的使用和性能条件下，熔断体在规定电压下能够分断的预期电流值，对交流熔断器，指交流分量有效值。

4）过电流选择性：两个或多个过电流保护电器之间的相关特性配合。当在给定范围内出现过电流时，指定的保护电器动作，而其他的不动作。标准规定，当弧前时间大于 0.01s 时额定电流之比为 1.6∶1 的两级熔断器之间的选择性可得到保证。

5）焦耳积分特性：在规定的动作条件下作为预期电流函数的弧前或熔断 I_2t 曲线。制造厂商应提供弧前时间小于 0.1s 至相应于额定分断能力的弧前 I_2t 特性，以及以规定电压为参数的熔断 I_2t 特性，分别代表实际使用中可能遇到的作为预期电流函数的最小和最大值。

6）产品现状：自 1992 年发布 GB 13539.1—1992 标准以后，我国有一批熔断器按 1992 年标准生产，具有分断能力高、选择性好等特点。"gG"类型产品的主要型号有 RT15、RT16、RT17、RT20、RT30 以及 RL6、RL7 等，这些产品也符合 2008 年关于熔断器新国家标准的要求。

但是，目前我国还没有符合标准的"aM"类型产品。据了解，进入我国市场的奥地利埃姆·斯恩特公司和法国的溯高美公司都有这类产品。

（2）低压断路器

采用的断路器应符合国家标准 GB 14048.2—2008《低压开关设备和控制设备　第 2 部分：断路器》，等同于 IEC 60947：1995 同名称标准。

1）分类

①按使用类别分，A 类，在短路情况下，断路器无明确指出用作串联在负载侧的另一短路保护电器的选择性保护；B 类，在短路情况下，断路器明确串联在负载侧的另一短路保护电器的选择性保护，即在短路时，选择性保护有人为短延时（可调节）；

②按设计形式分，有万能式（开启式）、塑壳式；

③按分断介质分，有空气分断、真空分断、气体分断；

④按操作机构的控制方法分，有有关人力操作、无关人力操作、有关动力操作、无关动力操作、储能操作，而储能操作又有储能方式（弹簧、重力等）、能量的来源（人力、电力等）、释能方式（人力、电力等）；

⑤按是否适合隔离分，有适合隔离、不适合隔离；

⑥按安装方式分，有固定式、插入式、抽屉式；

⑦按 GB 4208—2008《外壳防护等级（IP 代码）》分。

2）短路特性

①额定短路接通能力（I_{cm}）：用最大预期峰值电流表示；

②额定短路分断能力，规定为：额定极限短路分断能力（I_{cu}）用预期分断电流（kA）表示；交流用交流分量有效值表示；额定运行短路分断能力（I_{cs}）用预期分断电流（kA）表示，相当于I_{cu}的某一百分数，标准百分数规定为$100\%I_{cu}$、$75\%I_{cu}$、$50\%I_{cu}$，对于 A 类断路器，还可以为$25\%I_{cu}$；

③交流断路器的短路接通和分断能力的关系：两者的比值应不小于 1.5～2.2，按短路分断能力大小和不同功率因数决定；

④额定短时耐受电流（I_{cw}）：对于交流，I_{cw}为有效值，I_{cw}值应不小于断路器额定电流I_n的 12 倍，且不得小于 5kA，最大不超过 30kA。与I_{cw}相应的短延时不应小于 0.05s，可选取 0.05s、0.1s、0.25s、0.5s 和 1.0s 几挡。

3）产品现状

由上海电器科学研究所组织研究设计的万能断路器主要产品如下：

①DW45 型是 20 世纪 90 年代新的智能型断路器，框架电流为 2000～6300A，I_{cu}达 80～120kA（400V 时），具有长延时、短延时、瞬时和接地故障保护功能，其整定电流和动作时间可在较大范围内方便调节，价格较高；

②DW50 型是 21 世纪初研制的智能型断路器，框架电流为 1000A，性能与 DW45 型基本相同；

③DW15HH 型是 20 世纪 90 年代末对原 DW15 型的再开发产品，具有和 DW45 型相同的保护功能，但尺寸较小，价格适中；

④DW16 型：框架电流为 630～4000A，400V 时I_{cu}达到 30～80kA，具有长延时、瞬时和接地故障保护功能，但调节范围较小，没有短延时脱扣器，价格较低。

此外，还有 ABB 公司的 F 系列，施耐德公司的 MT 系列，框架电流达 6300A，具有四段全保护功能，但价格较高。

由上海电器科学研究所组织研究设计的塑壳式断路器主要产品如下：

①S 系列（即 DZ40 型）：由上海电器科学研究所和全国十多个企业研制的新产品。壳架额定电流为 63～800A，共 6 个等级；分断能力有 4 个等级，即 C 系列（普通型 400V 时，I_{cu}达 15～35kA）、Y 系列（标准型，I_{cu}达 30～50kA）、J 系列（较高型，I_{cu}达 50～70kA）、G 系列（最高型，I_{cu}达 100kA）；有配电保护用和电动机保护用（AC—3）两种；具有长延时和瞬时脱扣器。还有两个系列产品：一是 Z 系列智能化断路器，具有短延时脱扣器，有多种调节功能，也可直接与计算机控制系统通信；二是 L 系列剩余电流断路器，同时具有长延时、瞬时和剩余电流保护功能，壳架电流为 63～200A，现又扩展到 800A，这是一个功能多样，具有不同档次可供选用的好产品。

②另外，如 ABB 公司 S 型（达 3200A）、E 型（达 6300A），施耐德公司的 NS 型（达 1250A）等，有长延时、瞬时脱扣器，也有增加带短延时、接地故障保护等脱扣器的智能型断路器。

（3）脱扣器

1）脱扣器的形式

①分励脱扣器；

②过电流脱扣器；

③欠电压脱扣器；

④其他，如使用很多的接地故障保护的脱扣器。

2）过电流脱扣器的种类

①瞬时；

②定时限，也就是短延时过电流脱扣器；

③反时限，通常称为长延时过电流脱扣器。

3）过电流脱扣器的电流整定值：用电流值的倍数或直接用安培数表示。

4）过电流脱扣器的脱扣时间整定值

①定时限的延时时间整定值用秒（s）表示；

②反时限的应给出时间—电流特性曲线。

5）反时限过电流脱扣器的断开动作特性。在基准温度下，所有相极通电至$1.05I_n$，即约定不脱扣电流时，在约定时间（对$I_n > 63A$为2h，$I_n \leqslant 63A$为1h）内不应脱扣，使电流上升到$1.3I_n$，即约定脱扣电流时，应在小于约定时间内脱扣。

2. 规范关于配电线路保护的规定

现行国家标准 GB 50054—2011《低压配电设计规范》，其中低压配电线路的保护是最重要的内容之一，因为它涉及保障人身安全、用电可靠，防止电路故障造成重大损害，如导致电气火灾所需要的防护措施等方面。

配电线路保护是要防止两方面的事故：一是防止因间接接触（区别于直接接触带电体）而导致的电击；二是防止因电路故障导致过热造成损坏，甚至导致火灾。

（1）短路保护

要求在短路电流对导体和连接件的热作用造成危害之前切断短路故障电路，当短路持续时间不大于5s时，绝缘导体的热稳定应校验。

（2）过负载保护

配电线路过负载保护，应在过载电流引起导体温升对导体绝缘、接头、端子及周围物质造成损害前能切断过载电流，但当突然切断电路会导致更大损失时，应发出报警而不切断电路。过负载保护的保护电器的整定电流和动作特性应符合下列两式的要求：

$$I_B \leqslant I_n \leqslant I_z$$
$$I_2 \leqslant 1.45 I_z$$

式中　I_B——线路计算电流；

　　　I_n——熔断器熔体额定电流或断路器长延时脱扣器整定电流；

　　　I_z——导体允许持续载流量；

　　　I_2——保证保护电器可靠动作的电流，对于断路器，I_2为约定时间的约定动作电流，对于熔断器，I_2为约定时间的约定熔断电流。

使用断路器时，按国家标准 GB14048.2—2008 规定，约定动作电流为$1.3I_n$，只要满足$I_n \leqslant I_z$即符合要求。

I_n就是断路器长延时整定电流$I_z d_1$，要求满足下式：

$$I_z d_1 \leqslant I_z \text{ 或 } I_z d_1 / I_z \leqslant 1$$

3. 接地故障保护

为防止人身间接电击以及线路损坏，甚至引起电气火灾等事故，最重要的措施是设置接地故障保护。接地故障保护适用于Ⅰ类电气设备,所在场所为正常环境,人身电击安全电压限值 U_L 不超过 50V。采用接地故障保护的同时,建筑物内各种导电体应作等电位联结。接地故障保护对配电系统的不同接地形式作了以下规定:

(1) TN 系统的接地故障保护

1) TN 系统配电线路接地故障保护的动作特性应符合下式要求:

$$Z_S I_a \leqslant U_0$$

式中　Z_S——接地故障回路的阻抗;

　　　I_a——保证保护电器在规定时间内切断故障回路的电流;

　　　U_0——相线对地标称电压。

$U_0 = 220V$ 的配电线路,其切断故障回路的时间规定如下:

①配电干线和供固定用电设备的末端回路,不大于 5s;

②供手握式或移动式用电设备的末端回路,以及插座回路,不大于 0.4s。

2) 当采用熔断器兼作接地故障保护时,为了执行方便,规定了接地故障电流与熔断体额定电流之比的最小值,见表 5-8、表 5-9。

表 5-8　切断时间不大于 5s 的 I_d/I_r 的最小值

熔体额定电流/A	4 ~ 10	12 ~ 63	80 ~ 200	250 ~ 500
I_d/I_r	4.5	5	6	7

表 5-9　切断时间不大于 0.4s 的 I_d/I_r 的最小值

熔体额定电流/A	4 ~ 10	12 ~ 32	40 ~ 63	80 ~ 200
I_d/I_r	8	9	10	11

3) 当采用断路器作接地故障保护时,接地故障电流不应小于断路器的瞬时或短延时过电流脱扣器整定电流的 1.3 倍。

(2) TT 系统的接地故障保护

TT 系统配电线路接地故障保护的动作特性应符合下式要求:

$$R_A I_a \leqslant 50V$$

式中　R_A——外露可导电部分的接地电阻与 PE 线电阻之和;

　　　I_a——保证保护电器切断故障回路的动作电流。当采用反时限特性过电流保护电器时,I_a 为 5s 内切断的电流;当采用瞬时动作特性的过电流保护电路时,I_a 为瞬时整定电流;当采用漏电保护器时,I_a 为其额定动作电流。

(3) IT 系统的接地故障保护

当 IT 系统配电线路发生第一次接地故障时,应由绝缘监视电器发出报警信号,其动作电流应符合下式要求:

$$R_A I_d \leqslant 50V$$

式中　R_A——外露可导电部分的接地电阻;

　　　I_d——第一次接地故障电流。

当 IT 系统的配电线路发生第二次异相接地故障时,应切断故障电路,并符合下列要求:

1) 当 IT 系统不引出 N 线,应在 0.4s 内切断故障回路,并符合下式要求:

$$Z_S I_a \leqslant U_0$$

式中　　Z_S——相线和 PE 线故障回路阻抗；

　　　　I_a——保护电器切断故障回路的动作电流。

2）当 IT 系统引出 N 线，应在 0.8s 内切断故障回路，并符合下式要求：

$$Z_S I_a \leqslant 0.5 U_0$$

式中　　Z_S——包括相线、N 线和 PE 线在内故障回路阻抗。

建议 IT 系统不引出 N 线。

4. 保护电器选择的通用要求

低压配电线路保护电器的选择应考虑以下要求：

1）保护电器必须是符合国家标准的产品。断路器和熔断器的国家标准是 21 世纪后修订的，等同采用 IEC 标准，符合当今国际先进水平。

2）保护电器的额定电压应与所在配电回路的标称电压相适应。

3）保护电器的额定电流不应小于该配电回路的计算电流。

4）保护电器的额定频率应与配电系统的频率相适应。

5）保护电器要切断短路故障电流，应满足短路条件下的动稳定和热稳定要求，还必须具备足够的通断能力，通断能力应按保护电器出线端位置发生的预期三相短路电流有效值进行校核。当今，虽然我国的保护电器产品已具有国际先进水平，其通断能力足以满足配电系统的要求，但是因为保护电器产品的通断能力有不同的等级，所以在配电设计中，应根据需要进行选择并校验，当配电变压器容量较大，而安装在靠近变压器的保护电器容量又较小时，更应重点作计算和校验。

6）考虑保护电器安装场所的环境条件，以选择相适应防护等级（IP 等级）的产品。此外，在高海拔地区（如海拔超过 2000m）应选用高海拔用的产品，或者采取必要的技术措施。在靠近海边的地方，应使用防盐雾的产品。

5. 保护电器保护特性的选型

选型原则：

1）配电线路在正常使用中和用电设备正常起动时，保护电器不会动作。

2）保护电器必须按规范规定的时间切断故障电路，这是实施规范的最基本目标，也是保护电器的根本任务。

3）配电系统各级保护电器的动作特性应能彼此协调配合，要求有选择性动作，即发生故障时，应使靠近故障点的保护电器切断，而其上一级和上几级（靠电源侧方向为上）保护电器不动作，使断电范围限制到最小。

低压配电用保护电器包括断路器和熔断器两种，而断路器又有非选择型和选择型两类。配电系统有树干式、放射式和混合式等几种。保护的级数的多少也不相同，少至一两级，多至六七级。

低压配电示意图如图 5-23 所示。

①配电干线首端保护电器：为了保证干线首端可靠切断故障和动作选择性，应选用选择型断路器，如 DW45 型或 DW15HH 型。当此干线供电范围不大，其计算负荷电流较小（如 300A 以下）时，也可选用熔断器。从此处（变电所低压配电盘）直接给单台用电设备配电的线路，可选用非选择型断路器。

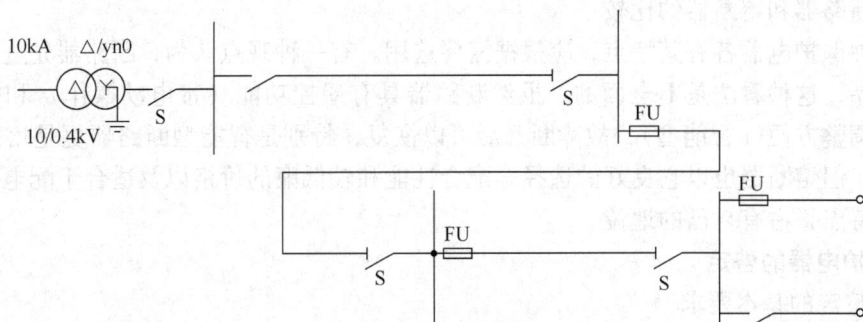

图 5-23　低压配电示意图

②配电干线第二级保护电器：一般宜用熔断器。当此段干线供电范围较大，负载较重要，计算负荷电流较大（如 400A 以上）时，可采用选择型断路器，如 DZ40 型。

③末端电路，即直接接至用电设备的线路保护电路：通常使用非选择型断路器，必要时，也可用熔断器，这里接笼型异步电动机，最好用 aM 型熔断器。

④末端电路的上一级线路保护电器：使用熔断器为好。当所供电的用电设备不多，突然断电影响不大时，也可使用非选择型断路器。

⑤为保证选择型断路器动作，多级配电线路的中间各级最好选用熔断器。

综上所述，配电线路各级保护电器比较合理的选型是：选择型断路器（首端）→熔断器→熔断器→非选择型断路器（末端）。

6. 保护电器设置和选型的几个问题

（1）配电变压器低压侧总开关的设置和选型

低压侧应设总开关，有两种选型：一是设隔离开关，二是设有隔离功能的断路器，或隔离开关加断路器。随着用电可靠性要求和安全保护要求的提高，越来越趋向装设断路器。其主要优点是可以遥控合闸，可以带负载断开，具有保护功能，事实上也有隔离开关具有断开负载和遥控合闸功能。

置断路器时，鉴于该断路器与各出线的保护电器都装在低压配电柜内，距离不过 1m 至几米，在此范围内发生短路和接地故障的几率很小，所以不必设置保护功能。如果该断路器再带瞬时过电流保护，则难以与各出线保护协调动作，无法实现主干线的选择性，是不可取的；但是，若装设长延时保护，作为过载保护用是可以的。

（2）各配电箱内的进线开关设置和选型

进线开关作隔离和断开负载电流用，可以用隔离开关，也可用断路器，需要遥控者，选用电动操作断路器。不设置保护，必要时可带长延时作过载保护，但不应装设瞬时动作保护。

（3）接用电设备的末端回路保护电器及控制电器的设置

末端回路应设短路和接地故障保护，装设在末端回路前端的保护电器必须具备这项功能，通常装非选择型断路器或剩余电流断路器，而末端回路的末端则不必再设短路保护，而是根据所接用电设备需要，装设控制电器（如接触器）。按需要，还应装用电设备的过载保护电器。对于笼型异步电动机，宜用 aM 型熔断器。

（4）断路器和熔断器的比较

这两种保护电器各有其特点，应根据需要选用。有一种观点认为，断路器先进而熔断器是落后产品，这种看法是不全面的。虽然断路器具有遥控功能（带电动操作）和完善的保护功能，调整方便（智能型），故障断开后可以恢复，特别是智能型断路器更是熔断器所不可比拟的，但熔断器也以它良好的选择、配合性能和较低廉的价格以及适合于配电系统的中间各级的特点，占有自己的地位。

7. 保护电器的整定

（1）整定的基本要求

1）正常工作和正常起动时，不应切断电路。

2）线路故障时，应可靠切断故障电路。

3）线路故障时，各级保护电器应有选择性地切断电路。

这三项要求常常是相互矛盾的，配电系统设计的任务就是要合理地选择保护电器，正确整定其参数。例如，保护电器额定电流或整定电流大小受到第1）和第2）项的限定，而动作时间的快慢又受到第2）和第3）项的制约，必须仔细计算、校验，协调矛盾，实现对立的统一，以符合规范的要求。

（2）在正常工作和起动时保护电器不动作

正常工作时，保护电器不动作，即 $I_B \leq I_n$。

5.5　导线和电缆的敷设与选择

5.5.1　导体材料及电缆芯数的选择

1. 导体材料的选择

电线、电缆一般采用铝芯线。濒临海边以及有严重盐、雾地区的架空线路，可采用防腐型钢芯铝质绞线。下列场合应采用铜芯电线或电缆：

1）高层建筑，重要的公共建筑等以及国外工程和涉外工程。

2）要确保长期运行中连接可靠的回路。例如，重要电源、重要的操作回路及二次回路、电机的励磁、移动设备的线路及剧烈振动场合的线路。

3）对铝腐蚀严重而对铜腐蚀轻微的场合。

4）爆炸危险环境或火灾危险环境有特殊要求者。

5）特别重要的公共建筑物。

6）高温设备。

7）应急系统，包括消防设施的线路。

其他场合可采用铜芯线，也可根据实际情况采用铝芯线。

2. 电缆芯数的选择

电压 1kV 及以下的三相四线制低压配电系统，当第四芯为 PEN 线时，应采用四芯电缆而不得采用三芯电缆与单芯电缆组合成一个回路的方式；当 PE 线作为专用而与带电导体 N 线分开时，应采用五芯电缆。当没有五芯电缆时，可采用四芯电缆与单芯电缆电线捆扎组合的方式，PE 线也可以利用电线的护套、屏蔽层、铠装等金属户外层等，分支单相回路带 PE

线应采用三芯电缆。如果是三相三线制的系统，则采用四芯电缆，第四芯为 PE 线。

5.5.2　导线和电缆类型的选择

常用电线和电缆的型号与敷设条件见表 5-10。

表 5-10　常用电线和电缆的型号与敷设条件

类别	型号		绝缘材料类型	敷设条件
	铜芯	铝芯		
电缆	BX	BLX	橡皮绝缘	空气架空和穿管绝缘，交流 500V，直流 1000V
	BXF	BLXF	氯丁橡皮绝缘	室外架空或穿管敷设，交流 500V，直流 1000V
	BV	BLV	聚氯乙烯绝缘	室内明敷或穿管敷设 交流 250V 以下的照明及各种电器
软线	ZR		聚氯乙烯绝缘	
	RVB		聚氯乙烯绝缘（平行软线）	
	RVS		聚氯乙烯绝缘（绞型软线）	
电力 电缆	VV	VLV	聚氯乙烯绝缘，聚氯乙烯护套	敷设在室内、隧道或者管道中，不承受机械外力作用
	ZQD	ZLQD	不滴流浸渍剂，纸绝缘裸铅包	敷设在室内、沟道及管道内
	ZQ	ZLQ	油浸纸绝缘裸铅包	
	YJV	YLJV	交联聚氯乙烯绝缘，聚氯乙烯护套	敷设在室内、电缆沟道或者管道内，也可以是土壤中
	ZR YJV	ZR YJV	阻燃型 交联聚氯乙烯绝缘，聚氯乙烯护套	敷设在室内、电缆沟及管道中，也可敷设在土壤中，不承受机械外力作用，但可承受一定的敷设牵引力（阻燃型适用于高层建筑、地铁、地下隧道、核电站、火电站等与防火安全有关的消防救火有关场所）
	YJVF	YJVF	交联聚氯乙烯绝缘，分相聚氯乙烯护套	敷设在室内、电缆沟及管道中，也可敷设在土壤中，不承受机械外力作用，但可承受一定的敷设牵引力（阻燃型适用于高层建筑、地铁、地下隧道、核电站、火电站等与防火安全及消防救火有关场所
	NH VV$_{29}$	V$_L$V$_{29}$	耐火型 聚氯乙烯绝缘，聚氯乙烯护套内钢带铠装	敷设在地下，能承受机械外力作用，但是不能承受大的拉力（耐火型适用于照明、电梯、消防、报警系统、应急供电回路及地铁、电站、火电站与防火安全及消防救火有关的场所）
	VV$_{30}$	V$_L$V$_{30}$	聚氯乙烯绝缘，聚氯乙烯护套裸细钢丝铠装	敷设在室内、矿井中，能承受机械外力作用，能承受相当的拉力
	ZQD$_{12}$	ZLQ D$_{12}$	不滴流浸渍剂纸绝缘铅包钢带铠装	用于垂直或高落差敷设，敷设在土壤中，承受机械损伤，但是不能承受大的拉力
	ZQD$_{22}$	ZLQ D$_{12}$	不滴流浸渍剂纸绝缘铅包钢带铠装聚氯乙烯护套	用于垂直或高落差敷设，敷设在对钢带严重腐蚀环境中，可承受机械损伤，但是不能承受大的拉力

5.5.3　导线和电缆截面积的选择

照明线路导线和电缆的截面积一般根据下列条件来选择：

1. 按允许载流量（负荷电流）选择

在最大允许连续负荷电流下，导线发热不超过芯线所允许的温度，不会因过热而引起导线绝缘损坏或加快老化。

（1）长期工作制负荷

在不同敷设条件下，导线或电缆长期允许的工作电流 I_N 受环境温度影响，可用校正系数 K_t 进行修正，即

$$K_t I_N \geq I_{js}$$

式中　I_N——导线或电缆长期允许的工作电流，单位为 A；

　　　I_{js}——线路的计算电流，单位为 A；

　　　K_t——环境修正系数。

导线周围环境温度在空气中敷设取 $\theta = 25℃$ 作为标称值，而在土壤中宜埋地敷设以 $\theta_c = 20℃$ 作为标称值。当导线或电缆敷设环境温度不是 θ_c 时，允许载流量应乘以校正系数 K_t，其计算公式为

$$K_t = \sqrt{\frac{\theta_e - \theta_a}{\theta_e - \theta_c}}$$

式中　θ_a——敷设处的实际环境温度，单位为℃；

　　　θ_c——环境温度的标称值，单位为℃；

　　　θ_e——导线、电缆线芯允许长期工作温度，单位为℃，见表 5-11。

表 5-11　导线、电缆线芯允许长期工作温度

导线电缆种类		电压等级/kV	允许长期工作温度/℃
电缆	橡皮绝缘	0.5	65
	塑料绝缘		
电力电缆	油浸纸绝缘	1～3	80
		6	65
		10	60
		20～35	50
	聚氯乙烯绝缘	1	65
		6	
	橡皮绝缘	0.5	
	交联聚氯乙烯绝缘、聚氯乙烯护套	6～10	
		35	90

（2）重复性短时工作负荷

当重复周期 $t \leq 10min$、工作时间 $t_w \leq 4min$ 时，导线或电缆的允许电流按以下情况确定：

1）导线截面积 $S \leq 6mm^2$ 的铜线或 $S \leq 10mm^2$ 的铝线，其允许电流按上述长期工作制计算。

2）导线截面积 $S > 6mm^2$ 铜线或 $S > 10mm^2$ 的铝线，其允许电流等于长期允许电流 $0.875/\sqrt{\varepsilon}$ 倍，其中 ε 是该用电设备的暂载率（%）。

（3）短时工作制负荷

当工作时间 $t_w \leqslant 4\text{min}$，在停止用电时间内，导线或电缆散热，能够降到周画环境温度时，此时导线或电缆的允许电流按重复短时工作制决定。

2. 按允许电压损失选择

导线上的电压损失应低于最大允许值 5%，以保证供电质量。对于 380V/220V 低压供电线路，若整条线路的导线截面积、材料均相同，不计线路电抗，且功率因数 $\cos\varphi \approx 1$，那么，根据电压损失来选择导线或电缆截面积的简化计算公式为

$$S = \frac{R_0}{C\Delta u\%} \sum_{i=1}^{n} P_i L_i$$

式中　P_i——各负荷的有功负荷，单位为 kW；

　　　L_i——第 i 个负荷到电源的线路长度，单位为 km；

　　　R_0——三相线路单位长度的电阻，单位为 Ω/km；

　　　C——计算系数，见表 5-12。

线路电压损失百分数，见表 5-13。

<table>
<tr><td colspan="3" align="center">**表 5-12　计算系数 C**</td></tr>
<tr><td rowspan="2">供电系统</td><td colspan="2" align="center">线芯材料</td></tr>
<tr><td>铜线</td><td>铝线</td></tr>
<tr><td>三相四线制 380V/220V</td><td>75.00</td><td>45.76</td></tr>
<tr><td>单相 220V</td><td>12.56</td><td>7.66</td></tr>
</table>

<table>
<tr><td colspan="2" align="center">**表 5-13　线路电压损失百分数**</td></tr>
<tr><td>使用电源</td><td>电压损失百分数（%）</td></tr>
<tr><td>公共电网</td><td>±5</td></tr>
<tr><td>单位自用电源</td><td>6</td></tr>
<tr><td>临时电源</td><td>8</td></tr>
</table>

3. 按机械强度选择

在正常的工作状态下，导线应有足够的机械强度，以防断线保证安全可靠运行。

4. 按热稳定性的最小截面积校验

在短路情况下，导线必须保证在一定的时间内，安全承受短路电流通过导线时所产生的热的作用，以保证供电安全。

对于电缆和绝缘导线来说，在断路假想时间的情况下，当导体通过短路稳态电流 I_∞ 时，导体最高允许加热温度所对应的截面积为最小允许截面积。导体满足热稳定的最小截面积计算公式为

$$S_{\min} = I_\infty \frac{\sqrt{t_{jx}}}{C}$$

式中　I_∞——短路稳态电流，单位为 A；

　　　t_{jx}——断路假想时间，单位为 s；

　　　C——短路热稳定系数，与导体材料、结构以及最高允许温度、长期主作额定温度有关，热稳定系数 C 见表 5-14。

对于 1kV 以下的照明线路，虽然供电线路不长，但因负荷电流大，导线应按照允许载流量选择，并按机械强度和允许电压损失来校验；对于电缆，还应按短路时的热稳定来校验。

表5-14　热稳定系数 C

种类	材料	最高允许温度/℃	允许长时间工作温度/℃	C
交联聚氯乙烯	铜芯	230	90	135
绝缘电缆	铅芯	200	90	80
聚氯乙烯绝缘电缆	铜芯	130	65	100
	铅芯	130	65	65
导线	铜	300	70	171
	铅	200	70	87

5. 中性线、保护线、保护中性线的截面积

（1）对于中性线（N线）截面积的选择

主要有以下四种情形：

1）在单相及二相线路中，N线截面积应与相线截面积相同。

2）在三相四线制配电系统中，N线的允许载流量应不小于线路中最大不平衡负荷电流，同时应考虑谐波电流的影响。当有下列情况时，N线截面积应不小于相线截面积：

①照明配电干线；

②用电负荷主要为单相用电设备；

③以气体放电光源为主的配电线路；

④单相回路。

3）采用晶体管调光或计算机电源回路的三相四线配电线路，N线的截面积应不小于相线截面积的2倍。

4）对于照明分支线以及截面积为4mm^{2}及以下的干线，N线的截面积应与相线截面积相同。

（2）对于保护线（PE线）和保护中性线（PEN线）截面积的选择

按规定，PE线的截面积一般应不小于相线截面积的1/2，同时，应满足单相接地故障保护时热稳定最小截面积的要求。

PE线或PEN线的热稳定要求的最小截面积见表5-15。

表5-15　热稳定要求的最小截面积

相线截面积/mm^2	$S \leq 16$	$16 < S \leq 35$	$S > 35$
热稳定要求的最小截面积/mm^2	S	16	$\geq S/2$

N线和PE线应同时满足表中绝缘导线的最小截面积中给出的绝缘导线对机械强度要求的最小截面积。

6. 有爆炸和火灾危险环境的导线截面积的选择

爆炸及火灾危险场所应选用铜芯导线，其截面积不得小于2.5mm^2；对于建筑物内所用的导线类型宜选用阻燃型（阻燃电缆），并不允许有中间接头，穿线管材应选用"低压流体输送用镀锌焊接钢管"。

思考题与习题

1. 电气照明设计的基本要求是什么？

2. 电气照明设计的主要任务是什么？

3. 对于气体放电灯采用什么办法可以降低频闪效应的影响？

4. 照明系统中的每一单相回路的电流不宜超过多少安培？单独回路的照明灯具套数不宜超过多少个？

第6章 照明施工图设计

6.1 电气照明施工图设计程序

电气照明设计常接触到的一般是初步设计及施工图设计两个阶段，大型及部分行业的中型工程在初步设计之前还必须进行方案设计，特大型项目还有用以决定项目取舍的初步可行性研究，而一般的民用建筑项目则常将初步设计内容融入施工图设计阶段的前期准备，只有施工图设计一个阶段。

6.1.1 方案设计

方案设计（可行性研究）是基本建设前期工作的重要内容，是项目决策阶段的设计程序之一。方案设计是在项目决策前对建设项目在技术经济以及其他方面的可行性，以及对多个实施方案的最终选择的研究论证，是建设项目投资决策的依据。

1. 设计的步骤

工程项目的建设申请得到批准后，即进入可行性研究阶段。首先选定工程位置，并研讨建设规模、组织定员、环境保护、工程进度、必要的节能措施，进行经济效益分析及负荷率计算等。同时要收集气象地质资料、用电负荷情况（容量、特点和分布）、地理环境条件（邻近有无机场和军事设施，是否存在污染源或跨越的铁道、航道和通信线）等与建筑有关的重要资料，和涉及的有关部门或个人（如电管部门，跨越对象，修建时占用土地，可能损坏青苗的主人等）协商解决具体问题，并取得有关主管部门的同意文件。设计人员还应提出设想的主结线方案、各级电压输出线路和走向、平面布置等内容，进行比较和选择，联合其他专业，将上述问题及解决方法等拟出"可行性研究报告"，并协助有关部门编制"设计任务书"。对于规模较小、投资不大的供电设计项目，上述过程也可从简、从略。

2. 电气专业的工作

1）根据使用要求和工艺、建筑专业的配合要求，汇总、整理、收集、调研有关资料，提出设备容量及总容量的各种数据，确定供电方式、负荷等级及供电措施设想，必要时要做多方案对比。

2）绘出供电点负荷容量的分布、干线敷设方位等的必要简图（总图按子项，单项以配电箱作供电终点）。

3）对工艺复杂、建筑规模庞大、有自控系统及智能建筑的项目，需编制必要的控制方案并绘制重点智能（如消控、安保、宽带）系统简图（或框图）。

4）大型公共建筑还需与建筑专业配合布置出灯位平面图，甚至标出灯具形式。

5）估算主要电气设备所需投资，多方案时应对比经济指标及概算。

3. 设计文件

该阶段设计文件以设计说明书为核心。电气专业仅为"施工技术方案"的部分（章）提供内容及设计文件附件。

4. 达到的要求

本阶段电气专业仅在工程选址，强、弱电的工程需求与外部条件之间的差距和解决的可能，以及能耗、工期、技术经济等方面，配合整个项目作好方案决策工作。

6.1.2 初步设计

初步设计（扩初设计）是基本建设前期工作的重要组成部分，是工程建设设计程序中的重要阶段，是项目决策后根据设计任务书的要求和有关设计基础资料所作出的具体实施方案初稿。如果项目没有方案设计阶段，则初步设计就是扩大了的初步设计（包含方案设计），简称扩初设计。一般初步设计占整个电气设计工作量的 30% ~ 40%（施工图设计占60% ~ 70%）。如果说施工图设计是躯体，那么初步设计则是灵魂。经批准的初步设计（含概算书）是工程施工图设计的依据。

1. 设计的步骤

根据上级下达的设计任务书所给的条件，各个专业开始进行初步设计。有可行性研究报告时，应尽可能参照报告中的基础资料、数据，从各个用电设备的负荷计算开始；无可行性研究报告时，需自行收集基础资料。对各个环节均需经过充分的计算、分析、论证和方案选择，最后提出经筛选的较优方案，并编写"设计说明书"。说明书中要详细列出计算、比较和论证的数据，短路电流计算用系统接线图及等效阻抗示意图、选用或设计的继电保护和自动装置的二次接线图、操作电源、设备选择，照明设计、防雷保护与接地装置、电气布置及电缆设施，通信装置，主要设备材料及委托加工订货计划，土地征用范围，基建及设备投资概算等内容。此外，还要给出经过签署手续的必要图样。初步设计只供审批之用，不给出详细施工图，但也要按有关规定做出有一定深度的规范化图样，准确无误地表达设计意图。同时，说明书要求内容全面、计算准确、文字工整、逻辑严谨、词句精炼。

2. 电气专业的工作

1）根据建设方的使用要求及工艺、建筑专业的设计，按照方案设计的原则，绘制供电点、干线分布等简图、根据负荷容量需要系数法计算结果，确定变配电所需设备规模的大小，给出平面布置图及系统图。

2）按负荷分类计算，确定供电及控制方式，确定采用的变压器、高低压配电屏的型号、规格及其安装位置，以及功率因数补偿方式、供电线路、过电压及接地保护等。

3）阐述动力控制方式（几地控制，何种方式控制）；绘制动力的位置图；确定控制屏、箱、台的控制范围，动力电压等级及动力系统形式，导线选择与敷设，安全保护及防触电措施。

4）确定电气照明的标准，主要区域、场所关键部位的单位照度容量及采用灯型；绘制必要的简图或表格；确定应急照明及电源切换方式。

5）确定建筑物防雷保护等级，以及接闪器引下线及接地系统的形式和做法。

6）确定弱电及自控系统的构成、主要设备的选择、弱电或中央控制室的布置，以及必要的控制方案的构成。

7）提出设备材料表及必要图样，应满足工程概算及订货需要（包括供货时间要求）。

3. 设计文件

本阶段设计文件以设计说明书为核心，电专业也仅为其中"施工方案技术"部分（章）提供内容，但设计图样应单独列为设计文件或作为附件。

4. 达到的要求

初步设计深度应满足以下要求：

1）经过方案比较选择确定最终采用的设计方案。

2）根据选定的设计方案，满足主要设备及材料的订货。

3）根据选定的设计方案，确定工程概算，控制工程投资。

4）作为编制施工图设计的基础。

6.1.3　施工图设计

施工图设计是技术设计和施工图绘制的总称。本阶段首先是技术设计，即把经审批的初步设计原则性方案作细致全面的技术分析和计算，取得确切的技术数据后，再绘制成施工安装图样。

设计步骤如下：

1）初步设计经上级审查批准后，便可根据审查结论和设备材料的供货情况，开始施工图设计。施工图设计说明书中应编制技术组织措施和各专业间施工综合进度表、协作设计单位的设计分工协议、本工程电气施工图总目录，简要介绍施工图设计原则及与初步设计相同部分的改进方案的论证，并做出工程预算书。

通用部分应尽量调用国家标准图集中的对应图样，这样设计者省时省力，可在保证质量的同时加快设计进度；非标准部分则需由设计者精心设计制图，并说明设计意图和施工方法。

要注意协作专业的互相配合问题，还要注意图样会签，防止返工、碰车等现象。对于规模较小的工程，也可以将上述三个阶段合并成 1～2 次设计完成。图样目录中可先列出新绘制的图样，后列出选用的标准图样或重复利用的图样。

2）设计文件：本阶段基本上是以设计图样统一反映设计思想的。设计说明需分专业编写，有时还分子项编写，常在设计图样中单独列出一页，一般包括对施工、安装的具体要求，且通常为首页。尽管本阶段图样量最大、最集中，但还应处理好标准图引用、已有图复用的问题，因为这些图样将直接为购买、安装、施工及调试提供依据，故需严防"漏、误、含糊及重叠、彼此矛盾"。

3）施工图设计应满足以下要求：

①指导施工和安装；

②修正工程概算或编制工程预算；

③安排设备、材料的具体订货；

④非标设备的制作、加工。

6.2　电气照明施工图

6.2.1　电气照明施工图的格式

电气照明施工图的格式如图 6-1 所示。

1）幅面：由边框线所围成的图面。

2）标题栏：注明图样名称、图号等信息及供有关人员签名用的栏目。

3）会签栏：供相关专业人员会审图样时签名用的栏目。

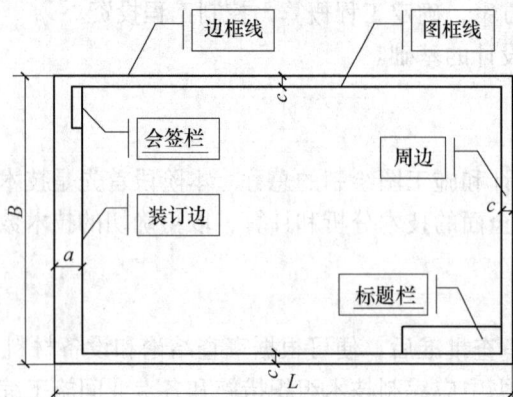

图 6-1　电气照明施工图

4）幅面代号及尺寸：见表 6-1。

表 6-1　幅面代号及尺寸　　　　　　　　（单位：mm）

幅面代号	宽 B×长 L	边宽 c	装订边宽 a
A0	841×1189	10	25
A1	594×841	10	25
A2	420×594	10	25
A3	297×420	5	25
A4	210×297	5	25

5）标题栏一般格式：格式通常由设计单位自定，见表 6-2。

表 6-2　标　题　栏

设计单位名称		工程名称		总工程师		工程编号
		项目名称		方案设计		图别
纸质证书号		图名	审定	专业负责人		图号
			审核	设计		设计阶段
注册师印章编号			核对	绘图		日期

6）会签栏的一般格式：格式通常由设计单位自定，见表 6-3。

表 6-3 会 签 栏

建筑		暖通	
结构		电气	
给排水		预算	

6.2.2 图面的一般规定

1. 比例和方位标志

（1）图样比例

图样比例是图样上所画的尺寸与实物的尺寸之比。

1）第一个数字是图形符号尺寸，第二个数字是实物尺寸。

2）以倍数比表示，常用的比例见表 6-4。

表 6-4 常用的比例

图名	常用比例	必要时可用比例
总平面图	1:500，1:1000，1:2000，1:5000	1:2500，1:10000
平面图、立面图、剖面图、结构布置图、设备布置图	1:50，1:100，1:200	1:150，1:300，1:400
详图	1:1，1:2，1:5，1:10，1:20，1:25，1:50	1:3，1:15，1:30，1:40，1:60

（2）方位

1）国际：上北下南，左东右西。

2）国内：一般用方位标记标明建筑物或构筑物的朝向，如图 6-2 所示。

2. 字体

GB/T 14691—1993《技术制图 字体》规定，汉字采用长仿宋体，字母、数字可用直体、斜体；字体号数（即字体高度，单位为 mm）分为 20、14、10、7、5、3.5、2.5 七种。字体宽度约等于字体高度的 2/3，而数字和字母的笔画宽度约为字体高低的 1/10，因汉字笔画较多，不宜用 2.5 号字。

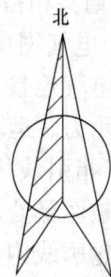

图 6-2 方位标记

3. 图线

1）图线形式：见表 6-5。

表 6-5 图线形式

图线名称	图线形式	应用
粗实线	——————	电气路线，一次路线
细实线	——————	二次路线，干线，分支
虚线	— — — —	应急照明线
点画线	—·—·—·	控制线，信号线，轴线
双点画线	—··—··—	50V 以下的电力及照明线路

2）图线宽度：有 0.25mm、0.35mm、0.5mm、0.7mm、1.0mm、1.4mm 等，通常只取两种，若超过两种，应以 2 的倍数递增。

4. 标高

1）绝对标高

①以我国青岛外海黄海平面作为零点而确定的高度尺寸；

②海拔。

2）相对标高

①选定某一参考面为零点而确定的高度尺寸；

②建筑高度采用：以建筑物室外地平面为 ±0.00m。

3）敷设标高

①选择每一层地坪或楼面为参考面而确定的高度尺寸；

②设备安装高度采用。

5. 平面图定位轴线

1）位置：主要承重构件的位置，例如承重墙、柱子、主梁及屋架等。

2）编号：①轴线：分别用点画线引出；②水平编号：数字；③垂直编号：英文字母。

3）轴线间距：由建筑结构尺寸确定。

平面图定位轴线如图 6-3 所示。

6. 箭头和指引线

1）电气图中箭头有两种形式：开口箭头表示电气连接上能量或信号的流向；实心箭头表示力、运动、可变性方向。

2）指引线用于指示注释的对象，其末端指向被注释处，并在其末端加注以下标记：若指在轮廓线内，用一黑点表示；若指在轮廓线上，用一箭头表示；若指在电气线上，用一短线表示。

箭头和指引线如图 6-4 所示。

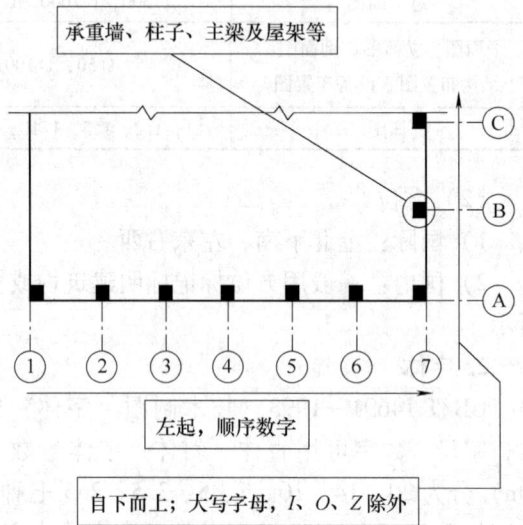

图 6-3　平面图定位轴线

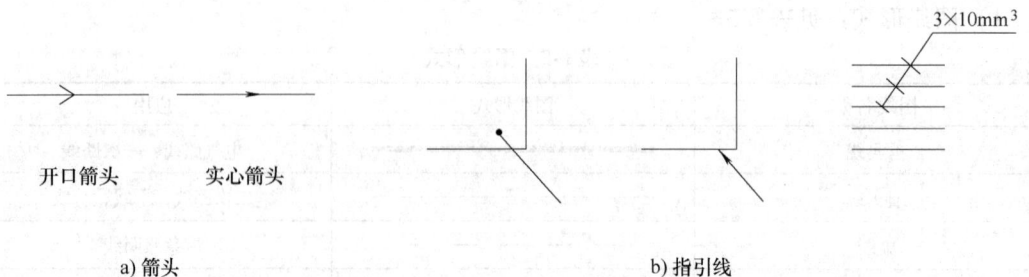

图 6-4　箭头和指引线

7. 图框

1）图框用于集中表示功能单元、结构单元或项目组，通常用点画线框表示。

2）图框的形状可以是不规则的，但不能与元件符号相交。

8. 尺寸标注

1）电气图尺寸标注是电气工程施工和构件加工的重要依据。

2）尺寸标注由尺寸线、尺寸界线、尺寸起点（实心箭头和45°斜短画线）、尺寸数字组成。

3）图样上尺寸通常单位为毫米（mm），除特殊情况外，图上一般不另标注单位。

9. 注释、详图

1）在图形符号表达不清楚的地方或不便表达的地方可以加上注释。

2）注释有两种形式：一是直接放在所要说明的对象附近；二是加标记，将注释放在另外的位置或另一页。

3）当图中有多个注释时，应把这项注释按编号顺序放在图样边框附近。如果是多张图样，一般性注释放在第一张图样上，其他注释放在其内容相关的图样上。

4）注释方法可采用文字、图形、表格等形式，其目的是把对象表达清楚。

5）详图。

详图实质上是用图形来注释，相当于机械图的剖面图，即将电气装置中某些零件、连接点等结构，或安装工艺等放大并详细表达出来。详图放在要详细表示对象的图上，也可以放在另一张图上，但必须用一个标记将它们联系起来。标注在总图上的标记称为详图索引标记，标注在详图位置上的标记称为详图标记。详图示例如图 6-5 所示。

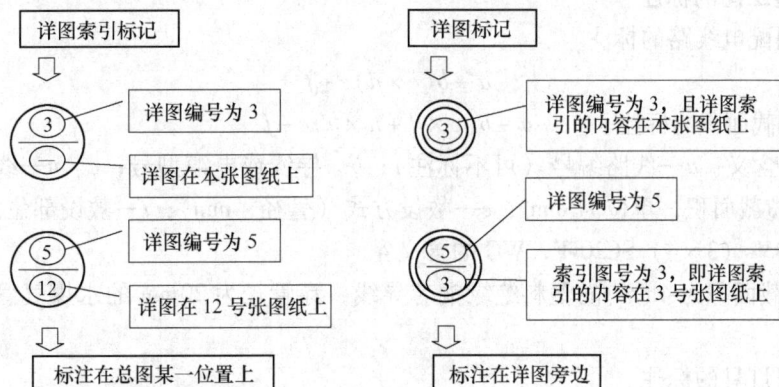

图 6-5　详图示例

6.2.3　电气照明施工图的符号及标注

1. 电气照明工程常用的图形符号

电气照明工程常用的图形符号和文字符号必须采用《电气图用图形符号》、《电气技术的文字符号指定通则》中的规定符号。电气照明施工图的符号及标注示例如图 6-6 所示。

序号	符号	设备名称	型号	安装高度
1	▬	照明配电箱	铁制	底距地 1.4m
2	▱	双电源互投箱	铁制	详见说明
3	⊗C	吸顶灯	61W	吸顶
4	⊗EH	防水圆球灯	61W	吸顶
5	▦	楼梯间照明吸顶灯（应急回路）	61W	吸顶
6	⊢⊣	单管荧光灯	36W	链吊，距地 3.0m
7	⊨	双管荧光灯	36W×2	链吊，距地 3.0m
8	⊟	三管荧光灯	36W×3	链吊，距地 3.0m
9	⊢•	壁挂式单管荧光灯（应急回路）		距地 2.5m
10	⊢⊔	单管防水防尘吸顶灯	36W	链吊，距地 3.0m
11	⊔⊔	双管防水防尘吸顶灯	36W×2	链吊，距地 3.0m
12	●	地脚灯	36W	距地 0.5m
13	○	普通灯	36W	吸顶
14	⌒	单联跷板暗开关	220V/10A	距地 1.3m
15	⌒	双联跷板暗开关	220V/10A	距地 1.3m
16	⌒	三联跷板暗开关	220V/10A	距地 1.3m
17	⌒	四联跷板暗开关	220V/10A	距地 1.3m
18	⊡	风机盘管		详见暖施
19	⊙	风机盘管控制开关		距地 1.3m

图 6-6　电气照明施工图的符号及标注示例

2. 电气施工图的标注

（1）照明配电线路的标注

一般标注　　　　　　　　　　$a-b(c\times d)e-f$

两种芯线截面积的标注　　　$a-b(c\times d+n\times h)e-f$

标注代号含义：a—线路编号（可不标注）；b—导线或电缆型号；c、n—线芯根数；d、h—导线或电缆截面积，单位为 mm^2；e—敷设方式（管径，mm）；f—敷设部位。

例 6-1　BV-（3×4）SC20-F，WC 的含义？

解： 3 根截面积为 $4mm^2$ 的塑料绝缘铜芯导线，穿管径为 20mm 的水煤气管敷设在地板内或墙内。

（2）照明灯具的标注

一般标注　　　　　　　　　　$a-b\dfrac{c\times d\times L}{e}f$

吸顶安装灯具的标注　　　　　$a-b\dfrac{c\times d\times L}{\quad}f$

标注代号含义：a—灯具数量；b—灯具型号（可不标注）；c—每盏灯具的灯泡（管）数量；d—灯泡（管）的容量，单位为 W；e—灯具安装高度，单位为 m；f—安装方式；L—光源种类（一种光源可不标注）。

例 6-2　灯具标注 $12\text{-PAK-A04-236}\dfrac{2\times36}{2.9}\text{P}$ 的含义？

解： 12 盏型号为 PAK-04-236 的双管荧光灯具，灯管的容量为 36W，管吊式安装，安装高度为 2.9m。

（3）断路器及熔断器的标注

一般标注

$$a - b - c/i$$

需标明引入线规格时

$$a \frac{b - c/i}{d(e \times f) - g}$$

标注代号含义：a—设备编号（可不标注）；b—设备型号；c—额定电流，单位为 A；i—整定电流（可不标注），单位为 A；d—导线型号；e—导线根数；f—导线截面积，单位为 mm^2；g—敷设方式。

断路器及熔断器的标注形式如图 6-7 所示。

ABB 微断产品：S25 □S - □□

- 额定电流，A
- 特性（C，…）
- 极数（1，…）
- 型号

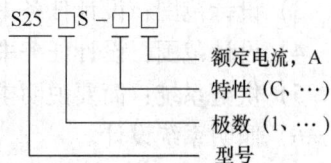

图 6-7 断路器及熔断器的标注形式

6.2.4 电气照明施工图的种类及绘制

1. 首页

（1）图样目录

图别、图号、图样名称、规格等，电气照明施工图种类及绘制示例如图 6-8 所示。

12	××××医院 S– 新大楼 –D8	B 区地下一层电力平面图（一）	2.75	a					
13	××××医院 S– 新大楼 –D9	A 区地下一层电力平面图（二）	2.75	a					
14	××××医院 S– 新大楼 –D10	B 区地下一层电力平面图（二）	2.75	a					
15	××××医院 S– 新大楼 –D11	A 区一层电力平面图	2.75	a					
16	××××医院 S– 新大楼 –D12	B 区一层电力平面图	2.75	a					
17	××××医院 S– 新大楼 –D13	A 区二层电力平面图	2.75	a					
18	××××医院 S– 新大楼 –D14	B 区二层电力平面图	2.75	a					
19	××××医院 S– 新大楼 –D15	A 区三层电力平面图	2.75	a					
20	××××医院 S– 新大楼 –D16	B 区三层电力平面图	2.75	a					
21	××××医院 S– 新大楼 –D17	A 区四层电力平面图	2.75	a					
22	××××医院 S– 新大楼 –D18	B 区四层电力平面图	2.75	a					
23	××××医院 S– 新大楼 –D19	A 区五层电力平面图	2.75	a					
24	××××医院 S– 新大楼 –D20	B 区五层电力平面图	2.75	a					
25	××××医院 S– 新大楼 –D21	A 区六层电力平面图	2.75	a					
26	××××医院 S– 新大楼 –D22	B 区六层电力平面图	2.75	a					
27	××××医院 S– 新大楼 –D23	A 区七层电力平面图	2.75	a					
28	××××医院 S– 新大楼 –D24	B 区七层电力平面图	2.75	a					
29	××××医院 S– 新大楼 –D25	A 区八层电力平面图	2.75	a					

审核： 校对： 设计：

计划单编号：20115630

图 6-8 电气照明施工图种类及绘制示例

（2）设计说明

将图中未能表达或表达不清楚的问题进行说明。

1）设计依据：

①有关专业提供的设计条件及甲方提供的设计要求；

②依据的国家或行业标准和规范。

2）土建概况：简要说明工程的使用性质、建筑面积、建筑高度、建筑结构及层数等。

3）设计范围：设计任务书中规定的设计内容。

4）设计范围：设计任务书中规定的设计内容。

5）供电系统：简要说明本工程正常照明电源、应急照明电源、电源接地系统等情况。

6）照明系统设计。

7）室内配电及线路敷设等。

（3）图形符号表

列出本套图所使用的图形符号，示例如图6-9所示。

5	E	安全出口灯	LED 光源 2.5W	18	个	距门上口 100mm
4	→	诱导灯	LED 光源 2.5W	18	个	$H=0.5\text{m}$
3	⊠	自带电源事故照明灯	LED 光源 10W S>30min	72	个	$H=2.5\text{m}$
2	▭	双管荧光灯	三基色荧光灯管 2×36W	144	个	$H=2.5\text{m}$
1	AL	照明配电箱	白钢防雨暗装	18	个	$H=1.5\text{m}$
序号	图例	设备名称	型号规格	数量	单位	备注
设备材料表						

图 6-9　图中所使用的图形符号示例

（4）设备材料表

统计本工程的主要设备和材料的名称、型号、规格、数量等有关重要数据。

注：（3）（4）可以组合到一起。

2. 照明系统图

（1）作用

表示建筑物内外照明配电箱线路的控制关系。

（2）基本形式

由配电箱系统图表达各配电及保护设备之间的连接。

照明系统图如图6-10所示。

照明系统图示例如图6-11所示。

图6-11所示照明系统图为某体育场园林绿化照明系统图，进线采用 YJHLV 型号电缆，为稀土高铁铝合金电力电缆，此产品特点是：导体抗蠕变、高韧性、强延展、低反弹、连接稳定；绝缘层耐高温、防燃烧、抗老化、强耐用、低碳环保；外护套为无铅无镉的 PVC，适合在潮湿场所安装，也可直埋或敷设在水泥中使用；此电缆铠装强度高，可省去金属套管，减少造价成本，比普通电缆节省20％以上，而且比钢带铠装更轻、更易于剥离，安装

★ 绘制要求：单线＋图形符号＋标注（正确、完整）

★ 图样应表达的内容

★ 各分支回路的用途、容量

★ 型号规格及根数、敷设方式及部位

★ 出线回路数（分别标注 WL1～WLn）

★ 三相分配（分别标注 L1、L2、L3）

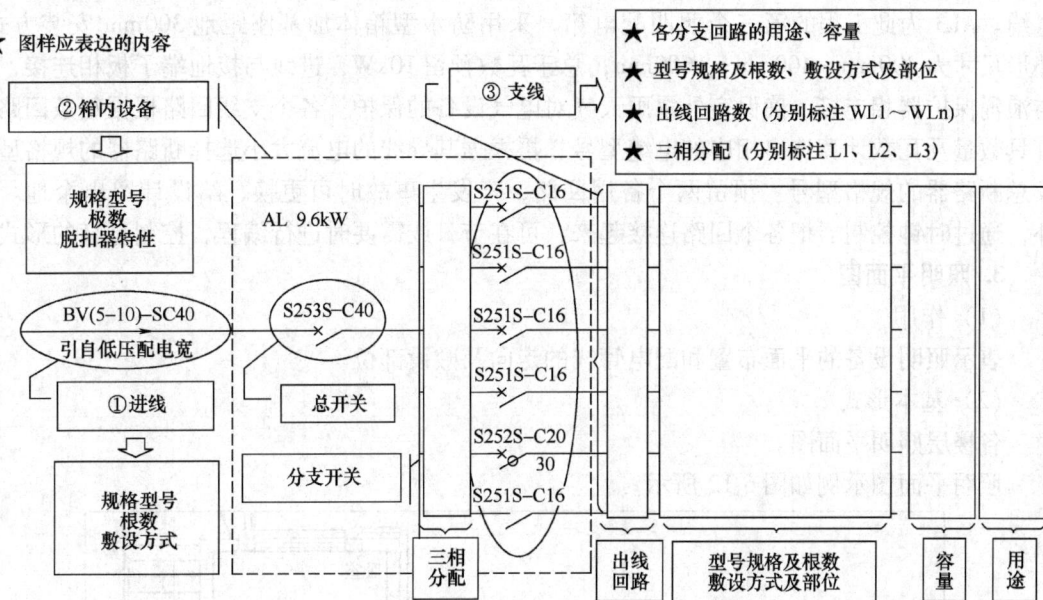

图 6-10 照明系统图

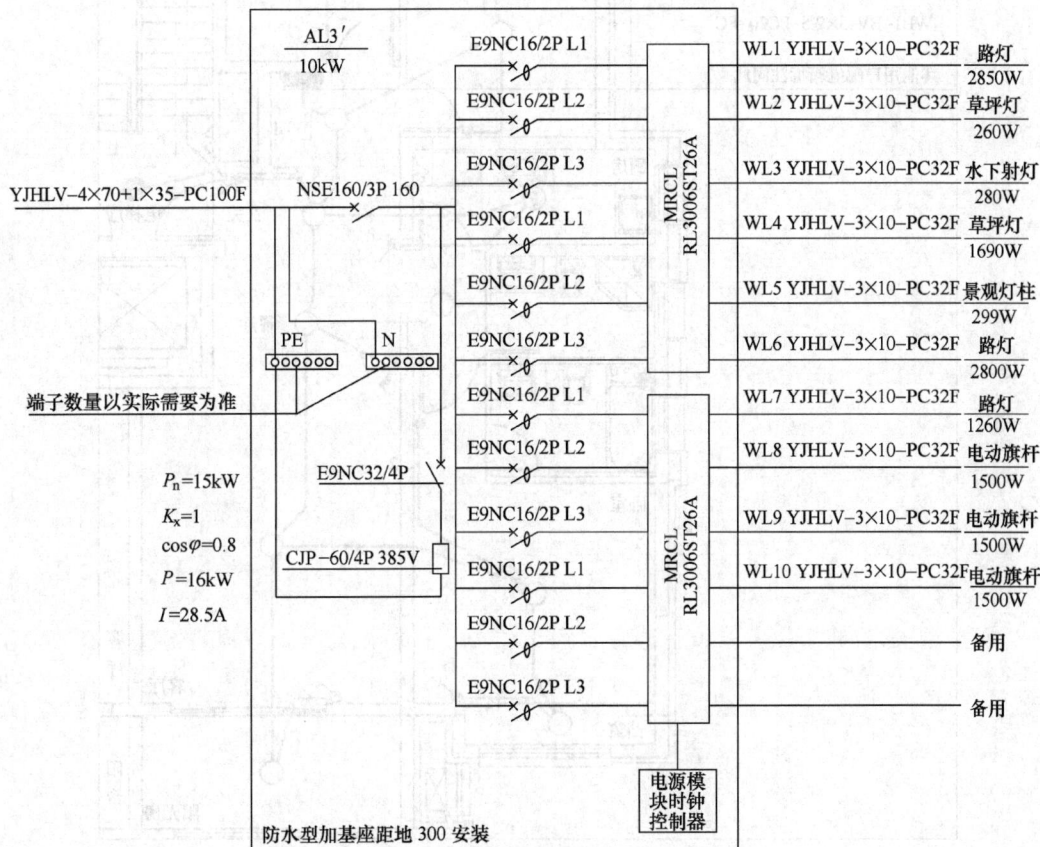

$P_n=15kW$
$K_x=1$
$\cos\varphi=0.8$
$P=16kW$
$I=28.5A$

图 6-11 照明系统图示例

便利，综合造价可节省 50% 左右。产品性能与其他电缆性能相同，故系统采用此型号电力电缆。AL3 为此工程的第三个照明配电箱，采用防水型箱体加基座距地 300mm 安装方式，外形尺寸为 800mm×400mm×1600mm，总千瓦数预留 10kW，进线与接地端子板相连接，再与浪涌保护器相连接，确保室外雷雨天气对电气设备的保护。各个支线回路根据每条回路的灯具数量及瓦数计算选出相应的电缆型号，再根据其导线的电流大小选择断路器的规格型号及总断路器的规格型号。预留两个备用回路，若发生事故时可更换，给设计留出余地。此外，通过时钟控制器把各个回路连接起来，可在节日或需要时进行编程，控制亮灯的形式。

3. 照明平面图

（1）作用

表示照明设备的平面布置和配电管线的走向及敷设部位。

（2）基本形式

各楼层照明平面图。

照明平面图示例如图 6-12 所示。

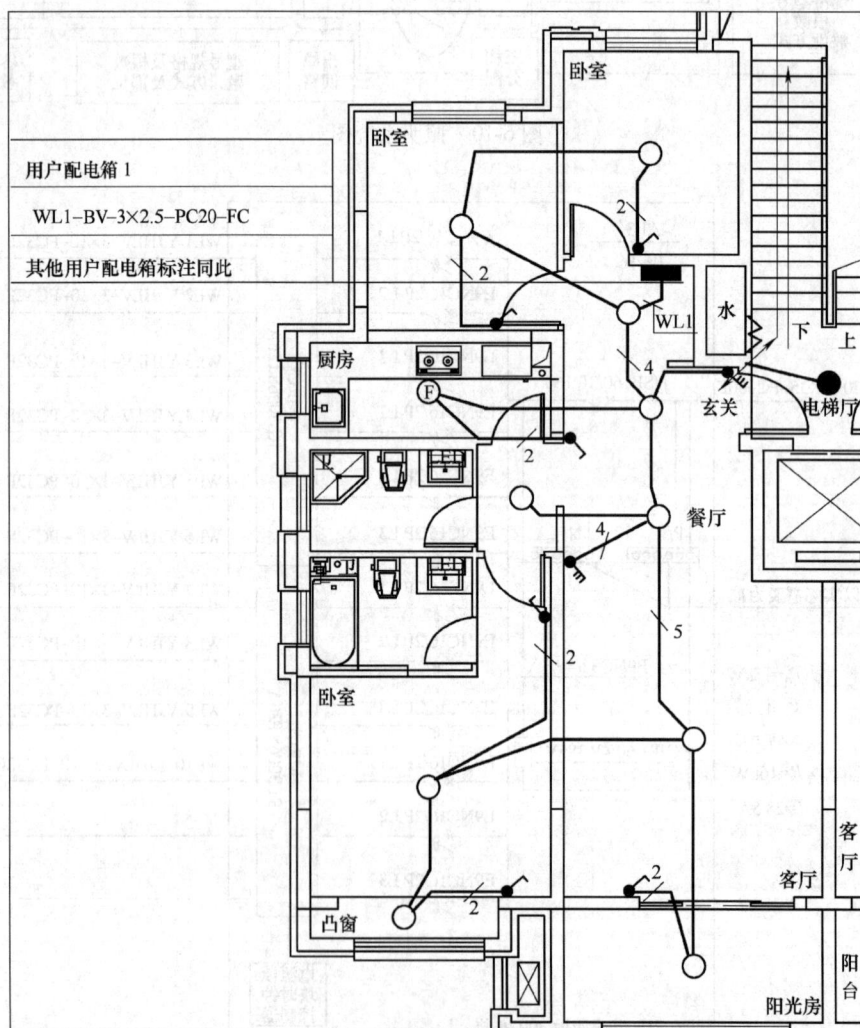

图 6-12　照明平面图示例

　　图 6-12 所示照明平面图为某小区住宅楼照明平面图。首先查找照明规范，查出各个房间需要的照度，选定灯具型号进行计算，画出各个房间平面图。注意，卧室应采用暗装开关，厨房卫生间应采用防水防爆的灯具。还需要注意的是，房间开关宜在门口处安装，所有开关距地为 1.2m，距门为 200mm，所有灯具连接到门口总配电箱，配电箱距地为 1.5m，距门为 500mm。

6.3　电气照明施工图的阅读和分析

6.3.1　照明工程读图应具备的知识及技能

　　作为一名优秀的电气安装工作者，应具备多方面的知识及技能，才能准确无误地阅读建筑电气工程图的图样，并掌握图样。这里用到的不仅仅是电气专业方面的知识及技能，还涉及其他几个专业方面的知识及技能。阅读建筑电气工程图应具备的知识及技能包括下述几方面：

1. 电气专业方面的知识及技能

　　1）熟练掌握电气（包括自动化仪表及其弱电工程）的图形符号、文字符号、标注方法及其含义，熟悉建筑电气工程制图标准、常用画法及图样类别。

　　2）熟悉建筑电气工程经常采用的标准图册图集、电气装置安装工程施工及验收规范、设计规范、安装工程质量验评标准及有关部委标准规范等。

　　3）掌握电力变压器、变配电装置的设置及其常用的控制保护电路和方式，掌握各种电动机起动控制电路及保护方式，掌握架空线路和电缆线路常用的安装方法，掌握室内电气线路电气设备常用的安装方法及设置，掌握防雷接地技术及电气系统常用的保护方式；熟悉特殊环境电气线路及设备的设置，熟悉电梯控制线路及各种保护功能，熟悉火灾自动报警及自动消防、电缆电视、通信广播等弱电技术及线路的设置，熟悉电子技术、微机技术、自动化仪表技术及其线路的设置，能分析电子电路的工作原理及电气系统中常用的控制调节电路原理图。

　　4）熟练掌握电气工程中常用的电气设备、元器件、材料（如变压器、电动机、开关柜、导线电缆、起动柜、绝缘子、继电器、各类开关和接触器、探测器、传感器、管材、钢材、电气仪表、灯具、信号装置、低压电器、熔断器、避雷器、小五金件、电气控制装置等）的性能作用、工作原理、规格型号，了解其生产厂商和市场价格。

　　5）熟悉电气工程有关设计的规程规范及标准，了解设计的一般程序、内容及方法。

　　6）熟悉一般电气工程的安装工艺、程序、方法及调试方法。

2. 土建专业方面的知识

　　熟悉工建工程、装饰工程和混凝土工程施工图中常用的图形符号、文字符号和标注方法；了解土建工程的制图标准及常用画法，了解一般土建工程施工工艺和程序。

3. 工业管道和采暖通风专业方面的知识

　　熟悉工业管道、采暖卫生、通风空调工程施工图中常用的图形符号、文字符号和标注方法；了解制图标准及常用画法；熟悉工业管道、采暖卫生、通风空调工程施工工艺和程序，掌握与电气关联的部位及其一般要求。

4. 安装专业方面的知识

熟悉工业设备、锅炉、破碎粉磨设备、压缩机、风机、泵类设备、起重设备、连续输送设备、制冷空气分离设备、金属切削机床、锻压设备、铸造设备等安装工程施工图常用图形符号、文字符号和标注方法；了解制图标准及常用画法，熟悉工程施工工艺和程序，掌握与电气关联的部位及其一般要求。

综上所述，可以看出一名电气安装工作人员必须具备多方面的知识和技术技能，其中，电气专业方面的知识和技能是必须具备的，有关土建、管道、设备等方面的知识和技能是应该具备的。不过，对于一个人来讲，上述各方面的知识和技能不可能同时一下子具备，而是随着时间而积累起来的，这就要求在平时要加强这方面的学习。万丈高楼平地起，必须扎扎实实地从第一个台阶起步。

6.3.2　读图要点

1）读图切忌粗糙，而应精细；读图忌讳囫囵吞枣，而应细嚼慢咽。读图一般有三个步骤。首先是粗读，应粗读不粗，必须掌握主要内容，了解工程的概况，做到心中有数。然后是细读，细读要精，要掌握施工图的全部内容。最后是精读，精读需对重点环节了如指掌。

2）读图时要准备好记录，要做到边读边记。做好读图记录，一方面是帮助记忆，另一方面是为了便于携带，以便随时查阅及会审图样时提出。记录的主要内容如下：主要设备的规格型号及台数，变压器的控制及保护方式，大型电动机的起动方式，机房设施的平面布置及引入引出管线路的分布走向和编号，管线缆及设备与其他专业交叉的部位，标注前后不符、图样前后不符、缺项或翻项、图样表达不清或不齐全不能施工的部位，读图者认为图样不清晰或有疑问的部位等，以及图样有误或功能不能实现、图样与标准不符或经核算后设备材料规格有较大出入者，图样与国家政策有较大误差及偏离者。除上述记录内容外，还应记录图号并在该图上用铅笔标注，以便核查。

3）读图切忌无头无绪，杂乱无章，一般应按房号、回路、车间、某一子系统、某一子项为单位，按读图程序一一阅读。每张图全部读完后再读下一张图。如读图中间遇到该图与另一张图有关联或标注说明时，则应找出另一张图，但只读到关联部位、了解连接方式即可，然后返回继续读完原图。

4）读图时，对图中所有设备、元器件、材料的规格、型号、数量、备注要求等要准确掌握。其中，材料的数量要按工程预算的规则详细计算，图中列出的材料数量只是一个概算估计数，不应以此为准。同时，手头应有常用电气设备及材料手册，以便及时查阅。

5）读图时，凡遇到涉及土建、设备、暖通、空调等其他专业的问题时要及时翻阅对应的专业的图样。读图后除详细记录外，应与其他专业技术负责人取得联系，对其中交叉跨越、并行冲突或其他需要互相配合的问题，要取得共识，并且在会审图样纪要上写明责任范围，共同遵守。

6）读图时要尊重原设计，不得更改图中的任何内容，因为施工图的设计者是负有法律责任的。对于图中确为不妥之处需经有经验的第三人证实，且应做好笔录，以便在图样会审时提出；对于图中确为错误的部分除经第三人证实外，还应进行核算。经核算证实有误时，应与设计者商榷，由设计者提出设计变更。当设计者不能接纳时，可在会审图样时提出，由设计者回复。所谓不妥，是指如果按图中的要求和方法进行施工，将会浪费大量原材料、增加施工工期、有碍安全工程或有碍于工程质量。对于那些对工程质量、安全、工期、投资没有太大影响，只是对一些作法存在个人意见不统一的地方，不得按不妥处理。所谓错误，是指如果按图中的要求和方法进行施工，将会造成电气功能不能实现、酿成施工事故或发生危险、对生产工艺有不良影响或对投入使用后的运行有不良影响。不妥和错误要严格区分，但无论怎样都要妥善解决。对图样提出疑义时必须有足够的证据，要讲究方法，一是要以理服人，二是要感情上过得去。

7）读图必须弄清各种图形符号和文字符号，弄清各种标注的意义。对于一些不规范的或旧标准的符号和标注，应查阅依据或经人旁证，不得随意定义其含义。必要时应询问设计者。

8）读图时应注意图中采用的比例，特别是图多时，各图上的比例都不同，否则对编制预算和材料单将会有很大影响。导线、电缆、管路、槽钢、防雷线等以长度单位计算工作量的项目，计算时都要用到比例。

9）读图时应注意，图中所采用的相关标准、规范以及标准图册或图集，凡是涉及的都应及早准备出来，以便读图时遇到关联的部分时仔细阅读，不能漏掉。

10）读控制原理图时，特别是读较复杂的原理图时，必须先弄清图中各种元器件（包括继电器、转换开关、机械触点等）的功能及得电失电后的动作状况以及每侧触点在图上的分布位置，分析操作后或得电失电后每个回路（指每个继电器及其串接的各种触点与电源形成的回路）的动作情况，然后再分析联动时的动作情况。通过一个回路一个回路的分析，能把一个很复杂的电路分解成数个简单的回路，同时能弄清各个回路涉及的触点所接成的回路动作情况。

11）读图切忌烦燥、切忌急于求成，对于大型工程或工期很紧的工程，可按子系统分开，分别设人读图、分工协作，有利于取长补短，也有利于互相研究探讨。单独一人读较大工程的施工图时，要注意时间上的安排，读图时要精力充沛，注意劳逸结合。读图一定要一张一张、一个回路一个回路、一个子系统一个子系统、一个单元一个单元、一房号一个房号的逐一阅读，不得求成心切。

12）读图切忌不懂装懂、切忌只知其一、不知其二，对于图中不懂之处应及时查找资料或咨询他人，要做到不耻下问，以免影响下面的读图。读图如写文章一样，要一气呵成、不留死角、不留尾巴。

13）读图时要根据电源变压器的容量、回路个数、负荷分布、线路的距离，考虑末端压降。必要时要进行核算，以防末端电压太低，造成电动机起动困难或发生其他事故。

14）读平面图时要考虑管线缆在竖直高度上的敷设情况，多层建筑时，要考虑相同位置上的元器件、设备、管路的敷设，考虑标准层和非标准层的区别。图中的"由此穿上"、"由此引下"、"由下经此引上"和"由上经此引下"等标注及箭头所指具体位置，应一一对应，并且应正确无误。

15）读图时，对于回路较多、系统较复杂且工程量较大的图样，要注意回路编号，以及柜、箱、盘编号和其他按顺序标注的符号，前后应一致，如有差错要及时纠正，并在会审图样时提出。各图之间的衔接点应标注明确，正确无误。

16）读接线图时要对照原理图和电缆清册，要正确区分哪些线已在柜内接好，哪些线是用电缆或导线重新配线连接。电缆编号、图中所指由×××引来或去×××，必须核查，应正确无误，要核对电缆线芯数与端子板数是否适应，要正确区分电力电缆和控制电缆的使用。

17）读大样图时，几何尺寸的标注与安装位置的具体尺寸应适应，要核查安装位置的图样及尺寸，同时要核查加工件的质量（重量）与安装位置的承载能力是否适应。

18）读控制原理图时要注意控制电源小母线的标注及系统的接线方式，要掌握各类小母线从控制电源引出的方式，一是不要记错，二是要记住它们的作用，三是要记住它们的极性，这样读图会得心应手。

19）读图时要核对图样目录所列与实际图数是否相符，如有漏装或错装，要及时与设计者取得联系，得以更正。工程中应有图而设计者没有出图的，应经过图样会审向设计者索取。

20）读图时要核查施工图的设计与国家有关设计技术规范、规程是否相符，图与图之间有无矛盾或标注编号是否统一，各个设备、元器件之间的联系是否清楚，工程规模及难度与施工队伍的技术水平、技术装备是否适应，是否能实现设计要求等，如有困难应进行协商解决。

21）图中的设备、材料、元器件规格型号繁多，应注意其与市场行情有无矛盾、有无特殊元器件市场难以满足、是否可改为通用元器件，以加快工程进度。在不影响工程质量且能满足设计要求时，可建议设计者进行修订，以市场通用元器件为主，降低成本，缩短工期。

22）对图中交待不明确的地方和疑问点，经他人核实且解决不了的，应及时请设计者解释清楚，需要用图表示的，可向设计者索取补充图样。对于能降低成本、缩短工期、保证系统功能正常安全使用的合理化建议，应在会审图样时提出，当好建设单位的参谋。

23）读图时要特别注意原设计是否符合国家建设方针和政策，设计图样安全性能是否合理、能否保证今后运行安全，设计与当地的施工条件是否一致，埋地线缆与原有地下管道有无冲突，电气安装与土建施工的配合上存在哪些技术问题与矛盾，电气安装的一些特殊技术要求土建施工水平能否达到等。

6.3.3　读图的步骤及方法

阅读电气工程施工图时，一般可分三个步骤：

1. 粗读

所谓粗读就是将施工图从头到尾大概浏览一遍，了解工程的概况，做到心中有数。粗读应掌握工程所包含的项目内容（变配电、动力、照明、架空线路或电缆、电动起重机械、电梯、通信、广播、有线电视、火灾报警、保安防盗、微机监控、自动化仪表等）、电压等级、变压器容量及台数、大电机容量和电压及起动方式、系统工艺要求、输电距离、厂区负荷及单元分布、弱电设施及系统要求、主要设备材料元器件的规格型号、厂区平面布置、防爆防火及特殊环境的要求及措施、负荷级别、有无自备发电机组和 UPS 及其规格型号容量、土建工程要求及其他专业要求等。粗读除浏览外，主要是阅读电气总平面图、电气系统图、设备材料表和设计说明。

2. 细读

所谓细读就是按读图要点仔细阅读每一张施工图，并全面掌握以下内容：

1）每台设备和元器件安装位置及要求。

2）每条管线缆走向、布置及敷设要求。

3）所有线缆连接部位及接线要求。

4）所有控制、调节、信号、报警工作原理及参数。

5）系统图、平面图及关联图样标注一致，无差错。

6）系统层次清楚、关联部位或复杂部位清楚。

7）土建、设备、采暖、通风等其他专业分工协作明确。

3. 精读

所谓精读就是将施工图中的重点环节，如关键部位及设备、贵重设备及元器件、电力变压器、大型电机及机房设施、复杂控制装置的施工图重新仔细阅读，系统掌握中心作业内容和施工图要求，不但应做到了如指掌，而还应做到胸有成竹、滴水不漏。

对于一般小型且较简单或项目单一的工程，在读图时可直接进行精读，而对大、中型且项目较多的工程，在读图时应按粗读—细读—精读的步骤进行。通过这三个步骤后，心中便会有一个活地图，就像录了像一样，随时脑海里都会浮现任何一个部位的图样。当然，读图过程中，有时对某一部分还要进行复读或翻来覆去的阅读，除了正确理解图样外，主要目的是为了加强对施工图的印象，这样做，对编制预算、编制设备材料清单、编制施工组织设计、进行安装调试是有绝大益处的。常言道，磨刀不误砍柴工，就是这个道理。当然，每个人都有自己读图的习惯和方法，与他人不尽相同，但目的是一样的，只要能做到上述步骤的要求，其目的是会达到的。

6.3.4　常用照明基本线路

1. 接线原则

1）中性线可以直接接灯座。

2）相线必须经开关后接灯座——开关必须串联在相线上。

3）保护线直接与灯具的金属外壳连接。

2. 常用基本线路

1）一只开关控制一盏灯或多盏灯，如图 6-13、图 6-14 所示。

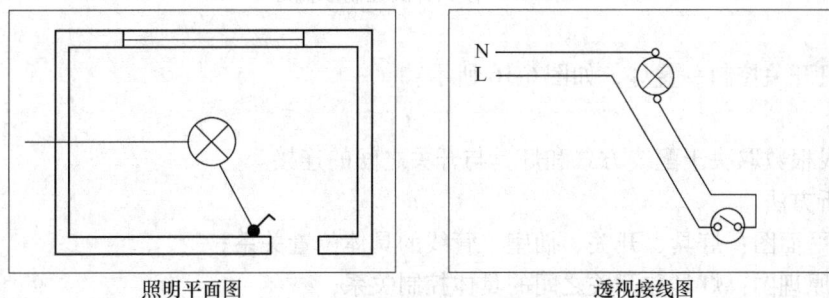

照明平面图　　　　　　　　　透视接线图

图 6-13　一只开关控制一盏灯

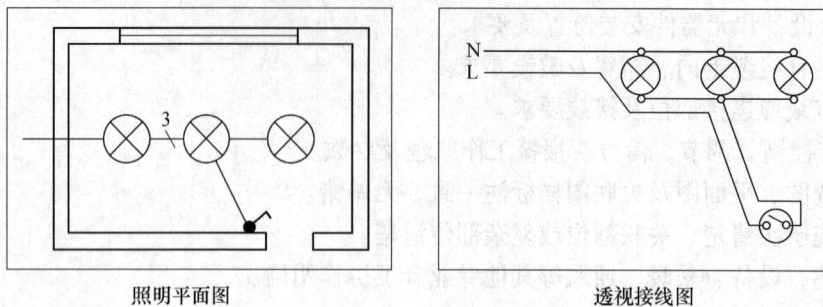

照明平面图   透视接线图

图 6-14　一只开关控制多盏灯

2）多只开关控制多盏灯，如图 6-15 所示。

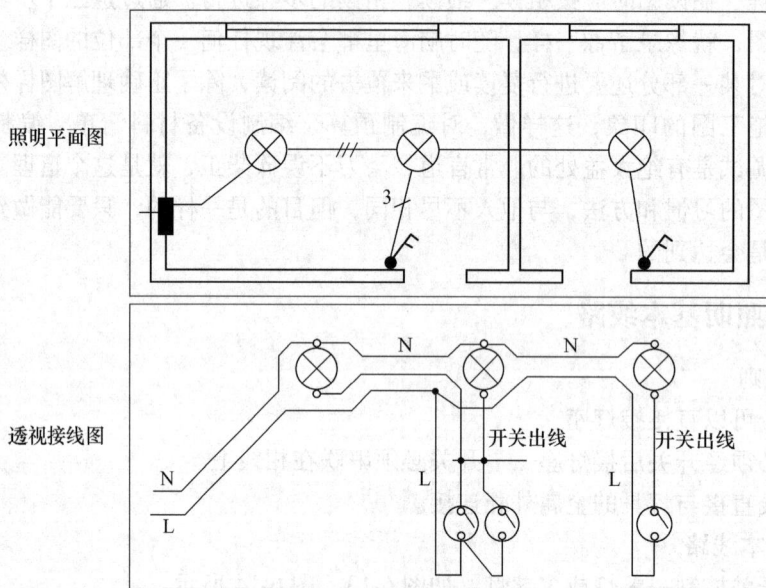

照明平面图

透视接线图

图 6-15　多只开关控制多盏灯

3）两只开关控制一盏灯，如图 6-16 所示。

3. 结论

1）导线根数取决于配线方式和灯具与开关之间的连接。

2）分析方法

①照明平面图：灯具、开关、插座、管线的具体位置关系；

②电路原理图：灯具和开关之间的具体控制关系；

③透视接线图：灯具和开关之间的接线关系。

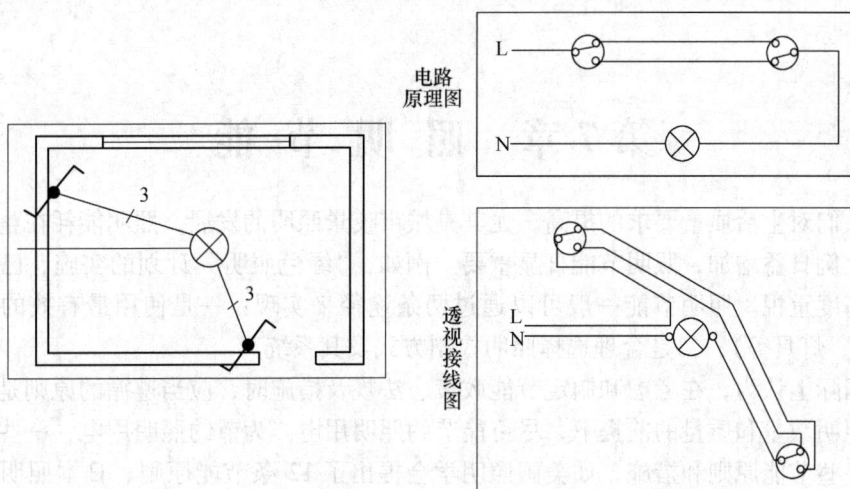

电路原理图

透视接线图

图 6-16　两只开关控制一盏灯

思考题与习题

1. 电气设计包括哪些主要内容？请举例说明。
2. 叙述电气设计的步骤。
3. 总平面图的常用比例是多少？详图的常用比例是多少？必要时的可用比例是多少？
4. 怎样选择导线和电缆的截面积？
5. 试举例说明控制系统的组成。
6. 照明施工图包含哪些内容？
7. 读图有哪些步骤？

第7章 照明节能

随着人们对生活质量要求的提高，尤其是城市夜景照明的发展，照明能耗在整个建筑能耗中所占比例日益增加，照明节能日显重要。例如，"绿色照明"计划的实施，已得到了世界各国的高度重视。照明节能一般可以通过两条途径来实现：一是使用最有效的照明装置（包括电源、灯具等）；二是合理选择照明控制方式及其系统。

当前国际上认为，在考虑和制定节能政策、法规及措施时，应当遵循的原则是，在保证有足够的照明数量和质量的前提下，尽可能节约照明用电。为节约照明用电，一些发达国家相继提出一些节能原则和措施，如美国照明学会提出了 12 条节能原则、日本照明普及会提出了 7 条原则等。现将国际照明委员会（CIE）所提出的 9 条原则叙述如下：

1）根据视觉工作需要，决定照明水平。

2）得到所需照度的节能照明设计。

3）在考虑显色性的基础上采用高光效光源。

4）采用不产生眩光的高效率灯具。

5）室内表面采用高反射比的材料。

6）照明和空调系统的热结合。

7）设置不需要时能关灯或灭灯的智能控制装置。

8）不产生眩光和差异的人工照明同天然采光的综合利用。

9）定期清洁照明器具和室内表面，建立换灯和维修制度。

照明节能是一项系统工程，需要考虑的是提高整个照明系统的效率。若想要达到节能的目的，必须从组成节能系统的各个因素加以分析考虑，从而提出节能的技术措施。照明节能属于建筑节能的一部分，是一项不断发展的技术。本章将简要地讨论节能光源、节能灯具和节能照明控制。

7.1 节能光源

照明节能应大力推广使用高光效光源。在各种照明电光源中，高压钠灯的光效最高，荧光灯和金属卤化物灯次之，高压汞灯不高，白炽灯为最低。要节约电能就要合理地选择光源，具体措施如下：尽量减少白炽灯的使用数量；优先使用细管荧光灯和紧凑型荧光灯；逐渐减少高压汞灯的使用量，尤其是不应随意使用自镇流高压汞灯；积极推广使用高效、长寿命的高压钠灯和金属卤化物灯。

7.1.1 新型光源

1. 直管荧光灯

我国在 20 世纪 80 年代末引进 T8（36W、φ26mm）直管荧光灯，它光效高、寿命长、耗费材料少，是节能环保的新一代产品，在 20 世纪 90 年代得到了较快的推广。之后，具有发光效率高、节能效果好、显色性好、无频闪、无噪声、寿命长、光衰低等优点的 T5（32W、φ16mm）荧光灯，从提出至今，日趋成熟。前几年，T5 均为直管，现在，T5 环形管（单环、双环）增多，特别是荧光灯粉和汞的用量大大减少，不仅有利于保护环境，而且经济效益可观，已成为国家重点推荐的节能光源之一，被称为真正的绿色照明光源。

2. 紧凑型荧光灯

20 世纪 80 年代中期，我国研制出多种形式（U形、H形等）的紧凑型荧光灯，其管径小，易于使用三基色荧光粉和电子镇流器，能够进一步提高显色性、光效及消除噪声，品种、规格繁多，近几年在欧洲的应用明显增加，在公共场所取代白炽灯的比例逐年增大，应用范围愈加广泛。目前使用的螺旋形紧凑型荧光灯，其光效与灯管长之比已达到最高值。

3. 直流荧光灯

20 世纪 90 年代，青岛海洋大学成功研制出了直流荧光灯。直流荧光灯具有高光效、无频闪和无电磁辐射等特性，且有上佳的视觉效果，提高了光环境质量，更利于用户身体健康。

4. 混光照明

随着照明技术的迅速发展，高压汞灯、高压钠灯、高显钠灯、金属卤化物灯先后出现。尽管这些光源各具特点，但仍无法满足工程设计的广泛需求，因此出现了混光照明技术。混光光源是 20 世纪 70 年代开始兴起的一项新兴照明技术，它将两种及以上不同光源安装在同一个照明灯具内，不同光源发挥各自的优势，从而达到提高光效，改善光色的作用。混光照明方式有两种：一种为场所内混光；另一种为灯具内混光。其中，灯具内混光又包括双灯混光和单灯混光。双灯混光照明已广泛用于各种场所，并取得了较好的效果，但在使用中还存在着一些问题，比如两种光源混光不均匀，且安装接线复杂；两种光源的平均寿命不同，一种光源损坏，若维护更换不及时，另一种光源还在运行，会降低其显色指数和光效。而单灯混光照明则能弥补以上的不足。两种混光照明的技术参数比较见表 7-1。

表 7-1 单灯与双灯混光照明的技术参数比较

名 称	双灯混光	单灯混光	名 称	双灯混光	单灯混光
光效/（lm/W）	61	77	体积百分比（%）	100	50
显色指数 R_a	50	58	造价百分比（%）	100	80~90
色温/K	3000	3100	节能效率（%）	100	120
混光效果	较差	好	安装复杂系数	1	0.5
配光效果	差	好	灯具效率（%）	70	80.6

由于光源制造水平有限，很难制造出光效高、光色好、显色性好而且寿命长的光源。例如，高压钠灯光效很高、寿命较长，但光色和显色性却很差；镝灯的光效高、显色性很好，而寿命却较短；高显色高压钠灯的光色较好、显色性好，但光效很低。使用混光照明既能改善光色及显色性又可以实现节能。各类混光照明的节能效果见表 7-2。

场致发光灯和 LED 发光二极管也属于新型光源。

表 7-2　各类混光照明的节能效果

混光种类	与白炽灯耗电的比率（%）	较使用白炽灯的节能率（%）	较单独使用高强气体放电灯的节能率
荧光高压汞灯、高压钠灯	20	80	NGX 型灯比混光节能 6%，混光比 ZJD 型灯节能 3%
金属卤化物灯、高压钠灯	16	83	混光比 NGX 型灯节能 11%，混光比 ZJD 型灯节能 19.5%
金属卤化物灯、中显钠灯	18.5	81	NGX 型灯比混光节能 6%，混光比 ZJD 型灯节能 3%

注：NGX 为中显钠灯，ZJD 为金属卤化物灯。

7.1.2　光源选型

1. 慎用白炽灯

目前，白炽灯的生产和使用量仍占光源的首位，但因其光效低、能耗大、寿命短，应尽量减少其使用数量，如果没有特殊需要不应采用大于 150W 的大功率白炽灯。

白炽灯的节能主要是通过涂覆介质层反射红外线加热灯丝，减少灯丝电耗来提高光利用率；还可在光源外配反光罩，提高光的定向利用率。如有需要，则宜采用光效高的双螺旋、涂反射层的白炽灯或小功率的冷反射单端卤钨灯。这是继紧凑型荧光灯后获得迅速发展的一种热辐射光源，具有光效高、寿命长、体积小、装饰性强、显色性好等优点，功率为 10 ~ 75W，在欧美各国已经获得广泛应用。

2. 推广细管、紧凑型荧光灯

荧光灯光效较高，寿命较长，获得普遍应用，目前重点推广的是细管径（26mm）的荧光灯和各种形状的紧凑型荧光灯，用以代替粗管径（38mm）荧光灯和白炽灯。不过，新型光源还存在品种不全的问题，如 T8 型灯仅有 18W 和 36W 两个型号。

3. 选择优质直管荧光灯

如前所述，T8 型直管荧光灯应推广，一般房间及场所均应优先采用荧光灯。以 36W 为例，可根据色温、显色性和光效，选择下面的三种形式：

1）TLD—36W/33 型。色温为 4100K，R_a 为 63，光效为 79.2lm/W。对于办公室、教室、生产场所比较适合，其照度多为中等水平，配以中等色温，且光效较高，只是显色性能差一点。

2）TLD—36W/29 型。色温为 2900K，R_a 为 51，光效为 79.2lm/W。对于宾馆、饭店、餐厅、家庭比较适合，虽然显色性差一点，但光效较高。

3）TLD—36W/840 型、TLD—36W/835 型（俗称超级 T8 管）。R_a 为 85，光效为 93lm/W。对于商店、展览馆等显色性要求高的场所非常适宜。用超级 T8 管，虽然价格较高，但单位比价仍低于普通 T8 管，能获得显色性好、光效高、性价比低三方面的效益。根据目前国际标准的要求，办公、教室、车库等场所均可全面采用这种光源。

4. 直流荧光灯潜力巨大

和交流荧光灯相比，直流荧光灯具有显著优势。光源闪烁会降低视觉功效，加深疲劳的程度。国内外许多专家经过潜心研究后，测试出电感镇流器和电子镇流器对人体健康的影响是不同的,后者引起的疲劳较前者减少 50%。可见,像直流荧光灯这类绿色照明的典型产品是今后的发展方向。

5. 推广高光效、长寿命的高压钠灯和金属卤化物灯

高压钠灯的光效大于 120lm/W,寿命为 12000h。金属卤化物灯的光效可达 90lm/W,寿命为 10000h。广场、道路等无显色性要求的场所宜选用高压钠灯,有较高显色性要求的场所宜用金属卤化物灯和高显钠灯。

7.1.3 绿色照明

"绿色照明"的理念首先于 1991 年由美国环保局提出,而后其积极推进绿色照明工程的实施,很快得到联合国的支持和世界许多国家的关注,并相继制定照明节能政策和照明节能标准以及具体技术对策。绿色照明在一些国家已取得越来越大的社会、经济和环境效益,前景广阔,有巨大的发展潜力。

大力全方位实施绿色照明是我国今后照明科技长远发展目标。我国从 1993 年开始准备启动绿色照明工程,于 1996 年正式实施《中国绿色照明工程实施方案》,并于 2001 年,由原国家经贸委与国际组织合作开发了中国绿色照明工程促进项目。其计划已完成,并取得了显著成效。

1. 绿色照明的含义

"绿色照明"工程是一项实现全国范围节约照明用电、保护生态环境的系统工程。实施"绿色照明"旨在通过科学的照明设计,大力发展和推广高效率、长寿命、安全和性能稳定的照明器具,并逐步代替传统的低效照明产品,节约照明用电,建立优质、高效、经济舒适、安全可靠、有益环境、改善生活质量、提高工作效率和保护人们身心健康的照明环境,以满足国民经济各部门和人民群众日益增长的对照明质量、照明环境和减少环境污染的迫切需要。

2. 绿色照明的内容

绿色照明主要包含以下内容:

1)照明节能。节约能源,合理控制照明用电,使用高效的光源和灯具,推广节能灯等。

2)环境保护。推广新型的光源和照明灯具,尽量降低汞等有毒物质对环境的影响和破坏,大力回收废、旧荧光灯管。

3)提高照明质量。以人为本,提高照明质量,有利于人们的生产、工作、学习、生活,保护身心健康。在节约能源和保护环境的同时,力图使照明质量有飞跃性的提高。

3. 绿色照明的经济效益

目前我国的光源产品结构尚不合理,高光效气体放电灯仅占总产量的 12% ~ 15%,比美国、日本等国低得多,而且光效低的白炽灯仍占领着市场。光源的选择应从光源的光效、显色性、色温、使用寿命、启动性能、装饰性、单位比价出发,在满足前两条的前提下,兼顾其余因素。

照明工程选型中光源效率是一项重要的指标,和照明节能数量直接发生关系。除白炽灯、卤钨灯以外,气体放电灯还要考虑镇流器的电损耗,求出光源的总效率。常用光源节能技术参数及光源效率与比值技术参数见表 7-3、表 7-4。其中,气体放电灯效率为包括镇流器的总效率。为了说明光效的高低，表中将气体放电灯与200W白炽灯做了比较，从比较可看出，光源功率越大、比值越高，节能效果越好。

表7-3　光源节能技术参数

各类光源	电力消耗与白炽灯的比率（%）	节能率（%）	各类光源	电力消耗与白炽灯的比率（%）	节能率（%）
高压钠灯	25 ~ 12.5	75 ~ 87	荧光灯	25 ~ 16	75 ~ 83
改进型高压钠灯	25 ~ 16	75 ~ 83	紧凑型荧光灯	22 ~ 14.3	77 ~ 86
金属卤化物灯	20 ~ 14.3	80 ~ 86			

表7-4　光源效率与比值技术参数

名　称	功率/W	发光效率/（lm/W）	比　值	备　注
白炽灯	40	8.45	0.6	
	60	10.5	0.72	
	100	12.5	0.86	
	200	14.6	1	
荧光灯	30	35	4	
	40	50	5.7	
荧光高压汞灯	50	27	1.84	
	80	32.7	2.2	
	125	34.4	2.4	
	250	39.7	2.7	
	400	48.7	3.3	
	1000	50	3.4	
高压钠灯	35	54.9	3.8	
	50	66.7	4.6	
	70	72.3	5	
	100	77.6	5.3	
	150	91.4	6.3	
	250	97.2	6.7	
	400	104.8	7.2	
	1000	117.1	8	
中显钠灯	100	62.1	4.3	
	150	74.3	5.1	
	250	78.1	5.3	
	400	83	5.7	
高效金属卤化物灯	175	66.7	4.6	
	250	70.7	4.8	
	400	78.3	5.4	
	1000	102.8	7	
钪钠灯	125	51.7	3.5	
	250	72.1	4.9	
	400	74.2	5.1	
	1000	66.7	4.6	

（续）

名　称	功率/W	发光效率/（lm/W）	比　值	备　注
紧凑型荧光灯	7	40	4.57	H 型灯
	9	41.7	4.77	
	11	59.2	6.8	
	13	62.7	7.2	
	18	48	5.5	
	24	54.8	6.3	
	36	55.8	6.4	
	13	40.63	4.64	SL 型灯
	18	38.64	4.42	
	16	50	5.71	2D 型灯
	28	50	5.71	

注：1. 光源功率越大光效越高，使用瓦数高的灯泡比较节能。

　　2. 本表以 200W 白炽灯作为 1 计算出各类光源的对比值，并以 40W 白炽灯作为和荧光灯、紧凑型荧光灯的对比值。

　　为了节能，在设计中应采用节能光源。以节能为目标的光源选择节能技术参数见表 7-5；在照度相同条件下，用紧凑型荧光灯取代白炽灯的效益见表 7-6（未计镇流器功耗）。如果采用高效光源，室内所需灯具数量会减少，但是天棚低的房间照度会不均匀，因此在设计时还应综合考虑其他条件。

表 7-5　光源选择节能技术参数

原始光源	推荐光源	节能效果		应用场所
		对比率	节电率	
白炽灯	荧光灯及紧凑型荧光灯	耗电为白炽灯的 22% ~14.3%	27% ~86%	办公室、商店、科技场所、餐馆、旅馆等
白炽灯荧光高压钠灯	功率较大的灯泡采用高强气体放电灯	耗电为白炽灯的 25% ~14.3%	75% ~86%	各类车间、体育馆、厅堂等场所
白炽灯荧光高压汞灯	金属卤化物灯与中显钠灯混光照明	耗电为白炽灯的 18.5%	81%	对光色、显色性要求较高的场所
荧光灯	小于 150W 的小功率高强气体放电灯	耗电为荧光灯的 75% ~66%	25% ~33%	高度不小于 4m 的场所
上行白炽投光灯	冷光定向照明低压卤钨灯		66%	展示橱窗、旅馆、家庭等场所

注：白炽灯、荧光高压汞灯采用推荐光源后，节电 50%。

表 7-6　紧凑型荧光灯取代白炽灯的效益

普通照明白炽灯/W	紧凑型荧光灯/ W	节电效果/W	节电率（%）	节省电费（%）
100	25	75	75	75
60	16	44	73	73
40	10	30	75	75

7.2　节能灯具

高效节能灯具的选择是在正确选择了照度标准值、合理选择了照明方式及高光效照明光源后进行的。

7.2.1　高效节能灯具

1. 灯具效率高

在满足眩光限制和配光要求条件下，荧光灯具效率不应低于：开敞式的为75%，带透明保护罩的应为65%，带磨砂或棱镜保护罩的为55%，带格栅的为60%。高强度气体放电灯灯具效率不应低于：开敞式的为75%，格栅或透光罩的为60%，常规道路照明灯具不应低于70%，泛光灯具不应低于65%。

2. 灯具控光合理

蝙蝠翼式配光灯具、块板式灯具等都是控光合理的高效灯具，块板式灯具可以提高灯具效率5% ~ 20%。

3. 灯具光通量维持率好

灯具涂二氧化硅保护膜，反射器采用真空镀铝工艺及采用活性碳过滤器等，以提高灯具效率。

4. 灯具利用系数高

利用系数高的灯具能够使发射出的光通量最大限度地落在工作面上，灯具的利用系数值主要取决于灯具的效率、灯具的配光、室空间表面装修色彩等。

5. 灯具不带附件

即开敞式直接型灯具，因为格栅、棱镜、乳白玻璃罩等附件会引起灯具光输出的下降，使灯具效率降低约50%，增加电能的消耗量，不利于节能。

7.2.2　常规灯具的选用

1. 控照型荧光灯

此类灯具适用于工作面要求照度高、室内反射条件比较差的场所。灯具采用铁板制成反射罩，内涂白色烤漆。白漆涂装灯具的配光为中照型，如果要求窄配光应该使用铝反射灯罩。单管控照灯效率为84.2%，而双管控照灯因为两个灯管之间距离太近，效率仅为69.2%，需进一步改进。蝙蝠翼配光灯具属控照型，主要用于教室照明。

2. 露明式荧光灯

此类灯具属半直接型灯具，下半球光通量多于上半球，灯具效率大于80%。灯具上半球光有一定的比例，室内空间亮度高，光环境亮度对比小，舒适而不易疲劳，宜用于办公室、商店、公共场所等室内各面反射率较高的场所。YG6—2、YG6—3、YG31—2 型灯和三角形吸顶灯、盒式荧光灯 YG1—1、山字形荧光灯 PKY503、板式荧光灯 PKY502—1 等都属此类灯具。选用此类灯具时应注意：工作面上的利用系数不高又要得到高照度时，不宜选用；室内各面反射条件不好时，不宜使用。

3. 格栅式荧光灯

格栅的作用是减少眩光并形成类似天空光的模式，对建筑的装饰效果十分重要。这类灯具立体感和豪华感突出，装饰性强，灯具效率高，节能效果明显。此种灯具格栅的保护角对灯具效率影响很大，因此选取时要慎重。选择时应注意：灯具效率小于 50% 者不宜采用，应优先选用大格栅（抛物线格片）、稀格栅灯具；密格栅荧光灯的效率极低，目前已经逐渐被淘汰。

4. 框架式荧光灯

这种灯具采用铝合金拉伸工艺制成，为单元组合形式，造型简洁明快，灵活性、适应性强，对建筑物装饰效果好，是当前国际上流行的一种灯具。灯具有少量上射光，水平方向的光较多，因此空间亮度高，适于公共场所照明。目前国内有圆形和方形两种形式框架灯，灯具有标准连接件，可以组成光带或各种图案。

5. 节电型荧光灯

新装灯初期光通量与普通荧光灯相同，但亮度下降少，保持率高，因此所用灯的数量少、灯的完好率高，总光通量可以提高 23%。

6. 球形荧光灯

亮度和 60W 白炽灯大致相同，但寿命提高 4 倍，可以节电 50%。

7. 高显色荧光灯

比白色荧光灯的显色性好，平均显色指数 R_a 为 84，色温为 5000K，在白色和日光色之间，光色清新明亮。

8. 新型金属卤化物灯和高效高压钠灯

新型金属卤化物灯属于最高效率显色性光源，而高效高压钠灯的效率在目前所使用光源中是最高的。两类灯内装双金属开关，启动电压低，所以可使用普通汞灯镇流器。

9. 小太阳灯

小太阳灯是照明系统中的新型产品，是由一对 15W 白炽灯和一套 68W 金属卤化物灯的复合组成，能提供 6000lm 光通量和 3000K 色温的一束强光。小太阳灯的成本比较高，目前仅适于宾馆、科研单位和豪华住宅等场所。此灯只用卤钨灯 30% 的功率，就可以提供像卤钨灯那样的高光输出和良好的显色性。它还非常适宜于那些长时间用灯的单位，如科研设计单位、金融机构等，由于灯的能量效率很高，因此有利于补偿高额的初始费用。如果每年照明时间按 4000h 计，该灯节约的电费在 3~4 年便能回收初期投资所增加的部分，而且使用寿命较卤钨灯要长得多，可减少更换灯管和维修灯管的费用。

10. 太阳能路灯

这种灯将太阳能转化为电能后，存储在蓄电池内，当光线暗到一定程度时，光控开关会自动释放能源，启动照明设备。

7.2.3 改进灯罩涂膜技术

在通常工作环境中，灯具的保护玻璃和反射器有可能会受到不同程度的污染，导致灯具效率下降，在隧道、地铁、地下商场等污染严重的场合，问题尤其突出，而要在这些公共场所清洁灯具又很不方便。

半导体二氧化钛电极在紫外线照射下的光催化作用能有效地分解有机物，可用于水和空气的净化处理，也可用于除臭、杀菌和消毒。近年来，又发现了锐钛矿石结构的 TiO_2 透明薄膜也具有这种光催化特性。设计者尝试把这种膜用于照明灯具，使附着在反射器或防护玻璃上的有机污染物降低，从而达到灯具自洁的作用，取得了较好的效果。

随着人们生活水平和对生活质量要求的提高，为保持室内空气的清洁，去除室内家具等释放的有害气体，出现了一种用紫外线激活的光催化型空气清新器，用涂有 TiO_2 膜的灯具，可以同时起到照明和空气清新器的作用。

7.2.4　气体放电灯启动设备的选用

电子镇流器与传统的电感镇流器作为气体放电灯的配套产品，在工作原理和功能上没有本质的区别，都是在灯的两端电极上产生较高的点火电压，当气体放电发光现象产生后，使其保持稳定的工作点，不至于失控延续到弧光放电将灯烧坏，而起到镇流作用。不同之处是，电子镇流器工作在 $25 \sim 50kHz$ 频段，电感镇流器则在工频 $50Hz$ 工作。

1. 电子镇流器

电子镇流器突出的优点是，无低频闪烁，不需要辉光启动器，电压在 $110V$ 时就可启动，节能 20%，延长灯管使用寿命，节省铜材和硅钢片。因此，各国都相当重视电子镇流器的发展。我国也实施了以荧光灯电子镇流器为主体的"绿色照明工程"，作为目前大力推广的重点节能项目。

2. 电感镇流器

新型节能型电感镇流器是新一代改进型产品，替代高耗能、低效率的传统电感镇流器将是不可逆转的趋势，并且在今后相当长的一段时间内，都不会退出历史舞台，盲目地认为电感镇流器将被电子镇流器所取代的看法是不够科学、不符合实际的。

新型节能型电感镇流器采用优质硅钢片、增大铁心截面积等新的设计思想和措施，从减少铜耗和铁耗入手，对传统电感镇流器进行改造。其效果显著，各项技术指标均大幅度地提高，部分接近或达到了电子镇流器的水平，而价格却大大低于电子镇流器，经济效益相当可观。

7.3　节能照明控制

随着现代技术的发展，信息控制技术、计算机技术得到了全面的普及和推广，它们在照明领域的应用，使得照明控制有了长足的进步，尤其是新颖、实用的照明控制系统应运而生，大大增强了照明设计的效果。因此，照明控制逐渐成为照明设计中不可缺少的一个重要环节，同时，照明控制对绿色照明计划的实施也具有特别重要的意义。

合理使用现成的天然光、补偿灯具光通量的衰减、补偿空间设计、减少空调浪费是节约能耗的好方法。成功的照明控制系统不能干扰用户，控制系统应既可在新安装的照明设施中使用，也可用于改造工程，而且灯光控制系统完全可与建筑设备监控系统连接在一起。经验表明，系统越简单就越容易操作，也就越可靠。照明控制节能的方案、内容和分析见表7-7。

表 7-7 照明控制节能

序号	方案	内　容	分　析
1	光通量衰减	所有放电灯在使用过程中光通量都会降低，在照明设计中维护系数为 0.6 ~ 0.8，假定系数是 0.7，新灯的亮度水平比其应有水平高出 30%	采用调节亮度系统，可补偿这种老化过程，使其保持在目标水平。一套合适的控制系统可节约能源 12% ~ 25%
2	空间设计补偿	由于有许多未知因素，在照明设计时，要做出一些评估，往往偏于保守，空间设计只要选择一套合理系统，便可补偿空间设计的费用	如天棚格栅，或设计规定要求采用可连续反光的灯槽等，可以提高照度水平
3	天然光利用	只要和建筑设计配合，便可最大限度地提高天然光的节能效果，以同样的方式来控制灯光很重要	线路走向应与窗保持平行，办公室里适当的布线和合理的采光可节电 20% ~ 30%。有天然采光的房间，白天节电可达 40%
4	特定时间内减少照度	在清扫或不使用时可通过调暗灯光的办法（如调低 50%）及采用时间控制的办法便可获得可观的节能量	控制可由定时器或人员感应器来实现。其节电量取决于人进出建筑物的次数
5	无级系统节能	该控制系统从整体上测算可节能 25% ~ 50%，典型节能量为 35%	天然光并不能达到最佳的节能效果
6	开关式照明控制	系统通常是以人、时间或日光控制为基础来取得好的效果，但取决于人员出入模式，否则可能会干扰他人，选择采用该系统前应谨慎决策	在许多情况下，人员会受到干扰或对系统产生不满。节能量在很大程度上取决于人员出入状况，因此难以预测

7.3.1 手动控制系统

照明控制系统分为手动控制和自动控制两大类。手动控制系统由开关或调光器或两者共同实现，按照使用者的个人意愿来控制所属区域的照度水平。环境调光是利用先进的电子技术制作的高新质量产品，用来对日常生活和工作照明环境的灯光亮度进行控制和调节。在一个小的照明区域（如个人办公室），最简单的就是墙上安装一个控制面板；在包括多个人工作空间的大的区域（如开敞式办公区），遥控器最为方便。一方面，它可任意调节各个回路灯的亮度从 0 ~ 100% 连续变化；另一方面，它将一个区域内的各回路照明组合在一起，形成一个总体要求的"场景"，该"场景"随着各路灯光亮度的强弱变化，再加上对灯具色彩的处理，其组合必然是呈现丰富多彩的效果。调光不仅使用方便，还有显著的节能功效。根据美国照明学会提供的资料，环境调光节能技术参数（光亮度和节约的电能及灯泡寿命的关系）见表 7-8。

表 7-8 环境调光节能技术参数

序号	光亮度（%）	节电率（%）	延长灯泡寿命倍数	序号	光亮度（%）	节电率（%）	延长灯泡寿命倍数
1	90	10	2	3	50	40	20
2	75	20	4	4	25	60	>20

7.3.2　自动控制系统

自动控制系统由时钟元件或光电元件或两者共同实现。当室内不被占用时,时钟可用来避免灯仍亮着的浪费现象;光电元件能监测昼光水平,并在自然光充足时关掉(或调节)靠近窗口的那些灯具。自动控制系统一般都设有手动调光装置,用来适应某种特定情况。

1. 传统灯具控制缺陷

在建筑电气设计中,照明灯具是最多的控制对象,一直采用拉线开关或跷板开关,但在设计及应用过程中,这种方式存在诸多缺陷。

(1) 开关位置

通常设在位于入口处的墙上,不在用户生活或工作的中心,使用起来有诸多不便。例如,入睡前要起身去关灯,晚上起夜在黑暗中找开关,儿童在需要时够不着开关,现代化办公大空间中受开关地点的限制,不得不到远离工作区的墙上,在一排开关中找到控制所需灯具的那一个,与现代化的办公环境不尽协调等。同时,开关位置设置更易满足二次分隔或装修的需要,装修时可能还需改造线路,重新布置开关控制管线,很不方便。

(2) 房间分隔材料

遇到铝合金玻璃等分隔材料时,很难找到设置开关的合适位置,另外在一些分隔材料中敷设开关控制管、线、盒也颇费工时。

(3) 开关并非是美化室内环境的装饰

在装修质量要求较高的场所,开关对室内环境的影响更加明显。

由此可见,传统的灯具控制方法弊端较多,遥控功能值得推广。

2. 照明"遥控"的优越性

(1) "遥控"开关的特性

红外线遥控器由发射器和接收器两部分组成,发射器向接收器发出指令信号,接收器按指令对设备实施功能控制。只实现这一功能控制的遥控器为单通道遥控器,称为红外线遥控开关。它的有效工作距离一般为 8 ~ 10m,具有良好的指向性和抗干扰性。

(2) "遥控"开关的应用

照明电气设计中引入红外线遥控开关,能解决传统控制方式的缺陷,使设计和电气功能进一步提高。

将遥控接收器设在灯具上,可以省掉开关控制管线,减少管线交叉和导线保护管的管径,使设计简化。对于施工而言其优越性也很明显,比如在砖混结构中,它可以减少在板缝中开关控制管线的曲曲弯弯,减少在墙上为敷设开关控制管线而必需的剔槽;在框架结构中,只需在顶板敷设线,而不必再在后砌墙上预留管线盒,并减少由于穿线而造成的接线麻烦。同时,房间拉线盒及开关的减少也使墙面变得"干净"。

7.3.3　光电照明控制

光电自动控制系统设计时应注意以下问题:

1) 一个开关控制的灯数不宜太多且开关位置要合适。

2) 根据不同功能场所设置开关,如体育设施按不同运动项目分区设开关,并提供不同的照度水平。

3）靠窗口一侧的灯具需要单独控制，以便天然光充足时关灯，或采用断路器控制方式，如图 7-1 所示。

4）采用调光、定时、光控开关等来限制照明使用时间、调节照度以实现节电。定时开关的控制时间由 1min 到数小时，用于住宅楼梯照明、路灯、广告照明、标志灯、值班照明等。

5）按不同时间顺序增减照明。例如，商店的照明可以依照控制顺序图，在一天内根据客流量适当增减照明，实现节能。

6）对于无然采光的办公楼，走廊灯应使用节能灯，使用自动控光实现节能。例如，在上下班时全部开灯，工作时间减少为 50%，夜间只保持 25% 或者更少。

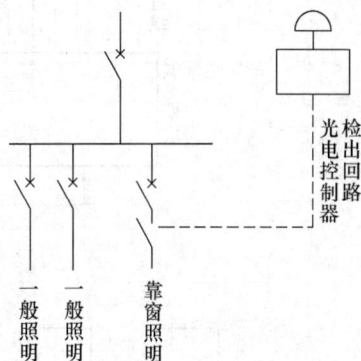

图 7-1 光电自动控制

7）户外照明采用可编程的智能调控装置，根据每天日升、日落时间，控制线路的开关；也可以设定独立节能时间段，专门用于后半夜节能控制。使用该调控装置时，也可完成特定场合的照明时间控制。

7.3.4 智能照明控制系统

目前市场上出现了由调光器、数字传感器等集合成的全数字、模块化、分布式的智能照明控制系统。这种系统会调暗或是自动关闭不必要的灯具，有效利用天然光，优化运行费用，适用的照明环境比较广泛，可靠性很高，易于实现节能。例如，大厅、公共活动区及各层走道、停车场、立面广告的照明由计算机控制，按每天预先编排的时间程序进行开关控制，并监视其状态，而工作状况可用文字及图形显示于彩色显示屏上，或打印出来作为记录。

在我国，照明系统的能耗仅次于供热、通风与空调系统，还会导致冷气负荷的增加，因此照明控制显得更为重要。尤其是现代办公大楼等，采用照明系统智能化控制，才能实现更有效的节能。例如，用程序设定灯的开关时间，需要时点亮，利用动静传感器，人离开室内 5min 以上便将灯自动关闭。智能照明控制系统还能够实现光照度的自动调节，当室外天然光强（弱）时，室内灯光自动调暗（亮）。相对降低靠近窗户的办公室照度，用最少的能源创造最佳的工作环境。按以上方式进行照明智能化设计时，可节约 30% ~ 50% 的照明用电。

目前已经有了比较成熟的智能照明控制系统，并具有了模块化结构和分布控制的特点。"标准模块"可以实现灯光设计的照明构想，"功能模块"可以独立使用，也可以利用网络控制软件组成大型照明系统。例如，应用于某个区域的设计，其框图如图 7-2 所示，由两个调光模块和一个控制面板组成一个 8 回路模块，操作面板可预置多种灯光场景，只需要按面板上的键盘编号任意调用；也可将各区域控制回路用计算机组成一个大型调光控制系统，其框图如图 7-3 所示。

在设计的方案阶段，应注意这样的问题：较高级的楼宇，一般都设有建筑设备监控系统（BA 系统），利用 BA 系统控制照明已为大家所接受，基本上采用 DDC 控制。而 BA 系统不是专为照明而做，具有一定的局限性，除了很难做到调光控制外，还没有专用的控制面板，完全是在计算机上控制，灵活性较差，对于值班人员素质的要求也比较高，所以建议不采用

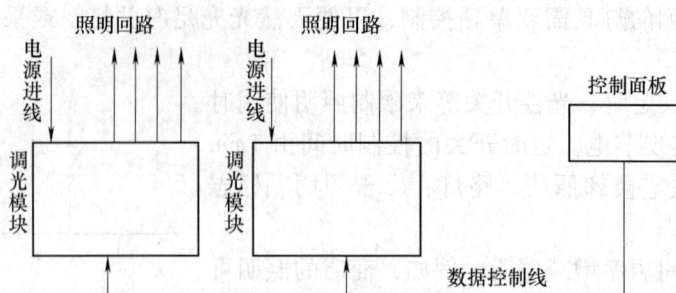

图 7-2　某区域调光设计框图

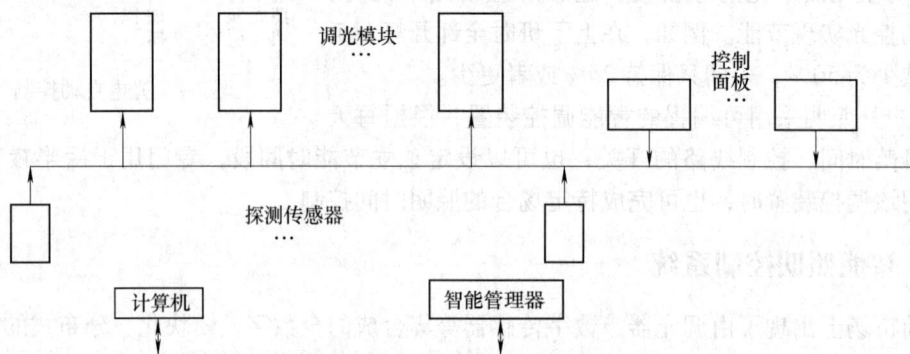

图 7-3　大型调光系统控制框图

这种方案。

现在有不少公司生产的智能照明控制系统在照明控制中得到应用，如松下公司的二线系统、施耐德公司的 C-BUS 系统、ABB 公司的 i-BUS 系统等，都有不少用户，其控制方式也大同小异。常用的控制功能一般有如下几种：

1. 场景控制功能

用户预设多种场景，按动一个键即可调用需要的场景。多功能厅、会议室、体育场馆、博物馆、美术馆、高级住宅等场所多采用这种方式。

2. 定时控制功能

根据预先定义的时间触发相应场景，使其打开或关闭。一般情况下，系统可根据当地的经纬度自动推算出当天的日出、日落时间，并根据这个时间来控制照明场景的开关。这种功能特别适用于夜景照明和道路照明。

3. 恒照度控制功能

根据探头探测到的照度来控制照明场所内相关灯具的开启或关闭。写字楼、图书馆等场所，要求恒照度时，靠近外窗的灯具根据天然光的影响进行开启或关闭。

4. 群组组合控制功能

一个按钮，可定义为打开/关闭多个箱柜（跨区）中的照明回路，可一键控制整个建筑照明的开关。

5. 就地手动控制功能

正常情况下，控制过程按程序自动控制，在系统不工作时，可使用控制面板来强制调用需要的照明场景模式。

6. 应急处理功能

在接到安保系统、消防系统的报警后，自动将指定区域照明全部打开。

7. 远程控制功能

通过互联网对照明控制系统进行远程监控，能实现对系统中各个照明控制箱的照明参数进行设定、修改，以及对系统的场景照明状态进行监视或控制。

8. 图示化监控功能

用户可以使用电子地图功能，对整个控制区域的照明进行直观的控制，可将整个建筑的平面图输入系统中，并用各种不同的颜色来表示该区域当前的状态。

7.3.5 规范中对照明节能控制的要求

1）公共场所的照明，无人时常常不能及时关灯，为了节电，宜采取集中控制。按天然采光分组，是为了白天天然光良好时，可分别开关灯。

2）体育场馆、候机（车）楼等公共建筑应由专门人员管理、控制开关灯，必要时的调光，应集中控制，不应分散就地开关。有条件时最好是按时钟和照度进行自动控制。

3）旅馆的客房设电源总开关，而且应和房门钥匙或门卡连锁开关，主要是为节能。因为住旅馆的宾客离开客房时往往不注意关灯，造成电能浪费。但客房冰箱等电源不宜切断。另外，总开关切断时宜有 10s 左右的延时。

4）住宅楼的楼梯间用手动开关灯不方便，往往是变成长明灯，甚至通宵长明，所以建议采用声音或红外线结合光照自动控制开关，有利于节能。

5）房间或场所内一个开关控制的灯数不宜太多，一般 2 ~ 4 个灯设 2 个开关，6 ~ 8 个灯设 2 ~ 4 个开关，以便当个别人工作时，只点亮所需的那部分灯。

6）房间或场所装设有两列或多列灯具时，宜按下列方式分组控制：

①所控灯列与侧窗平行；

②生产场所按车间、工段或工序分组；

③电化教室、会议厅、多功能厅、报告厅等场所，按靠近或远离讲台分组。

控制灯列与窗平行，有利于利用天然光。按车间、工序分组控制，方便使用，可以关闭不需要的灯光。报告厅、会议厅等场所的分组，是为了在使用投影仪等类设备时，关闭讲台和邻近区段的灯光。

7）有条件的场所，宜采用下列控制方式：

①天然采光良好的场所，按该场所照度自动开关灯或调光；

②个人使用的办公室，采用人体感应或动静感应等方式自动开关灯；

③旅馆的门厅、电梯前室和客房层走廊等场所，采用夜间定时降低照度的自动调光装置；

④大中型建筑，按具体条件采用集中或集散的、多功能或单一功能的自动控制系统。

对于一些高档次建筑和智能建筑或其中某些场所，有条件时，可采用调光、调压或其他自控措施，以节约电能。

8）城市道路照明宜采用下列节能控制措施：

①道路照明应根据所在地区的地理位置和季节变化合理确定开关灯时间，并应根据天空

亮度变化进行必要修正，宜采用光控和时控相结合的控制方式；

　　②道路照明采用集中遥控系统时，远处终端宜具有在通信中断的情况下自动开关路灯的控制功能和手动控制功能；

　　③道路照明开灯时的天然光照度水平宜为15lx；关灯时的天然光照度水平，快速路和主干路宜为30lx，次干路和支路宜为20lx。

　　可见，在照明设计中，合理和正确地选用照明控制方式，不仅是经济性和实用性的良好统一，也是一个实现"绿色照明"的主要环节。

思考题与习题

　　1. 照明节能原则是什么？

　　2. 节能的电光源有哪些？它们各有什么特点？

　　3. 混光照明有什么优点？

　　4. 什么是绿色照明？

　　5. 高效节能灯具应具有哪些特征？

　　6. 照明光源设计时，节能是首先要考虑的问题，请根据周围的情况，说明如何选择节能光源和节能灯具。

　　7.《建筑照明设计规范》和《城市道路照明设计标准》中对照明节能控制有什么要求？

　　8. 试阐述合理的照明控制，并指出它们的特点。

参 考 文 献

[1] 吕光大. 建筑电气安装工程图集 [M]. 2 版. 北京：中国电力出版社，1994.

[2] 中国照明学会咨询委员会及北京照明学会设计委员会. 建筑电气设计实例图册（2）[M]. 北京：中国建筑工业出版社，2000.

[3] 刘宝林. 简明建筑电气设计图册 [M]. 北京：中国建筑工业出版社，1990.

[4] 程大章. 智能建筑工程设计与实施 [M]. 上海：同济大学出版社，2001.

[5] 陈汉民，王奇南. 建筑电气技术 500 问 [M]. 福州：福建科学技术出版社，2001.

[6] 宋建锋. 综合布线工程实用设计施工手册 [M]. 北京：中国建筑工业出版社，2000.

[7] 何利民，尹全英. 怎样阅读电气工程图 [M]. 北京：中国建筑工业出版社，1995.

[8] 李海，黎文安，等. 实用建筑电气技术 [M]. 北京：中国水利水电出版社，2001.

[9] 白公. 怎样阅读电气工程图 [M]. 北京：机械工业出版社，2001.

[10] 闵国华. 建筑工程全面质量管理 [M]. 北京：中国建筑工业出版社，2000.

[11] 李海，等. 实用建筑电气技术 [M]. 2 版. 北京：中国水利水电出版社，2001.

[12] 陈志新，等. 现代建筑电气技术与应用 [M]. 北京：机械工业出版社，2001.

[13] 芮静康. 智能建筑电子电路技术 [M]. 北京：中国计划出版社，2001.

[14] 中国建筑标准设计研究院. 民用建筑电气设计与施工 D800—1 ~ 9 [M]. 北京：中国计划出版社，2008.

[15] 中国建筑标准设计研究院. 全国民用建筑工程设计技术措施 [M]. 北京：中国计划出版社，2008.

[16] 中国建筑标准设计研究院. 电气照明节能设计 06DX008—1、2 [M]. 北京：中国计划出版社，2008.

[17] 中国建筑标准设计研究院. 民用建筑电气设计计算及示例 [M]. 北京：中国计划出版社，2008.